군림할 것인가 매혹할 것인가

강자의 조건

세계 석학 인터뷰
바로가기

깊이 있는 석학들의 인터뷰 내용을 MID 홈페이지에서 보실 수 있습니다.

폴 케네디(예일대 역사학과 교수, ≪강대국의 흥망≫ 저자)
조지프 나이(하버드대 석좌교수, ≪소프트파워≫ 저자)

documentary is Life!
EBS 다큐프라임

세계 문명사 대기획 | **강대국의 비밀**

군림할 것인가 매혹할 것인가

강자의 조건

이주희 지음 | EBS MEDIA 기획

MiD

군림할 것인가 매혹할 것인가

강자의 조건

초판 1쇄 발행   2014년 11월 10일
초판 25쇄 발행   2024년   2월 28일

기   획   EBS ◐● 미디어
지 은 이   이주희
펴 낸 곳   MID (엠아이디)
펴 낸 이   최종현
행정총괄   유정훈

주   소   서울특별시 마포구 신촌로 162, 1202호
전   화   (02) 704-3448
팩   스   (02) 6351-3448
이 메 일   mid@bookmid.com
홈페이지   www.bookmid.com

I S B N   979-11-85104-13-3 03900

책 값은 표지 뒤쪽에 있습니다. 파본은 바꾸어 드립니다.

들어가는 말

1960년대 사람들이 먹던 바나나는 지금 우리가 먹고 있는 바나나와 다르다. 지금 우리가 먹고 있는 바나나보다 당도가 훨씬 높았고 크기도 더 컸다. 더군다나 껍질이 지금 바나나보다 더 단단했기 때문에 운반이나 보관에도 유리했다. 이 바나나의 이름은 그로미셸Gros Michel이었다.

그럼 왜 우리는 그렇게 맛있었다는 그로미셸 바나나를 먹지 못하게 된 것일까? 결론적으로 말하자면, 그로미셸 바나나는 말 그대로 순종이었기 때문이다. 알다시피 우리가 먹는 바나나는 씨가 없다. 서로 다른 나무의 유전자가 섞여서 씨앗을 만드는 과정이 존재할 수 없다. 일종의 꺾꽂이 방식으로 또 다른 바나나 나무를 만드는 것이다. 그렇기 때문에 우리가 먹는 바나나는 유전적으로 모두 쌍둥이다. 완벽한 순종인 셈이다. 즉 유전적으로 모두 동일한 DNA를 가지고 있기 때문에 전염병에 치명적이다. 유전적으로 서로 다르면 A라는 전염병에 어떤 개체가 죽더라도 어떤 개체는 살아남을 수 있을 텐데 유전적으로 동일성이 높기 때문에 모든 개체가 한꺼번에 몰살할 확률이 높아지는 것이다. 그리고 실제로 그런 일이 일어났다. 전 세계의 모든 바나나 농장에 있던 바나나 나무가 하루아침에 사라지는 SF영화 같은 일이 일어난 것이다.

그렇게 사라진 그로미셀 바나나의 자리를 대신한 것이 지금 우리가 먹고 있는 캐번디시Cavendish 바나나이다. 물론 캐번디시도 그로미셀과 똑같은 약점을 가지고 있다. 완전한 순종이고 전염병에 치명적이다. 10년쯤 뒤에 우리는 캐번디시보다 당도가 떨어지는 세 번째 종의 바나나를 먹고 있을지도 모른다는 이야기인 셈이다.

강대국에 대해 이야기하면서 난데 없이 바나나 이야기를 꺼낸 이유는 순종과 잡종, 순혈주의와 다원주의에 대해 이야기하고 싶기 때문이다. 순종이라는게 꼭 생물학적으로만 존재하는 것은 아니다. 문화적으로도 존재한다. 흔히 문화적 DNA라는 말도 사용하지 않는가? 생물학적으로는 DNA가 고정되어 버린 것이 순종이다. 생물학적 순종이 변화하는 환경에 매우 허약한 것처럼 문화적으로도 폐쇄적인 순혈주의는 환경변화에 취약할 수밖에 없다. 자신들에게 익숙하고, 자신이 잘하고 있는 것에만 집착하기 때문이다. 더구나 다양한 생각이 끼여들 여지가 없기 때문에 쉽게 극단주의로 빠진다. '다른 생각'이라는 이름의 제어장치가 없는 자동차인 셈이다. 그래서 급속도로 몰락한 제국들은 순혈주의라는 공통점을 가지고 있다. 멀리 갈 필요도 없이 20세기초 우리를 강점했던 일본제국이나 나치의 제3제국은 순혈주의라는 공통점을 가지고 있다. 앞으로 살펴보겠지만 한때 세계의 바다를 지배했던 스페인도 순혈주의에 집착하기 시작하면서 몰락의 길을 걸었다.

하버드 대학의 조지프 나이 교수를 인터뷰하다가 들은 이야기가 있다. 한 국제 회의에 참석했던 나이 교수는 평소 친분이 있던 싱가포르의 리콴유 전수상에게 이런 질문을 던졌다.

"중국이 언제쯤 미국을 추월할 것 같습니까?"

알다시피 싱가포르라는 나라는 중국계 화교들이 주축이 되어 세운 도시국가이다. 당연히 리콴유 전수상도 중국계 화교이다. 그런데 리콴유의 답변은 조금 의외였다. 그는 중국은 미국을 추월할 수 없을 것이라고 대답했다. 그 이유는 중국의 인적자원은 13억이지만 미국의 인적자원은 70억이기 때문이라고 대답했다. 미국의 실제 인구는 3억 정도 된다. 그러니 이게 무슨 말장난인가 하는 생각이 들지도 모르지만 곰곰히 생각해 보면 날카로운 통찰력이라는 생각이 든다. 생각해보자. 만약 당신이 지금 미국이나 중국으로 성공의 기회를 찾아 이민을 간다면 어디로 가겠는가? 당신이 이민을 갔을 때 어느 나라에서 당신이—외국인이 아니라—그 나라의 완전한 시민으로 자리 잡을 가능성이 높겠는가? 당신이나 당신의 자식이 그 나라에서 공직에 진출할 확률이 어느 나라가 더 높겠는가? 아마 따져볼 필요조차 없을 것이다. 시리아 출신 아버지를 둔 스티브 잡스와 케냐 출신 아버지를 둔 오바마, 헝가리 이민자 출신의 조지 소로스가 공존하는 미국은 그 다원성만으로도 전 세계의 인재를 끌어들이는 힘을 가지고 있다.

이제부터 살펴볼 강대국들은 '다원성'이라는 점에서 동시대의 어떤 나라보다 뛰어났던 나라들이다. 혹은 많은 학자들이 말한 것처럼 그 시대의 기준에서 볼때 가장 '관용'적인 나라들이었다. 우리는 그 '관용'과 '다원성'이 어떻게 이들을 강대국으로 만들어 주었는지를 보게 될 것이다. 물론 이런 의문을 제기하는 분들도 있을 것이다. "그냥 외국인에게 문호를 열어주고 다양성을 존중하고 관용적이기만 하면 바로 강대국이 되는 건가요?" 사실 다큐멘터리가 방송된 이후 이런 시청소감을 올리신 시청자들도 꽤 많았다. 결론부터 말하자면 물론 아니다. 세상에 강대국이 되는 방법이 그렇게 단순하겠는가? 사실 어떤 나라가 강대국이 된 이유를 따지기 시작하면 그 나라 국민의 숫자만큼이나 많을 것이다. 하지만 우리가 추구하는 것은 인류역사 속에 존재했던 강대국들의 공통점이다. 수학용어를 빌어 표현하자면 충분조건이 아니라 필요조건을 찾는 것이 우리의 목적이다. 그런 목적에 비추어 본다면 강대국에게 있어서 '다양성'과 '관용'보다 더 필요한 조건은 존재하지 않는다. 이것이 우리의 결론이고 우리가 앞으로 살펴볼 이야기이다.

1년이 조금 넘었던 취재기간은 역사에 관심이 많았던 내겐 무척 행복한 시간이었다. 세계적인 석학들을 만나 그들에게 일종의 특강을 듣고, 궁금증에 대해 질문을 하고, 역사적 사건이 벌어진 현장을 직접 둘러보는 것은 어지간한 역사학자라 할지라도 누리기 힘든 호사였다. 그 호사를 누리게 해준 나의 회사 EBS에 감사한다. 더불어 함께 작업했던 박은영 작가와 주지윤 작가, 꼼꼼한 조연출 김현수, 그리고 부족한 예산과 환경 속에서도 최선의 그림을 만들어준 전준우 촬영감독에게도 감사를 전한다. 그 외에도 감사할 사람이 많지만 오랜 출장에도 묵묵히 나를 응원해준 나의 아내 김현경과 이서현, 이동훈 두 아이들에게도 정말 고맙다는 말을 전하고 싶다.

이주희

차례

MONGOLIA II

세계제국 몽골

GREAT BRITAIN III

대영제국의 탄생

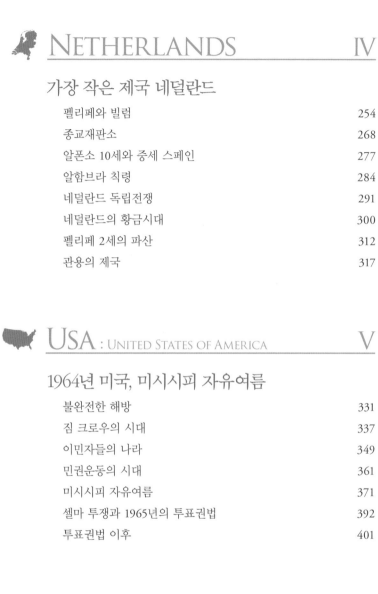

NETHERLANDS IV

가장 작은 제국 네덜란드

USA : UNITED STATES OF AMERICA V

1964년 미국, 미시시피 자유여름

ROME

I

로마 시민권

로마는 어떻게 한니발이라는 고대 최고의 명장에게 승리
했을까? 아니 고대 최고의 명장이라는 한니발은 왜 로마
와의 전투에서는 항상 승리했으면서도 결국 로마에게 굴
복하고 말았을까?

기원전 216년 8월 2일 칸나이

기원전 216년 8월 2일 저녁, 칸나이 평원은 황혼으로 붉게 물들기 시작했다. 하지만 황혼이 평원을 물들이기 전에 땅이 먼저 붉게 물들어 있었다. 5만이 넘는 인간의 피가 이미 땅에 흘려진 것이다. 이탈리아의 8월은 습하진 않아도 태양이 살갗을 따갑게 할 정도로 강렬하다. 전쟁터로 선택된 만큼 그늘 한점 없는 평원인 칸나이의 땅은 아마 대지가 뿜어내는 열기로 인해 역한 피냄새로 가득 찼을 것이다.

역사상 칸나이 전투라고 불린 이 한나절의 전투로 로마는 그들이 각고의 노력으로 준비한 거의 모든 것을 잃었다. 우선 단 하루 동안의 전투로 전사한 병사가 5만을 훌쩍 넘었다. 그들 중 절반 정도가 로마 시민병이고 나머지 절반은 동맹국 병사라고 해도 당시 로마의 성인남자가 총 28만 명 정도였으니까 전체 성인남자의 1/10이 하루 동안에 살해된 것이다. 인구대비 살상비율이라는 점에서 볼 때 단기간에 이 정도의 피해는 인류역사 전체를 살펴보아도 거의 찾아볼 수 없다. 여기에 더해 귀족출신이 대부분인 기병대는 완전히 몰살당했다. 살아서 도망칠 수 있었던 로마군은 채 1만명이 되지 않았다. 문제는 엄청난 숫자만이 아니었다. 로마가 당한 질적인 면에서의 피해는 더 심각했다. 우선 그해의 집정관[I]이었던 아이밀리우스가 전사했다. 지난해의 집정관 자격으로 군단을 지휘했던 세르빌리우스도 전사했다. 전투에 참가했던 원로원 의원 80명도 거의 다 전사했다. 당시 로마 원로원의 정원이 300명이었으니까 원로원 의원의 1/3 가까운 숫자가 단 한 번의 전투로 몰살당한 것이다. 사회 지도층이 항상 전투에 앞장서기 때문에 지도층이 전사할 확률이 유독 높았던 로마라고 할지라도 이 정도로 많은 원로원 의원이 하루 아침에 사라진 것은 이 전투가 유일한 경우였다.

　더욱 큰 문제는 이 전투에 투입한 로마군의 병력이 그해에 로마가 준비한 병력의 거의 전부였다는 사실이다. 로마와 칸나이 사이에 적군을 막을 만한 어떤 병력도 로마에는 남아있지 않았던 셈이다. 이 말은 내일 당장이라도 로마가 적군에게 포위당할 수도 있는 상황이라는 뜻이었다. 보통 고대국가가, 그것도 도시국가가 자신이 전력을 다해 준비한 전투에서 이 정도의 완패를 당하고도 항복하지 않은 적은 단 한 번도 없었다. 로마를 이 정도의 위기로 몰아넣은 인물은 알렉산더 대왕과 함께 고대 최고의 명장이라 불리는 한니발이었다. 상식적인 경우라면 이제 한니발이 로마의 성문앞으로 군대를 몰고가기만 하면 로마의 항복으로 전쟁은 끝날 것이다.

　하지만 전쟁은 끝나지 않았다. 끝나기는 커녕 이후로도 14년을 더 끌

I　집정관: 로마의 국가원수. 임기는 1년이며 한 번에 2명을 민회에서 선출한다. 선출된 집정관은 군사, 행정, 법, 원로원 의원 임명 및 추천 그리고 한걸음 더 나아가서 원로원과 민회를 필요에 따라 소집할 수 있는 권한을 갖게 된다. 전시에는 총사령관의 역할을 수행한다.

| **칸나이 전투** 집정관 아이밀리우스가 전사하는 장면이다.

었으며 결국은 로마의 승리로 끝났다. 어떻게 이런 일이 일어났을까? 다른 나라였다면 멸망하는 것이 정상이었을 정도의 패배를 당하고도 왜 로마는 망하지 않았을까? 왜 고대 최고의 명장이라는 한니발은 그의 탁월한 전술적 능력으로 거의 모든 전투에서 로마군에게 승리했음에도 불구하고 결국 전쟁에서 패배하고 말았을까?

진짜 강한 군대는 이기고 있을 때 잘 싸우는 군대가 아니다. 이기고 있을 때는 누구나 잘 싸운다. 지고 있을 때도 잘 싸우는 군대가 정말 강한 군대다. 마찬가지로 정말 강한 나라는 잘나가고 있을 때 무엇을 잘하고 있는가를 보는 것으로는 알 수 없다. 망하는 게 당연할 정도의 상황에서 어떻게 그 위기를 이겨내는가를 보아야만 진면목을 알 수 있다. 따라서 칸나이 전투 후에 로마가 어떻게 이 위기를 극복했는가에 대한 해답을 찾을 수 있다면 우리는 로마제국이 가진 진정한 힘의 원천을 발견할 수 있을 것이다.

한니발의 고향 카르타고

고대 최고의 명장을 배출한 카르타고는 현재 북아프리카의 튀니지 지역에 있던 도시국가였다. 프랑스의 역사학자 프랑수와 데크레가 "바다에 던져진 거대한 닻"이라고 묘사한 것처럼 항구로는 최적의 조건을 갖춘 이곳은 지금도 북아프리카의 대표적인 항구로 번창하고 있다. 물론 카르타고라는 이름은 지금 쓰지 않고 튀니스라는 지명으로 부른다. 항구를 중심으로 형성된 튀니스 시내에서 조금 떨어진 언덕 위에 카르타고의 폐허가 자리잡고 있다. 엄밀하게 말해 이 유적지는 고대 카르타고의 유적지는 아니다. 카르타고가 멸망하고 난 뒤 그 폐허 위에 아우구스투스 황제가 로마의 식민도시를 건설했는데, 지금 남아있는 유적은 바로 이 로마시대의 유적이다. 그래도 직접 올라가 보면 카르타고가 어떤 입지조건을 가지고 있었는지는 바로 알 수 있다. 우선 언덕아래 탁트인 전망으로 지중해가 바로 앞까지 들어와 있다. 맑고 투명하지만 그 깊이를 알 수 없는 짙은 파란색으로 빛나는 지중해 바다. 지중해의 모든 무역선들이 드나들었을 그 바다 위로 지금은 당일치기 관광객

| 카르타고 유적과 지중해 바다

을 실은 크루즈선과 요트들이 드나들고 있다.

　고대에는 아프리카 북부지역이 지금처럼 사막이 아니었기 때문에 카르타고는 천혜의 항구라는 조건만 갖춘 것이 아니었다. 지중해지역에서 가장 생산성이 높은 농업지대도 도시의 배후로 가지고 있었다. 일년 내내 지중해의 쾌적한 바람이 불어오고 풍부한 식량과 이국적인 풍물이 더해진 이곳은 고대에는 말 그대로 축복받은 땅이었을 것이다.

　이곳에 지중해의 양대 해양민족 중 하나인 페니키아인들이 카르타고를 세운 것은 기원전 814년경이다. 로마가 기원전 753년에 건국되었으니까 60년 정도 먼저 건국된 셈이다. 사실 카르타고라는 명칭은 로마인들이 그렇게 발음한 것이고 페니키아인들은 '콰르트 하다쉬트(새로운 도시)'라고 불렀다. 건국은 겨우 60년 정도 빠를 뿐이지만 발전 속도는 산속에 건국된 로마와는 비교조차 할 수 없을 정도로 빨랐다. 우선 페니키아인들이 가지고 있는 기술력이나 문명화 정도가 이탈리아 산골 민족인 로마인들과 완전히 달랐다. 그리스인과 페니키아인은 당시 지중해 지역에서 가장 앞선 항해술을 가지고 있었는데 특히 페니키아인들의 항해술은 경탄할만한 것이었다. 헤로도토스의 기록에 따르면 이들은 역사상 최초로 아프리카를 일주한 기록을 가지고 있다.[2] 대항해 시대의 바스코다가마보다 2,100년 앞선 셈인데 헤로도토스가 믿거나 말거나라는 식으로 덧붙인 설명이 없었다면 아마 고대인 특유의 과장이라고 치부되었을 것이다. 헤로도토스는 "본인은 믿지 않지만 이것을 믿는 사람도 있는데, 페니키아인들에 따르면 그들이 리비아[3]를 항해했을 때 태양은 그들의 오른쪽에 있었다고 한다"라고 기록했다. 남반구에서 태양은 동쪽에서 솟아 약간 북쪽으로 치우쳐서 서쪽으로 진다. 그렇기 때문에 서쪽을 향해서 항해할 경우 태양은 북반구와 반대로 오른쪽에 보이는 것이다.

이 정도로 발달된 기술을 가지고 있었으니 도시의 성장속도가 빠른 것도 당연하다. 더군다나 항구로는 최적의 조건을 가진 곳에 도시를 만들었으니 호랑이가 날개를 단 격이랄까. 로마가 아직도 이탈리아 중부 지역에서 일보전진과 이보후퇴를 거듭하고 있던 기원전 6세기에 카르타고는 이미 서부 지중해의 지배자로 떠올랐다. 지중해 서부지역의 지

2　기원전 600년, 이집트 파라오의 요구에 따라 홍해를 출발한 페니아키아인들은 아프리카대륙 동해안을 따라 남쪽으로 항해해 기원전 599년 1월에서 4월 무렵에 아프리카대륙 최남단에 도착했다. 이후 중간 기착지마다 파종해서 곡식을 수확하는 방식으로 식량을 마련하면서 아프리카를 일주한 이들은 기원전 597년 12월 이집트로 다시 귀환했다.
3　고대 그리스에서는 아프리카대륙 전체를 리비아라고 불렀다.

| **지중해 서부지역의 지도** 시칠리아, 사르데니아, 코르시카

도를 보면 큰 섬이 세 개 보이는데 큰 순서대로 열거하면 시칠리아, 사르데니아, 코르시카 순이다. 이 세 개의 섬 중 사르데니아와 코르시카가 카르타고의 영토였다. 가장 큰 섬이자 가장 중요한 섬이었던 시칠리아 역시 1/3 정도는 카르타고의 지배하에 있었다. 제도적으로도 상당히 앞선 모습을 가지고 있었는데 연구자들에 의하면 로마의 원로원 역시 카르타고 원로원을 본뜬 것이라고 한다. 로마사의 권위자인 칼 갈린스키는 카르타고가 전형적인 군사강국이 아니었다는 점에서도 독특하다고 말한다.

> "카르타고는 경제적으로 강했다는 점에서 흥미롭습니다. 경제적 초강대국이었습니다. 오늘날 우리가 보는 초강대국에 가깝지요. 군사적인 개념을 넘어서 경제적, 기술적 힘이고, 혁신의 힘입니다. 당시 카르타고인들은 지중해의 거상이었습니다. 이들은 영토를 확장하는데 별반 관심이 없었지요."[4]

이렇게 일찍부터 지중해의 지배자로 떠올랐던 카르타고가 로마와 적대관계로 돌입한 것은 시칠리아 때문이었다. 지중해로 막 진출하기 시작한 신흥강국 로마가 시칠리아에 영향력을 미치기 시작하자 오랫동안 강국으로 군림하던 카르타고로서는 좌시할 수 없었던 것이다. 로마의 역사가 리비우스에 표현을 빌리면, "세계에서 가장 부유했던 그 두 도시 사이의 전쟁은 왕들과 사람들의 마음을 졸이게 했다." 1차 포에니 전쟁에 대한 서술은 이 책의 범위를 넘어서는 것이지만 우리가 본격적

---

4 칼 갈린스키(텍사스 오스틴대 석좌교수) 인터뷰 중에서

으로 살펴보려는 2차 포에니 전쟁을 위해 간략한 경과만 기술하자면, 기원전 241년까지 20년 넘게 이어진 전쟁은 결국 카르타고의 패배로 끝난다. 패배의 결과는 시칠리아의 상실이었다. 그리고 시칠리아의 상실은 단지 시칠리아만의 상실로 끝나지 않았다.

"시칠리아는 지중해 중간에 위치하고 있으며 비옥한 땅인지라 중요한 지역이었습니다. 수요가 많은 밀의 생산력이 높았기 때문에 이는 곧 국가의 번영으로 이어졌습니다. 또한 이곳엔 항구가 있었지요. 그런데 상품을 실은 상선이 수일 혹은 수주 동안 항해가 가능하다 해도 이들의 무역을 통제하고 지켜줄 수 있는 군함, 즉 해군은 해안에서 멀리 벗어날 수가 없었습니다. 전투선이라는 특성상 갤리선 안에는 사람들이 가득 차 있었기 때문이지요. 작은 배 안에서 수백 명의 사공들이 노를 저었습니다. 그리고 이들에게 배식을 해줘야 했습니다. 고된 노동 때문에 이들은 쉽게 탈수상태가 되었습니다. 따라서 식수도 공급해야 합니다. 그건 곧 그들이 항구로부터 2~3일 내의 거리까지만 항해하고 다시 해안으로 돌아와야 한다는 의미입니다. 그래서 그 기반, 즉 (지중해 중심부에 있는) 항구의 통제권을 가지게 되면 그 주변의 해역에 대한 통제권까지 가질 수 있게 되는 것입니다. 1차 포에니 전쟁^{Punic War}에서 로마제국이 카타르고로부터 시칠리아를 차지한 이후 카르타고는 이탈리아에 접근할 수가 없었습니다. 적어도 해상으로는 쉽게 접근할 수 없었지요.

또 시칠리아를 장악하게 되면 시칠리아와 그 주변 섬들, 그리고 코르시카와 사르디니아까지 장악할 수 있습니다. 그 중에서도 카르타고와 이탈리아 사이에 위치한 시칠리아의 통제가 가장 중요합니다. 해역을 통제할 수 있게 되거든요. 만약 로마가 통제권을 가지게 되면 카르

하밀카르 바르카
한니발의 아버지

타고에 위협이 됩니다. 그들은 무역국가입니다. 그들에겐 무역을 할 수 있는 해로가 필요했습니다. 그들이 통제권을 가지지 못하고 다른 국가가 갖도록 한다면 매우 큰 문제가 되는 거지요."[5]

시칠리아를 잃은 것은 단지 영토를 잃은 것으로 끝나는 것이 아니었다. 해상으로의 진출이 봉쇄되었으므로 무역입국의 국가였던 카르타고는 국가의 미래까지 빼앗긴 셈이다. 당연히 카르타고인들은 로마에 대한 복수전을 생각했다. 특히 마지막까지 시칠리아에서 로마와 맞서 싸웠던 하밀카르 바르카는 로마에 대한 복수를 자기 삶의 목표로 삼았다. 하지만 유능한 장군이자 냉철한 현실주의자이기도 했던 하밀카르는 충동적으로 로마와 전쟁을 벌일 정도로 어리석은 인물은 아니었다. 그는 먼저 자신의 가족들을 거느리고 당시로서는 미개척지였던 스페인으로 건너갔다. 가족이라고 하면 열댓 명의 소수 인원을 생각하기 쉽지만 당시 카르타고에서도 유력한 일족의 가장이었던 하밀카르인 만큼 그렇게 간단한 집단이 아니었다. 그 안에는 그의 가족과 친지들, 일족들, 노예들과 용병들까지 포함되어 있었다. 말 그대로 대규모 집단이 새로운 운명을 개척하기 위해 신천지로 떠난 것이다. 한 일화에 따르면 스페인으로 이주하기 직전 하밀카르는 장남인 한니발을 데리고 페니키아인들의 최고 신이었던 바알 신전에 갔다고 한다. 성경에 자주 등장하는 이교도의 신 그 바알이다. 한니발이라는 이름도 '바알신의 은총'이라는 뜻이다. 신

5 에이드리안 골드워시(《로마 전쟁사》 저자) 인터뷰 중에서

| 바알신과 바알 신전

전에서 하밀카르는 아들에게 절대 로마인과는 친구가 되지 않을 것을, 반드시 로마에게 복수할 것을 맹세하게 했다. 이 일화는 나중에 한니발이 언급한 것이므로 사실일 가능성이 매우 높다. 그리고 성인이 된 후에도 이 일화를 되새긴 걸 보면 이 맹세가 어린 한니발에게 끼친 영향도 매우 컸던 모양이다.

일족을 거느리고 스페인에 도착한 하밀카르는 기존에 카디즈를 중심으로 스페인 남쪽에 소규모로 형성되어있던 카르타고의 식민지를 기지 삼아 북쪽으로 영토를 확장하기 시작했다. 하밀카르는 1차 포에니 전쟁 당시 적은 병력으로도 로마에게 한 번도 패하지 않은 유일한 장군이다. 그의 뛰어난 군사적 능력 덕분에 스페인에서 카르타고의 영토는 급속도로 팽창하기 시작한다. 하밀카르는 아마 군사적 능력뿐 아니라 조직력도 매우 뛰어났던 모양이다. 그는 스페인 원주민들을 정복하는데서 끝나지 않고 그들을 조직화해서 자신의 부대에 편입시켰다. 하밀카르의 휘하병력은 급속도로 불어났고 9년이라는 매우 짧은 기간에 스페인 동남부 대부분이 하밀카르의 손에 들어왔다. 하지만 하밀카르는 이 정도로 만족할 사나이가 아니었다. 그에게는 더 원대한 꿈이 있었다. 바로 로마에게 복수하는 것이었다. 로마에게 복수하기 위해서는 지난 전쟁에서 자신에게 최소한의 병력지원조차 해주지 않았던, 그래서 도저히 믿을 수 없는 존재인 카르타고 본국이 아니라 자신의 힘만으로 로마와 싸울 수 있어야 했다. 이를 위해 그는 스페인 식민지의 농업생산성을 높이는 데 힘을 기울였다. 또 이베리아 반도의 풍부한 지하자원을 활용하기 위해 광산개발에도 힘썼다. 스페인 내륙지방을 처음으로 개발한 것은 바르카 가문인 셈이다. 여담이지만 덕분에 지금도 스페인에는 이들 가문의 이름을 딴 도시가 존재한다. 바로 바르셀로나 Barcelona이다.

"한니발의 부친(하밀카르 바르카: Hamilcar Barcas)은 카르타고가 다시 세력을 되찾아야 한다고 주장하던 사람 중 하나입니다. 그는 스페인으로 건너가 새롭게 강력한 기반을 확보한 뒤 막강한 군대를 키워 훈련시키고 준비를 시킵니다. 그 후 그의 사위(공정한 하스드루발: Hasdrubal the Fair)가 지도권을 이어받았고 그의 사후에는 한니발이 계승받았습니다. 가문의 문제가 된 거지요. 아주 개인적인 문제가 돼버렸습니다. 바르카 가문의 모두가 로마에 복수해야 한다고 믿었습니다. 제 견해로는 한니발이 그것이 자신의 숙명이자 의무라 믿으며 성장했다고 보여집니다. 한니발이 이탈리아를 공격했을 때 그는 꽤 어린 청년(28살)이었다는 것을 염두에 둬야 합니다. 그래서 그가 로마에 대한 복수에 성공하고 카르타고가 다시 세력을 되찾은 이후에는 어떤 삶을 살고자 했는지, 어떤 삶을 살았을지는 가늠하기 어렵습니다."[6]

하밀카르는 당연히 전쟁터에 한니발을 데리고 다녔다. 바알 신전에서 한니발에게 로마에 대한 복수를 맹세하게 한 일화를 보더라도 하밀카르는 자신이 해내지 못하면 아들이 로마에게 복수할 수 있기를 바랐을 것이다. 한니발은 전쟁터라는 생생한 현장에서 하밀카르라는 당대 최고의 장군을 스승으로 삼아 어린 시절부터 최고의 전술가로 성장하기 위한 훈련을 받았다.

그런데 여기서 한 가지 짚고 넘어가야 할 사실이 있다. 하밀카르와 한니발이 꿈꾼 로마에 대한 복수란 구체적으로 어떤 것이냐 하는 점이다. 이 부분은 나중에 한니발이 로마에 대한 대전략을 세울 때도 많은 영향을 주므로 꼭 짚어볼 필요가 있다. 카르타고는 1차 포에니 전쟁에서 패배해서 시칠리아를 비롯한 지중해의 섬들을 빼앗겼다. 하지만 이 섬들은 카르타고 본국은 아니다. 로마처럼 카르타고도 도시국가라는 사실을 명심해야 한다. 해외영토라 할지라도 지금 우리가 생각하는 영토처럼 직접적인 영토는 아니다. 세력권 혹은 경제적 이익이 걸린 지역 정도의 의미였다. 패전을 인정한 것도 수도인 카르타고가 점령되어서가 아니다. 본국인 북아프리카는 한치도 빼앗기지 않았다. 다만 해외영토를 지키기 위해 더 이상 싸울 힘이 없어서 패전을 인정한 것 뿐이다. 더구나 카르타고는 영토에 집착하는 육지형 국가가 아니라 아테네같은 해양국가였다. 따라서 카르타고에게 1차 포에니 전쟁에서 패전한 것은

---

6 에이드리안 골드워시(≪로마전쟁사≫ 저자) 인터뷰 중에서

정신적으로는 굴욕이었고 경제적으로는 손해였지만 그 이상도 그 이하도 아니었다. 따라서 하밀카르와 그의 아들 한니발이 생각한 복수도 같은 수준의 것이었다. 로마를 패배시키고, 로마에 굴욕을 안기고, 로마에게 빼앗긴 시칠리아를 되찾아 무역강국 카르타고의 영광을 되찾는 것이 그들이 생각하는 복수의 전부였다. 현대적으로 표현하자면 너 아니면 내가 죽는 사생결단의 전면전이 아니라 일종의 제한전을 생각한 것이다. 상업민족이었던 카르타고로서는 너무나도 당연한 사고방식이었을 것이다. 나중에 밝혀지지만 이것이 한니발에게는 불행이었다. 로마인들은 전쟁을 그런 식으로 생각하지 않았기 때문이다.

"한니발은 기원전 218년에 이탈리아를 공격하면서 포로들에게 이 전투가 로마제국을 멸망시키려는 것이 아닌 권력과 영광을 위함이라 말하며 그 자신도 그렇게 믿었습니다. 우열을 가리기 위함이었지요. 로마는 이 전투를 전혀 다르게 받아들입니다. 그들에겐 생사의 문제였고 합의를 볼 수 없는 문제였습니다. 전쟁을 바라보는 두 가지의 다른 시각이 있었던 거지요."[7]

---

7 에이드리안 골드워시(《로마 전쟁사》 저자) 인터뷰 중에서

한니발, 알프스를 넘다

기원전 219년, 로마 원로원에 동맹국의 사자가 도착했다. 사자를 보낸 동맹국은 사군툼. 이베리아 반도 안에 있는 도시국가였다. 사군툼이 사자를 보낸 이유는 이베리아 반도 안에 있던 카르타고 세력이 자신을 공격하고 있으니 도와달라는 원조요청이었다.

1차 포에니 전쟁의 결과로 로마와 카르타고가 맺은 협정에 따르면 카르타고는 로마의 동맹국을 공격해서는 안된다. 따라서 로마의 동맹국인 사군툼에 대한 군사공격은 명백한 협정위반이었다. 원로원은 당장 카르타고로 사자를 파견했다. 그런데 카르타고 원로원측의 반응이 매우 모호했다. 로마에 사과하고 철수하겠다는 것도 아니고, 그렇다고 로마에 선전포고를 하고 전쟁을 선언하지도 않은 채 차일피일 시간만 끌었다. 이 모호한 태도 때문인지 로마도 즉각 강경책을 들고 나오지 않았다. 이 시점에서는 로마로서도 카르타고와 전면전을 시작하고 싶지 않기 때문이다. 로마는 계속해서 카르타고로 사자를 보냈다. 첫번째 사자는 두 명을 보냈지만 두 번째 사자는 모두 원로원 의원으로 구성된 다섯 명의 사자를 보냈다. 하지만 문제는 카르타고 본국이 아니었다. 사군툼 공격은 카르타고 본국이 결정하고 실행한 것이 아니기 때문이다. 이 공격은 이베리아 반도에서 사실상의 독립국처럼 존재하고 있던 바르카 가문이 단독으로 벌인 일이었다. 이때 바르카 가문의 주인은 물론 한니발 바르카였다.

로마가 전쟁을 결심하지 못하고 있는 사이 결국 사군툼이 함락되었다. 동맹국이 적의 공격을 받아 멸망한 이상 로마의 선택은 한 가지 밖에 없다. 전쟁이다. 곧바로 선전포고가 한니발에게 보내졌다. 그런데 전쟁을 선포하긴 했지만 선전포고를 한 시기가 기원전 219년 겨울이었으므로 아직은 입으로만 외친 전쟁이다. 선전포고를 하고난 후 로마는 기원전 218년인 이듬해가 되어서야 전쟁을 준비하기 시작했다.

한니발과의 전쟁을 준비하면서 로마가 마련한 전략은 로마군을 둘로 나누어 시칠리아와 스페인으로 파견하는 것이었다. 시칠리아로 군단을 파견한 이유는 물론 시칠리아에서 바다로 하룻길 밖에 안 되는 카르타고 본국을 공격하기 위해서이다. 그

| **한니발** 기원전 247~183년. 한니발은 제1차 포에니 전쟁 당시 활약했던 장군 하밀카르 바르카의 아들로 태어났다. 《플루타르코스 영웅전》에 의하면 9살에 로마를 쳐부술 것을 카르타고의 신 타니트에게 맹세했다고 한다. 청년 시절에는 아버지와 매형의 뒤를 이어, 식민지였던 에스파냐에서 총독으로 근무했다.

리고 스페인으로 파견된 군단이 한니발을 맞아 싸울 예정이었다. 로마의 계획을 살펴보면 방어에 대한 고려는 전혀 없다는 것을 알 수 있다. 당연히 로마쪽이 주도권을 잡고 공격할 수 있을 것이라고 생각한 것이다. 왜 그랬을까?

"로마는 카르타고군이 지난 전쟁과 비슷한 전술을 사용할 것이라 생각했습니다. 1차 전쟁에서 카르타고는 지지 않기 위해 싸우는 경향을 보였습니다. 로마를 공격하는 것이 아니라 그들에 대비하며 카르타고 영토를 넘어오면 싸워서 쫓아내겠다는 의향을 보였지요. 로마군은 훨씬 호전적이었습니다. 로마군은 이기려는 의지가 있었으며 그러기 위해선 적지의 중심부, 즉 수도로 들어가 거기서부터 적을 몰아내야 한다고 생각했습니다. 그래서 로마군은 한니발과의 전쟁이 발발했을 때 한니발이 스페인에 남아 이전과 같은 방식의 전술을 펼치리라 생각했던 것 같습니다. 방어적인 전술을 구상하여 로마군이 당도하면 싸움을 벌이리라 생각한 거지요."[8]

로마는 1차 포에니 전쟁의 교훈을 반영하여 나름대로 합리적인 전략을 채택한 것이었다. 그리고 로마가 한니발과의 전투는 스페인에서 벌어질 것이라고 생각한 더 큰 이유가 한 가지 있었다. 그것은 제해권이었다. 앞서 말한 것처럼 1차 포에니 전쟁의 결과 서부 지중해의 주요 섬들은 모두 로마가 지배하고 있었다. 그런데 고대의 군선들은 모두 노를 저어서 나가는 갤리선이다. 갤리선이므로 동력을 인간의 힘에 의존한다. 인간이 모터 혹은 엔진인 셈이다. 특히 군선은 속도가 생명이므로

---

8   에이드리안 골드워시(《로마 전쟁사》 저자) 인터뷰 중에서

일반적인 상선보다 훨씬 많은 노잡이들을 태워야 했다. 이 많은 노잡이들에게 식수와 식량을 안정적으로 공급하려면 2~3일에 한 번은 항구에 정박해야만 한다. 따라서 지중해 중심부에 적당한 항구를 가지지 못한 나라는 지중해로 군선을 내보내는 것이 불가능했다. 시칠리아를 지배하는 자가 지중해의 제해권도 장악할 수밖에 없는 이유가 바로 이것이다. 혹시 무리해서 한니발이 바다로 군대를 내보내더라도 중간에 항구를 이용하기 위해서는 로마가 지배하는 어느 항구를 공격해야 하는데 그런 시도를 한다면 로마해군에 의해 심각한 타격을 입게 될 것이었다.

그렇다면 나중에 한니발이 실제로 실행한 것처럼 육지로 가면 되지 않는가라고 생각할 것이다. 그런데 그게 그렇게 간단하지가 않다. 사실은 거의 불가능했다. 한니발의 근거지인 스페인남부에서 출발해서 이탈리아를 공격하려면 일단 피레네 산맥을 넘고 프랑스 남부지역을 통과해야 한다. 그런데 이 이동구간에 해당하는 스페인과 프랑스와 이탈리아가 지금은 모두 사회간접자본 정리가 잘된 선진국이지만 기원전 3세기에는 사정이 완전히 달랐다. 특히 스페인과 이탈리아 사이에 있는 프랑스 지역은 그리스인들이 일찍부터 식민지를 건설했던 해안가를 제외하고는 문명의 혜택이 전혀 미치지 않은 말 그대로 야만적인 지역이었다. 갈리아 트란살피나라고 불리우던 이 밀림지역을 돌파하려면 상당한 피해를 입을 수밖에 없었다. 또 천신만고 끝에 밀림지대를 통과한다고 하더라도 이번엔 알프스 산맥이 가로막고 있었다. 양떼를 모는 목동 정도라면 모를까 대규모 군대를 이끌고 이 알프스를 넘는 것은 자살행위였다. 유일하게 육지를 이용해서 이탈리아로 오는 방법은 해안선을 따라 행군하는 것인데 이 지역은 로마의 패권이 미치는 지역이었다. 당연히 스페인과 로마 세력권의 경계인 에브로강에서부터 전투를 벌일 수밖에 없었다. 이것이 로마 측에서 예상하고 있는 전개였다. 한니발이 상식적인 수준의 장군이었다면 홈그라운드인 이베리아 반도에서 로마군을 맞이하는 것 외에는 다른 대안이 없었던 것이다. 하지만 한니발은 한니발이었다. 결코 상식적인 수준에서 판단할 수 없는 존재였다. 물론 이 시점에서는 아무도 한니발의 진면목을 알지 못했다. 그러니 상식적인 수준에서 한니발에 대한 전략을 마련한 로마가 크게 잘못했다고 할 수는 없을 것이다.

드디어 운명의 해인 기원전 218년 봄이 찾아왔다. 전투의 계절이 온 것이다. 로마는 계획대로 원정군을 두 개로 나누어 출발시켰다. 우선 시칠리아를 방위하고 더 나아가 카르타고 본국을 공격하기 위해 집정관 셈프로니우스가 2개 군단을 이끌고 로마의 외항 오스티아에서 바로 바다로 나갔다. 한니발을 상대하기 위해서는 또 다른 집정관 코르넬리우스가 역시 2개 군단을 이끌고 피사에서 수송선 편으로 스페인을 향해 출발했다. 앞서도 설명했듯이 당시의 군선으로는 단번에 스페인으로 갈 수 없기 때문에 코르넬리우스의 부대는 마르세이유를 거쳐서 스페인으로 향할 것이다. 이들이 보다 빠르고 안전한 배를 타고 떠난 것으로도 알 수 있듯이 로마는 육지 쪽으로 누군가 오리라고는 전혀 생각하지 않은 것이다.

한니발도 움직이기 시작했다. 기원전 218년 5월 군대를 이끌고 스페인의 수도 역할을 하던 카르타헤나[9]를 떠났다. 이윽고 갈리아와의 경

---

9 새로운 카르타고라는 뜻이다. 그런데 카르타고도 신도시라는 의미를 가지고 있으니 카르타헤나 '새로운 신도시'라는 이름을 가진 셈이다.

계인 피레네 산맥에 이르렀는데 여기서 한니발은 지금까지의 행군실적을 바탕으로 좀 더 정예하고 전투의욕이 넘치는 병사들만을 추려서 절반 정도만 이끌고 피레네 산맥을 넘었다. 정확하게는 보병 5만에 기병 9천. 물론 코끼리 37마리는 그대로 데리고 갔다. 적과 부딪치기도 전에 스스로의 병력을 절반으로 줄인 것은 장거리 원정에서 병사의 숫자가 많은 것이 꼭 유리하기만 한 것은 아니기 때문이다. 적지로 쳐들어가는 입장에서 우선 군량확보에 부담이 크다. 더구나 한니발처럼 군대의 기동성을 중시하는 입장에서 볼때 불필요하게 숫자만 많은 것보다는 적절한 숫자의 정예병만을 데리고 움직이는 것이 훨씬 유리하다고 판단했을 것이다.[10] 여기까지는 로마도 한니발의 움직임을 놓치지 않았다. 그런데 피레네 산맥을 넘은 한니발군이 갑자기 사라져버렸다. 한니발군이 갑자기 사라져버리자 마르세이유까지 와서 스페인으로의 출발을 준비하고 있던 코르넬리우스는 당황할 수밖에 없었다. 도대체 어디로 가버린 것일까? 코르넬리우스 휘하의 로마군단은 한니발의 종적을 알 수 없는 상황에서 스페인으로 출발할 수도 없고 그렇다고 로마로 돌아갈 수도 없는 진퇴양난의 상황에 빠진다. 이제서야 로마는 28살의 이 청년장군이 자신들이 1차 포에니 전쟁에서 상대했던 카르타고 장군들과는 전혀 다른 유형의 장군이라는 것을 깨닫기 시작했다. 1차 전쟁에서는 항상 로마가 주도권을 행사하고 카르타고는 로마의 공격에 따라 수동적으로 전투에 임했었다. 그런데 새로 등장한 한니발이라는 청년

---

[10] 한니발 이외에도 고대에 있었던 성공적인 원정들인 알렉산더의 동방원정이나 카이사르의 갈리아 원정을 살펴보면 휘하병력이 5만을 넘는 경우는 없다. 장기원정의 부담이나 병력의 유기적인 활용이라는 면에서 고대의 기술력에 비추어 5만은 어쩌면 가장 이상적인 숫자인지도 모른다.

| 한니발의 알프스 횡단

장군은 자신이 전쟁의 주도권을 쥐고 움직일 생각인 것이다.

역사책에서 누구나 한 번쯤은 읽어 봤을 한니발의 알프스 횡단은 이렇게 시작되었다. 화려한 영웅담과 모험의 이야기로 채색되어 있지만, 5만의 대군을 이끌고 완전히 미개척지인 알프스를 넘는 것은 상상하기 어려운 고난을 한니발의 군대에게 안겨주었다. 알프스에 도착했을 때 계절은 이미 가을을 지나기 시작했다. 산에는 눈이 내리고 있었다. 고산지대인데다가 초겨울이기까지 했으므로 당연히 먹을 만한 것은 찾을 수 없다. 그런데 코끼리까지 37마리나 데리고 있다. 훗날 한니발처럼 알프스를 넘어 이탈리아로 쳐들어갔던 나폴레옹은 한니발이 겪었을 진정한 어려움은 아마 코끼리 떼였을 것이라고 말했다. 자신은 코끼리 떼 없이 알프스를 넘는데도 이렇게 힘든데 코끼리 떼까지 데리고 넘은 한니발은 얼마나 힘들었을까 싶었던 모양이다. 실제 코끼리 한 마리의 식성은 어마어마하다. 하루에 200kg 정도의 먹이가 있어야 하고 150~200리터 정도의 식수를 먹어치운다. 37마리의 코끼리 떼를 먹이려면 하루에만 7~8톤의 식량이 필요하다는 이야기다. 결정적으로 코끼리들은 추위에 약하기까지 하다. 이 정도만 해도 끔찍한 고통인데 행군 도중에 산악 민족의 습격까지 더해졌다. 대부대로 움직일 때는 그런대로 괜찮았지만 휴식을 위해 소규모로 분산하거나 소수가 뒤쳐지기만 하면 어김없이 산악 민족의 습격을 각오해야 했다. 어지간히 강한 의지와 리더십이 없었다면 아마 알프스 산중에서 한니발의 군단은 사라졌을 것이다.

"알프스에 당도했을 때 한니발의 부대는 또 다른 어려움을 맞게 됩니다. 한니발의 부대는 모든 짐, 모든 장비, 모든 식량, 모든 보급물을 지니고 있었기 때문이지요. 그리고 알프스를 넘는 방법은 길을 따라가는 방법뿐이었습니다. 그들은 긴 대열로 늘어섰습니다. 알프스에서 사는 부족의 전사들은 말과 돈을 보고 훔칠 것이 있다고 판단합니다. 따라서 한니발의 부대는 그들과도 싸우게 되었지요. 한니발은 단순히 알프스를 넘기 위해 싸워야만 했습니다. 날씨마저 그를 돕지 않고 점점 눈발이 굵어지고 넘기가 더 어려워집니다. 일부는 동상이나 저체온으로 인해 죽게 됩니다. 그들이 끌고 온 동물의 일부도 마찬가지였습니다. 한니발의 부대에는 병사들뿐만 아니라 기마대를 위한 말, 짐을 싣기 위한 가축, 그리고 로마군에 공포감을 조성하려 끌고 온 유명한 전투 코끼리war elephants들도 있었습니다. 코끼리는 산이나 눈이 있는 환경에 익숙하지 않지요. 그래서 그들은 진짜 전투가 벌어질 이탈리아로 가기 위해 다른 적들과 싸우는 동시에 이 모든 상황을 돌봐야 했던 거지요. 결국 그는 이탈리아에 당도했을 즈음엔 상당수의 병사를 잃었습니다. 하지만 이탈리아에 당도한 남은 병사들은 가장 강하고 최고의 병사들이자 베테랑이었습니다. 흥미로운 점은 그의 보병대, 즉 발로 직접 뛰는 병사들이 기마대에 비해 더 많이 사라지거나, 죽거나 탈영을 했다는 것입니다. 일반적으로는 말들이 사람에 비해 쉽게 쇠약해집니다. 말들은 혹독한 환경에서 더 연약합니다. 하지만 그의 최정예 부대인 기마대원들은 거의 대부분이 이탈리아까지 당도했습니다. 그의 최정예 보병대 역시 이탈리아까지 이를 수 있었습니다. 한니발의 최고 부대가 이탈리아에 도착한 것입니다."[II]

한니발은 그때까지 누구도 이루어내지 못한 알프스 횡단을 대군을

II　에이드리안 골드워시(≪로마 전쟁사≫ 저자) 인터뷰 중에서

이끌고 성공시킨 것이다. 어려운 일이었던 만큼 한니발군이 입은 피해도 적지 않았다. 5만이 넘던 병력이 불과 2만 6천으로 줄어들었다. 하지만 이런 병력손실에도 불구하고 기병대의 손실은 거의 없었다. 한니발 휘하의 기병대가 얼마나 정예한 군대였는가를 알 수 있는 대목이다. 이 정예 기병대가 건재하다는 점이 무엇보다 중요했다는 것은 이후 벌어질 로마와의 전투에서 입증된다.

한니발의 기본 전략

　이제 한니발 외에는 그 누구도 예상하지 못한 전쟁이 로마의 앞마당에서 벌어지게 된다. 그렇다면 2만 6천을 이끌고 이탈리아 반도로 쳐들어온 한니발 군을 기다리고 있던 로마군은 과연 어느 정도였을까? 고대역사가 폴리비우스는 로마의 전체 병력은 75만 정도가 되었다고 말한다. 2만 6천대 75만! 아무리 한니발이 전투에 자신이 있다고 해도 이건 너무 엄청난 차이다. 적의 뒤통수를 치려고 몰래 담을 넘어 들어왔는데 집안에는 수십 배 많은 적이 우글거리고 있는 형국이랄까?

　하지만 한니발은 그러한 상황도 예상하지 못할 만큼 바보는 아니었다. 한니발은 충분히 승산이 있다고 판단하고 이탈리아로 쳐들어 온 것이다. 그는 로마로 쳐들어가면서 그때까지의 전쟁을 꼼꼼히 연구했다. 특히 불과 3만 6천의 병력으로 대제국 페르시아를 정복한 알렉산더의 전략은 그에게 많은 영감을 주었다.

　한니발의 전략을 이해하기 위해서는 우선 당시 로마라고 불리던 나라가 단일국가가 아니라는 사실을 이해해야 한다. 기원전 3세기의 로마는 로마라는 도시국가를 맹주로 하는 도시국가들의 연합체였다. 그 안에는 로마인과 유사한 라틴계도시도 있고, 전혀 다른 민족인 그리스계 도시도 있었다. 심지어 당시로서는 야만인인 갈리아인들도 로마라는 국가 안에 존재하고 있었다. 이들은 불과 2~30년 전만 해도 맹주인 로마와 칼을 겨누던 사이였다. 사실 이런 국가구성은 로마만 그런 것이 아니었다. 고대사회에서는 오히려 일반적인 국가형태였다고 할 수 있다. 당장 한니발의 고향인 카르타고 역시 마찬가지다. 카르타고라는 페니키아인의 도시국가를 중심으로 같은 페니키아 계열인 우티카[12]같은 도시도 있고 북아프리카 원주민인 리비아인들도 있고 이베리아반도의 원주민인 켈티베리아인들도 카르타고의 패권아래 공존하고 있었다. 그리스도 마찬가지다. 아테네를 중심으로 한 델로스 동맹이나 스파르타 중심의 펠로폰네소스 동맹, 테베를 중심으로 한 보이보티아 동맹도 본질적으로는 로마연합과 같은 연맹체인 것이다.

규모의 차이가 있긴 하지만 아테네나 로마뿐 아니라 고대 최대의 제국이었던 페르시아도 일종의 다민족 공동체였다. 페르시아인의 정치적 패권아래 메디아인, 이집트인, 바빌로니아인, 앗시리아인, 유대인, 페니키아인, 그리고 그리스인들이 공존하고 있었다. 이 말은 곧 고대 제국의 국가적 응집력이 생각보다 매우 약했다는 뜻이다. 한마디로 믿을 수 없는 존재인 것이다. 따라서 100만 대군을 거느렸다는 페르시아 제국에 대해 불과 3만 6천의 병력으로 맞선 알렉산더도 단지 배짱이 좋아서 그렇게 한 것이 아니었다. 나름대로 승산이 있다고 판단했기 때문

---

12 카르타고 제2의 도시. 카르타고가 신도시(뉴타운)라는 뜻이라면 우티카는 구도시(올드타운)라는 의미를 가지고 있다.

에 그렇게 한 것이다.

　페르시아에 침입한 알렉산더가 소규모 전투에서 승리하면서 기세를 올리는 사이 다리우스 3세는 직접 대군을 편성해서 알렉산더를 요격했다. 다리우스 3세와 알렉산더 사이의 첫 번째 전투였던 이수스 전투다. 이 전투에서 알렉산더는 정말 멋지게 완승을 거둔다.[13] 알렉산더가 절반도 안되는 병력으로 다리우스 3세를 완파하자 당장 이오니아인들과 페니키아인, 이집트인들이 동요하기 시작했다. 세상인심이 야박한 것은 예나 지금이나 마찬가지인 모양이다. 결국 알렉산더는 이 지역들을 차례로 접수하였고 병력과 자원을 보충하여 두 번째 전투에 나서게 된다. 그 두 번째 전투가 가우가멜라 전투이다. 고대 기록에는 다리우스 3세가 100만 대군을 동원했다고 하는데 이 숫자는 고대인 특유의 과장이다. 물론 다리우스 3세 입장에서는 이번에도 지면 끝장이기 때문에 자신이 동원할 수 있는 모든 병력을 동원했겠지만 당시의 인구통계나 다리우스의 영향력이 미치는 지역의 범위등을 고려할 때 가우가멜라에서 페르시아군의 병력은 전차 200대, 경보병 62,000명, 그리스 중장보병 2,000명, 기병 12,000, 전투 코끼리 15마리 등으로 총 90,000~100,000 정도의 병력이었다는 것이 최근의 연구결과다. 알렉산더는 새로운 우군들이 참여한 덕분에 이수스 전투 때보다 병력이 더 늘어서 4만을 조금 상회하는 병력이 있었다. 가우가멜라에서도 알렉산더는 승리한다. 승리한 정도가 아니라 인류 역사상 유례를 찾기 어려울

13　이수스 전투에서 양군의 병력수에 대해서는 여러가지 설이 있다. 과장이 심한 고대의 기록을 재검토하고 현재의 지형과 페르시아 제국의 실제 국력 등을 종합하여 현대의 연구자들이 내린 결론은 다리우스 3세 쪽이 10만 정도였고 알렉산더 쪽이 3만에서 4만 사이였다는 것이다.

| 이수스 전투

| **가우가멜라 전투** Charles Le Brun: The Battle of Arbela (or Gaugamela) 331 BC

정도의 완승을 거둔다. 페르시아군이 거의 전멸당한 반면 알렉산더측
은 4,000명 정도의 피해만을 입었을 뿐이다. 보스가 이 정도로 얻어맞
으면 부하들은 제 살길을 찾아 뿔뿔이 흩어지는 것이 인지상정이다. 페
르시아제국 역시 마찬가지였다. 그때까지 다리우스 3세에게 붙어있던
동방지역 속주들까지 등을 돌리기 시작했다. 결국 다리우스 3세는 부
하들에게 배신당하고 비참한 최후를 맞는다.

아테네의 델로스 동맹이나 스파르타의 펠로폰네소스 동맹 역시 마
찬가지였다. 몇 차례의 대규모 패전이 겹치면 동맹국들은 매몰차게
등을 돌렸다.

한니발은 알렉산더가 페르시아에서 했던 일을 이탈리아에서 재현하
려고 했다. 군사적 천재인 한니발이 로마에게 압도적인 승리를 거둔다
면 로마의 동맹자들도 페르시아의 동맹자들이 그랬던 것처럼 자연스럽
게 한니발쪽으로 넘어 올 것이다. 그렇게 두세 차례의 압도적인 승리가
이어지면 로마연합은 붕괴할 것이고 한니발은 손쉽게 로마를 굴복시킬
수 있게 되는 것이다.

"한니발이 이탈리아로 왔을 때 그가 보기에 로마는 정복자였고 이탈리아인들이 많긴 했지만 로마인은 아니었습니다. 그가 생각하기에 그들은 로마를 위해 싸우다 죽을 필요가 없었습니다. 로마는 정복자고 이탈리아는 그 제국의 일부일 뿐 그들과 함께 할 의무는 없다고 생각했지요. 알렉산더 대왕이 페르시아에 쳐들어갔을 때와 비슷한 생각을 한 것입니다."[14]

이런 전략이 성공하려면 자신이 얼마나 강한가를 빨리 보여줘야 한다. 알렉산더도 페르시아 침공 초기 매우 전투적으로 나왔고 속전속결을 추구했다. 한니발도 빠른 승부를 원했다. 한니발의 부대가 이탈리아 북부인 갈리아 키살피나[15]에 도착했을 때가 11월이었으므로 통상적인 경우라면 그 이듬해인 기원전 217년에 전투가 속개되었겠지만 그는 최대한 빨리 전투를 벌여야만 했다. 기원전 218년 12월, 통상적인 경우라면 전투가 벌어지지 않는 겨울임에도 불구하고 한니발의 도발에 의해 한니발과 로마군 사이의 본격적인 전투가 벌어졌다. 트레비아 전투였다.

결과는 한니발의 압승이었다. 알렉산더가 이수스에서 해낸 것처럼 한니발도 트레비아에서 누가 더 강한가를 똑똑히 보여준 것이다. 그러자 상황은 한니발이 예상한대로 돌아가기 시작했다. 그렇지 않아도 이탈리아 북부의 갈리아인들은 로마에게 굴복한지 얼마되지 않아 로마인

---

14 에이드리안 골드워시(≪로마 전쟁사≫ 저자) 인터뷰 중에서
15 "알프스 이쪽의 갈리아"라는 뜻으로 현재 이탈리아 북부의 에밀리아와 룸바르디아에 해당하는 지역이다. 포강 이북에서 알프스까지의 지역인 셈이다. 당시에는 아직 원주민인 갈리아인들이 살고 있었기 때문에 이곳까지가 갈리아라고 불리고 있었다.

들의 지배에 불만이 많은 상태였다. 이들이 한니발쪽으로 돌아서기 시작한 것이다. 심지어 트레비아 전투에서 로마군과 함께 싸웠던 갈리아 부족들까지 편을 바꿔 한니발의 휘하로 들어갔다. 당장 한니발의 군대는 5만으로 늘어났고 로마는 20년간의 악전고투 끝에 쌓아올린 이탈리아 북부에서의 패권을 상실했다. 이제 이탈리아 북부에 동맹자까지 확보해서 여유가 생긴 한니발은 그해 겨울을 이탈리아 북부에서 보내기로 결정했다. 그의 병사들은 오랜만에 지붕이 있는 집에 머물면서 충분한 식량을 공급받고 휴식을 취하게 되었다.

이듬해인 기원전 217년이 되자 한니발은 남하하기 시작했다. 트레비아에서 로마군단을 격파하고 갈리아인이라는 동맹군을 얻었지만 로마연합의 중추인 라틴계 도시들과 그리스계 도시들은 아직 꿈쩍도 하지 않고 있었다. 하지만 그들도 직접 눈으로 보면 생각이 달라질 것이라는 게 한니발의 생각이었다. 한니발이 남하함에 따라 로마를 둘러싼 이탈리아 중부가 전쟁의 주무대가 되었다. 물론 로마도 당장 군단을 출동시켰다. 불굴의 로마군단이 한 번 패했다고 기가 죽을 리 없었다. 그해의 집정관 플라미니우스와 셈프로니우스가 4개 군단을 거느리고 한니발을 요격하기 위해 출발했다. 그런데 두 부대 중 플라미니우스가 거느린 2개 군단이 한니발에게 걸려들었다. 트라시메노 전투라고 불린 이 전투 역시 한니발의 압승으로 끝났다. 집정관 플라미니우스가 전사하고 휘하의 2만 5천 병력도 몰살을 면치 못했다.

이번 패전은 뼈아팠다. 첫 패전이야 아직 로마화가 진전되지 않아서 불안정한 지역이었던 갈리아인 거주지에서 일어난 일인 만큼 변명의 여지가 있었다. 패전의 결과로 북부의 갈리아인들이 돌아섰다고 해도 이들이 로마의 패권아래 들어온 것은 채 10년이 되지 않는다. 따라서 로마연합에 미치는 영향도 아직은 미미한 편이었다. 하지만 이번에 패배를 당한 지역은 로마연합의 중추인 라틴계 지역이었다. 만약 패전의 영향으로 라틴계 동맹자들이 떨어져 나가기 시작하면 로마연합의 붕괴는 시간문제일 수밖에 없었다. 한니발이 노리는 것도 바로 그것인 만큼 전투가 끝나자 한니발은 고도의 심리전을 펼치기 시작했다.

"로마군의 절반은 로마인이지만 또 다른 절반은 이탈리아인이나 라틴인으로 구성되어 있었습니다. 비슷한 방식으로 싸우고 있지만 로마 사령관 아래 복무하는 동맹국 군사였지요. 그래서 그가 전투에서 이길 때마다 그는 포로들을 양쪽으로 갈라놓습니다. 한쪽에 로마인들을 두고 다른 쪽에 이탈리아인들을 뒀지요. 그들에게 자신은 이탈리아가 아닌 로마인들과 싸우고 있다 하며 단지 힘의 균형 회복과 영광과 권력을 위해 싸우는 것뿐 그들에게는 유감이 없다 말합니다. 그는 로마인들과 완전히 다른 대우를 해줍니다. 이탈리아인들에게는 보상을 해줍니다. 누구든 용감했거나 뛰어난 이들에겐 포상을 내렸고 다른 이들은 집으로 돌려보내줬습니다. 그들이 고향으로 돌아가 '한니발은 선인이며 강한 자다, 그는 우리의 친구니 로마제국을 떠나 그와 함께 하자'고 설득하길 바랐던 거지요."[16]

하지만 한니발의 의지대로 된 것은 여기까지였다. 동맹국 병사들을 잘 대우해서 풀어준 후 성문을 여는 도시가 나타나기를 기다렸지만 이탈리아중부의 도시국가들은 갈리아인들과 달리 한니발의 품으로 달려

16   에이드리안 골드워시(《로마 전쟁사》 저자) 인터뷰 중에서

오지 않았다. 몇몇 도시를 시험 삼아 공격해 봤지만 도시들은 성문을 걸어 잠그고 완강하게 저항할 뿐이었다. 한니발은 갈리아를 떠난 이후 더 이상 지붕이 있는 곳에 병사들을 쉬게 할 수 없었다.

| 파비우스

한니발에게 닥친 문제는 이것만이 아니었다. 로마인들이 지금까지의 패배를 거울삼아 전혀 다른 전략을 들고 나온 것이다. 바로 지구전 전략이었다. 한니발에게 몇 차례나 완패를 당함으로써 위기상황에 처하자 로마는 드디어 독재관을 선출한다. 2명이 번갈아 국정을 맡아보는 집정관과 달리 임기는 6개월로 집정관의 절반에 불과하지만 독재관은 혼자서 모든 결정을 내릴 수 있다. 그 독재관으로 백전노장이었던 파비우스가 임명되었다. 파비우스는 독재관에 임명되자 한니발과의 정면대결을 회피하는 전략을 들고 나왔다. 어차피 싸우면 항상 지니까 아예 싸우지 않고 한니발을 견제하기만 하면서 상대의 힘이 빠지기를 기다리기로 한 것이다. 덕분에 그 후에도 싸움을 지연시키면서 상대방을 지치게 하는 지구전 전략을 파비우스 전략이라고 부르게 되었다. 미국 독립전쟁때 조지 워싱턴 역시 영국군에게 동일한 전략을 사용하여 "미국의 파비우스"라는 별명까지 얻었다. 나폴레옹의 침공과 제2차 세계 대전 당시 독일 나치의 침공에 맞서 싸운 러시아의 기본전술 역시 이 파비우스 전략의 전형이다.

문을 열어주는 도시도 없고 로마는 결전을 회피하는 태도로 나오자 한니발은 상대방을 전쟁터로 끌어내기 위해 좀 더 가혹한 행동을 벌이기 시작했다. 로마의 동맹국들을 약탈하고 파괴하면서 이탈리아 남부를 휩쓸고 다니기 시작한 것이다. 이러한 약탈과 폭력은 로마를 전쟁터로 끌어들인다는 목적 외에 좀 더 현실적인 목적도 있었다. 휘하의 5만 병력을 당장 먹이고 재워야 한다는 문제였다. 밀림지대인 프랑스 내륙과 알프스산맥을 넘어 이탈리아로 들어온 한니발로서는 후방으로부터의 병참지원은 꿈에도 기대할 수 없었다. 이런 상황에서 어떤 도시도 한니발에게 성문을 열지 않는다면 강제로 빼앗는 방법 밖에는 없는 것이다.

한니발이 이탈리아 남부를 돌아다니며 무자비한 폭력을 휘두르자 로마도 곧 곤경에 처하기 시작했다. 앞서 설명한 것처럼 로마연합은 로마를 맹주로 하는 동맹으로 이루어져있다. 동맹의 맹주는 당연히 동맹국들을 보호하는 의무를 진다. 맹주가 자신들을 보호해주니까 동맹국들도 맹주를 따르는 것이다. 이건 아주 단순한 세상의 이치다. 그렇다면 동맹국들이 적군의 무자비한 폭력으로 고통받고 있는데 맹주가 아무것도 안하는 것만큼 무책임한 짓은 없다. 결국 로마에서도 적극전파가 다시 주도권을 잡았다. 이듬해인 기원전 216년의 전쟁을 위해 곧 대규모 군단이 편성되기 시작했다. 상대가 한니발인 만큼 로마도 이번에는 자신이 가진 최고의 카드를 모조리 쓸 각오를 했다.

칸나이

인류 역사에는 후대 전략가들이 머리를 싸매고 연구하는 몇 개의 전투가 있다. 압도적인 승리로 전쟁의 향방을 결정지은 이들 전투는 승리의 비결을 찾아내려는 장군들과 전략가들의 비상한 관심을 끌어모은다. 고대에서 이런 전투를 꼽자면 에파미논다스의 레욱트라 전투[17]나 알렉산더의 가우가멜라 전투 등이 있을 것이다. 하지만 그중에서도 단연 백미를 하나만 꼽자면 한니발과 로마 사이에 벌어진 칸나이 전투이다. 무적이라는 이미지가 강한 성장기의 로마군단을 상대로, 그 절반밖에 안되는 병력을 가지고서, 말 그대로 완승을 이끌어낸 한니발의 전술은 두고두고 군사 전략가들의 연구대상이 되었다. 심지어 최첨단 무기들이 등장하는 현대전에서도 한니발의 전술은 많은 영감을 준다. 1991년 1차 이라크전에서 사막의 폭풍작전을 지휘한 총사령관 슈왈츠코프역시 자신의 작전이 한니발의 전술로부터 많은 것을 배워왔다고 고백

17 기원전 371년 테베의 에파미논다스가 이끄는 보이오티아 동맹군이 병력의 열세에도 불구하고 스파르타군에게 압승을 거둔 전투.

했을 정도이다.

로마가 기원전 216년의 결전을 위해 준비한 병력은 말 그대로 어마어마했다. 로마는 한니발이 알프스를 넘은 기원전 218년이나 이듬해인 217년에 모두 4개 군단을 동원했다. 원래 한 명의 집정관이 지휘하는 군단의 수가 2개이므로 두 명의 집정관에게 각각 2개 군단씩 4개 군단을 편성한 것이다. 특히 전시에는 1개 군단에 배속된 병사의 수를 더 늘리는데 이 경우 4개 군단의 총 병력은 5만 정도가 된다. 로마는 한니발을 상대한 첫 2년간은 이 정도 병력으로 한니발과 싸웠다. 그런데 한니발과 끝장을 보겠다고 결심한 기원전 216년에는 각 군단의 병력을 다시 2배로 증강했다. 그 전해에 1개 군단이 1만 2천 명 정도였다면 이번에는 1개 군단에 2만 명 이상을 배치한 것이다. 그러니까 평소였다면 전선에 나가는 집정관에게 배속되는 총병력에 준하는 병력을 단 1개 군단에 배속한 셈이다. 이에 따라 총병력은 보병 8만에 기병 7천으로 거의 9만 명에 육박하게 되었다. 적지인 이탈리아 반도에서 방황하고 있는 한니발 만큼이나 로마도 절박한 심정이었던 것이다.

물론 로마가 결전을 원한다면 한니발로서도 대환영이었다. 애초에 한니발이 알프스를 넘으면서 구상한 것도 최대한 빨리 로마와 결전을 벌여서 힘의 우위를 보여주는 것이었다. 지난 2년간 로마에 대한 우위를 직접 보여주었는데도 아직 자신에게로 돌아서는 동맹국들은 없었다. 로마만큼이나 절박한 상태였던 한니발도 결전을 위해 움직이기 시작했다.

예년처럼 3월 15일에 행동을 시작한 로마군은 한니발을 추격하면서 남하하기 시작했다. 카푸아를 지나 베네벤토에 가까워졌을 때, 한니발의 움직임을 감시하던 별동대에서 보고가 들어왔다. 한니발도 지난해의 월동지를 떠나 남하하고 있다는 것이었다. 두 집정관의 지휘하에 8만7천의 로마군은 한니발을 따라 이탈리아 남부의 폴리아 지방으로 들어갔다. 쫓고 쫓기는 짐승과 사냥개처럼 남하를 계속하던 두 부대는 현재의 바를레타 부근 한 평원에서 마주쳤다. 이곳이 바로 칸나이 평원이다.

아드리아해 연안의 휴양도시인 바를레타에서 차로 채 한 시간도 걸리지 않는 거리에 위치한 칸나이 평원은 현재는 포도밭과 올리브밭으로 가득한 전형적인 농촌일 뿐이다. 하루 종일 차도 몇 대 다니지 않고 농부들이 모는 트렉터만이 간혹 돌아다닌다. 물론 옛날 전투의 흔적은 찾아볼 수 없다. 근처 언덕 위에 칸나이 델라 바탈리아^{Canne della Battaglia}라는 유적이 있는데 직역하자면 '전쟁의 칸나이' 정도 된다. 하지만 이 언덕이 실제 전투지는 아니다. 이곳은 사실 로마시대에 이 동네에 있던

| 칸나이 평원

작은 읍내 정도 되는 유적지일 뿐이고 실제 전투가 벌어진 곳은 이 언덕 아래로 내려다보이는 올리브 밭이다. 언덕에 올라가서 내려다보면 제법 넓은 평야가 발아래로 펼쳐진다. 이 평원이 바로 실제 전투가 벌어졌던 칸나이이다.

이 평원에 진을 친 양쪽 군대가 곧장 전투에 돌입한 것은 아니다. 양군 모두 소규모 부대끼리의 탐색전을 계속하면서 시간을 끌었다. 어느쪽도 섣불리 움직이지 못한 채 대치상태가 지속되었다. 그렇게 소규모 전투만을 계속하면서 거의 두 달을 보냈다. 두 달 동안 한 장소에서 상대방의 움직임을 노려보고 있었다면 아마 긴장감이 터질 것처럼 부풀어 올랐을 것이다. 이렇게 긴장감이 부풀어 오르다보면 그 긴장감을 참을 수 없는 쪽이 먼저 움직이기 마련이다. 이번에 긴장감을 견디지 못하고 움직인 것은 로마쪽이었다. 물론 로마군은 먼저 움직이면서 자신이 주도권을 잡고 있다고 생각했을 것이다.

기원전 216년 8월 2일. 그날의 지휘권을 가지고 있던 집정관 바로의 명령에 따라 로마군단이 주둔지의 목책을 열고 쏟아져 나오기 시작했다.[18] 쏟아져 나온 로마군은 그리 깊지 않은 오판토강을 도강해서 강의 오른쪽에 진형을 갖추기 시작했다. 한니발에게 도전장을 내민 것이다. 지금도 언덕 위에서 내려다보면 바로가 왜 오판토강의 오른쪽을 선택했는지 알 수 있다. 드넓은 평야가 펼쳐진 강의 왼쪽에 비해 오른쪽은 평야 자체가 좁은 데다가 울퉁불퉁한 지형도 많고 얕으막한 언덕들도 있어서 기병들이 활동하기에 상대적으로 불리하다. 당시 로마군은 보

---

[18] 로마군은 집정관 두 사람이 모두 전투에 투입된 경우 하루씩 번갈아서 지휘권을 행사하도록 하고 있다. 전투가 벌어진 8월 2일의 지휘관은 두사람의 집정관 중 강경파인 바로였다.

병전력에서는 한니발의 군대를 압도하고 있었지만 기병 전력에서는 숫자적으로도 한니발에 비해 열세였으며 질적으로도 유목민인 북아프리카 출신 기병에 비해 떨어지는 기병대를 가지고 있었다. 몇 차례의 패전을 통해 로마군도 자신들의 기병이 적에 비해 열세라는 사실을 자각하고 있었던 셈이다. 따라서 기병이 활동할 공간을 주지 않기 위해 강의 오른쪽을 선택한 것이다. 아마도 바로는 이런 배치를 통해 전투의 주도권을 자신이 확실히 잡았다고 생각했을 것이다. 하지만 축구나 농구에서처럼 전투에서도 공간이란 항상 상대적인 법이다. 공간 활용이라는 측면에서 한니발은 말 그대로 천재였다.

좁고 울퉁불퉁한 강의 오른쪽으로 이동한 상태에서 로마군은 8만의 보병을 중앙에 종으로 긴 밀집대형으로 배치했다. 로마군단의 중추를 이루는 중장보병의 전투력은 지금까지도 전설적일 정도로 탁월하다. 바로는 그 중장보병의 전투력을 망치처럼 중앙에 집중해서 정면을 돌파하는 전술을 구사할 생각이었다. 바로의 생각대로 된다면 한니발군은 좌우로 양분되면서 서로 협력하지 못하게 될 것이고 결국 로마군의 밥이 될 것이다.

로마군이 진형을 갖추자 한니발도 진형을 갖추기 시작했다. 한니발은 로마군의 진형이 종으로 긴데 반해 횡으로 길게 늘어진 진형을 만들었다. 헌데 특이하게도 한니발은 이 횡으로 긴 대형의 중앙을 불룩하게 앞으로 전진시켜서 마치 활모양처럼 보이게 만들었다.

"한니발 대형의 독특한 점은 갈리아족 보병을 중앙에 배치했다는 것입니다. 또한 대형을 일직선으로 펼치지 않았지요. 갈리아 병력은 선두에서 로마군을 유인하는 역할을 하였습니다. 한니발은 로마군에 근접하고자 했지요. 로마는 넓은 대형으로 진군을 하다 갈리아족 병력에

| 칸나이 전투 기본배치 모형

다가가면서 밀집형태로 바뀌게 되는데, 한니발은 바로 이것을 원했습니다. 로마 병사들 간의 간격이 좁아지면 효율적으로 싸우지 못할 것이란 점을 간파하고 있었지요. 갈리아족 병력을 배치하면서 로마군을 유인하였고, 한니발의 기마병들은 공간을 여유있게 차지할 수 있었지요. 아주 기막힌 계획입니다. 로마군대의 움직임을 예측하여, 그 부분을 파고든 것이지요. 그는 로마군이 전방에 위치한 갈리아족 병력을 보고 그 곳에 공격을 집중할 것이라는 점을 간파하였습니다. 이는 한니발의 병력보다 훨씬 큰 규모의 로마군이 한니발이 원하는 방식으로 대형을 이뤘다는 것을 보여줍니다. 한니발은 전투에서 공간의 중요성을 이해하고 있었습니다. 그의 전술에서 중요한 부분이지요. 한니발은 그의 기마병들이 더욱 효율적으로 싸울 수 있는 공간을 필요로 하였고, 그의 대형을 통해 원하는 바를 이뤄냈습니다."[19]

19 데이비드 포터(미시간대 고대사 교수) 인터뷰 중에서

중앙에 활처럼 불룩 튀어나온 갈리아족 병력은 일종의 미끼였던 셈이다. 그렇지 않아도 좁은 대형으로 전진하던 로마군단이 중앙에 앞으로 튀어나온 갈리아 군단을 공격하기 위해 병력을 집중하면 로마보병은 더욱더 밀집상태로 전투를 벌이게 된다. 이때 상대적으로 넓게 비워진 좌우의 공간에 한니발의 기병이 효율적으로 활동할 수 있는 여유가 생기는 것이다.

이 불룩 튀어나온 갈리아족 병사들 뒤에는 스페인에서부터 한니발을 따라온 정예 카르타고군이 제2열을 이루며 배치되었다. 이들은 지금까지 한니발과 고락을 함께한 한니발의 수족과 같은 병사들이었다. 스페인을 평정하는 전투에서도 한니발과 함께 했으며 갈리아의 밀림을 함께 통과하고 알프스를 함께 넘어서 로마군과의 전투를 훌륭하게 치러낸 베테랑들이었다. 마치 훌륭한 스포츠팀처럼 서로 신뢰하고 유기적으로 연결되어 있었다. 결정적인 순간이 오면 이들이 결정적인 역할을 할 것이다.

로마군에 맞서기 위해 한니발이 준비한 것은 이것만이 아니었다. 한니발이 알렉산더에게서 배운 또 하나의 전술이 준비되어 있었다. 바로 기병대의 유기적인 활용이었다.

"한니발과 알렉산더 대왕이 구사한 묘책은 기마대를 운용함에 있어 상당한 주의를 기울였다는 데에 있습니다. 그 둘의 군대는 최정예 기마대뿐만 아니라 뛰어난 보병대로도 구성되어 있었기 때문입니다. 알렉산더 대왕의 경우 유명한 마케도니아 창병대가 있었지요. 그들은 전진하여 적군을 꼼짝 못하도록 압박합니다. 그때 알렉산더 대왕이 기마부대의 선두에 나서 적의 약점을 공격합니다. 한니발의 경우 로마군이 페르시아군보다는 작은 규모였기 때문에 기마부대로 로마군을 포위하는 데 주력했습니다. 하지만 전술이란 여러 가지를 조합하는 것입니다. 어떤 군대도 기마대나 보병대로만 편성하거나 한쪽 병력에만 지나치게 의존하지 않습니다. 균형을 잡아 한 팀으로 운용해야 합니다. 현대의 군대는 탱크, 보병대, 포병대가 있고 여기에 공군력이 투입됩니다. 이 모든 병력을 조합하여 사방에서 적군의 모든 부분에 공격을 가한다는 개념인 거지요. 모두가 서로를 지원해줍니다. 동일한 한 가지만을 할 줄 아는 사람을 여럿 모아놓는 것보다 훨씬 효율적이지요. 오랜 시간 성장시킨 군대를 보유했던 한니발과 알렉산더 대왕의 뛰어난 점은 바로 이 결합에서 볼 수 있습니다. 균형이 잘 잡혀있었으며 서로를 뒷받침 해주는 군대였습니다. 각 병력은 팀의 일부였고 모두 중요한 병력이었습니다. 따로 떨어뜨려놨을 땐 약할지 몰라도 함께 하면 실제보다 더 강력해지는 거지요. 그리고 그런 군대편성은 역사상 흔한 구성은 아니었습니다."[20]

알렉산더 대왕은 기병대의 활용이라는 점에서 전쟁사를 새로쓴 인물이다. 알렉산더가 등장하기 전까지 기병은 기병끼리만 싸웠다. 그렇지 않은 경우에는 연락병 역할을 하거나 기껏해야 도주하는 적의 뒤를 쫓는 역할이 전부였다. 그런데 알렉산더 대왕은 기병대가 가진 기동성이라는 무기를 극대화하는 방법을 찾아냈다. 보병군단이 정면에서 적의 정면을 붙잡고 싸우고 있는 동안 기병대가 적군의 정면을 우회하여 적의 약점을 강습하는 전술을 개발해 낸 것이다. 현대전에서 우회기동迂廻機動이라고 부르는 전술을 창안해낸 인물이 바로 알렉산더다. 이 알렉산더의 전술을 현실화하기 위해서는 뛰어난 기병부대가 필수적인 요

20   에이드리안 골드워시(≪로마 전쟁사≫ 저자) 인터뷰 중에서

소였다. 그렇기 때문에 한니발은 스페인을 출발할 때부터 정예기병을 확보하는데 전력을 기울였고 알프스를 넘는 과정에서도 기병대의 보호에 각별한 신경을 썼다. 그 결과로 칸나이에서 한니발은 7천 명인 로마군 기병에 비해 더 많은 1만의 기병대를 동원할 수 있었다. 더구나 이 기병대는 북아프리카출신 유목민들이 주축을 이루고 있었다. 질적으로도 로마군의 기병보다 더 우수한 집단이었다. 한니발은 이 기병대를 보병군단의 좌우에 나누어 배치했다.

전투는 양군의 제1열이 서서히 전진하면서 시작되었다. 당연히 한니발군대의 불룩 튀어나온 갈리아보병 중앙이 로마군의 1열과 가장 먼저 부딪혔다. 역시 로마 시민병의 위력은 대단했다. 갈리아족으로 이루어진 한니발군의 튀어나온 부분은 로마군에게 밀려서 뒤로 후퇴할 수밖에 없었다. 로마군은 전투가 자신들의 뜻대로 되어간다고 생각하기 시작했다. 그런데 로마군의 애초 형태가 종으로 긴 밀집상태인데다가 적의 중앙과 먼저 충돌하면서 이 부분에 공격이 집중되었기 때문에 더더욱 밀집상태로 변하기 시작했다. 반대로 한니발군은 비록 후퇴하고는 있었지만 전열을 유지한채 물러나고 있었다. 여기에 중앙이 먼저 후퇴했기 때문에 주머니처럼 로마군을 감싸는 형태로 변하기 시작했다. 물론 이 상황에서 중앙이 돌파당한다면 로마군의 뜻대로 한니발군이 양분될 것이다. 하지만 갈리아족으로 이루어진 한니발의 1열은 후퇴하면서도 질서를 잃지 않고 쉽게 돌파당하지 않았다. 결국 시간이 갈수록 로마군은 점점 더 촘촘한 밀집대형으로 바뀌었고 한니발군은 거대한 주머니가 되어갔다.

"로마군은 협소한 장소를 선택하면 한니발이 측면 공격을 가하지 못할 거라 생각했습니다. 그들에게는 한니발보다 훨씬 많은 보병대가 있었기에 그 보병대를 밀집시켜 깊은 대형을 이뤄 전원 전진시켰습니다. 세 개 부대로 나뉘어져 있긴 했지만 상당히 밀집되어 있었지요. 마치 대형 망치마냥 카르타고군의 심장부를 향해 돌진해 그들을 산산조각 내려 했습니다. 교묘하지도 영리하지도 않았지만 효과적이고 강력한 방법이었습니다. 한니발은 강력한 공격을 예상했기에 격투기 선수처럼 로마군의 무게중심을 이용해 무너뜨립니다. 로마군은 자신들의 예상대로 판이 돌아간다 판단하고 계속해서 전진합니다. 한니발은 직접 아우 마고와 함께 대열의 중앙에 서서 전에 없이 오랜 시간 병사들이 싸우도록 했습니다. 그에게는 갈리아족의 으스대기 좋아하는 전사들이 있었습니다. 한니발은 갈리아 전사들에게 로마의 무게 중심이 그들에게 쏠리고 있다. 모두가 지켜보고 있는 지금이야말로 얼마나 뛰어난 전사인지 입증할 수 있는 기회라 말하며 그들을 부추겼습니다. 그리고 갈리아 전사들은 계속해서 싸웁니다. 그들은 로마군과 싸우며 싸움을

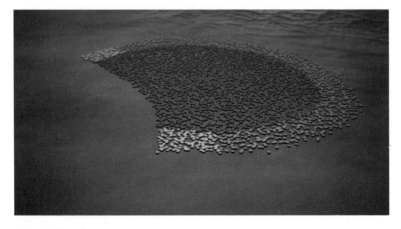

| **칸나이 전투 중반** 3면 포위

질질 끌었고 결국 로마군은 계속해서 예비부대를 투입시켜야 했지요. 그들은 싸우길 원했기에 계속해서 전진했습니다. 하지만 그 결과 그들은 그나마 있던 대열마저 잃었습니다. 너무 빽빽하게 밀집되어 있었기 때문입니다. 아주 작은 공간 안에 5~6만 명의 병사들이 단단히 뭉쳐 있었지요. 결국 군대가 아닌 군중으로 변모해버립니다."[21]

출퇴근시간 만원 지하철의 환승역처럼 변해버린 것이다. 움직일 공간을 잃어버리자 로마군은 기동성을 완전히 상실했다. 그저 앞으로 전진하는 것 외에는 어느 방향으로도 움직이는 것이 불가능했다. 이때 대기하고 있던 한니발의 정예 카르타고군이 로마군의 좌우를 감싸기 시작했다. 앞만 보고 전진하는 군중 떼의 좌우는 허점 투성이일 수밖에 없다. 이것만으로도 심각한데 더 큰 문제가 로마군을 엄습했다.

"이때쯤에 좌측에 집중되어 있던 한니발의 기병대는 그들이 마주한 로마 기병대를 휩쓸었습니다. 지휘관은 그들을 통제하여 로마군의 주위를 우회해 다른 측면에 있던 로마 기병대를 격파했습니다. 결국 로마군 양쪽에 있던 기마대는 전멸했지요. 그 와중에 로마 보병은 계속해서 전진하고 있었지만 군중 떼로 변해 있었습니다. 경기장에서 쏟아져 나오는 군중 무리와 같았지요. 수천 명의 사람들이 쏟아져 나오며 옴짝달싹 못하고 계속해서 전진하는 상황이었습니다. 로마군이 그러는 동안 한니발은 최정예 부대를 동원해 그들의 양 측면을 공격합니다. 한니발의 병사들은 이제 로마군의 장비를 획득하여 그들과 똑같이 장비를 갖췄고 마치 바이스Vise의 맞물리는 부분처럼 로마군을 포위하여 로마군

21 에이드리안 골드워시(《로마 전쟁사》 저자) 인터뷰 중에서

을 죽이고 움직임을 봉쇄합니다. 움직임을 멈추게 된 군중은 어찌해야 할 지 모릅니다. 게다가 로마 지휘관은 워낙 큰 무리이기 때문에 지시를 내릴 수도 없는 상황이었습니다. 어느 병사 하나를 가리켜 한쪽을 향해 상황을 타개하고 또 다른 병사를 대비시킬 수도 없습니다. 큰 군중 속에서 그들을 넘어 상황을 살필 수가 없으며 어떻게 할 수 있는 공간은커녕 이용할 공간조차 없습니다. 그 시점에서 한니발의 기병대가 뒤에서 쳐들어와 그들을 완전히 포위하고 있었기 때문입니다. 로마군은 사방에서 포위를 당했습니다."[22]

포위는 완성되었다. 몸조차 움직이기 어려울 정도로 밀집대형이 되었기 때문에 로마군은 효과적으로 저항할 수조차 없었다. 죽음만이 그들을 기다리고 있었다. 하지만 로마군은 쉽게 죽을 생각이 없었다. 따

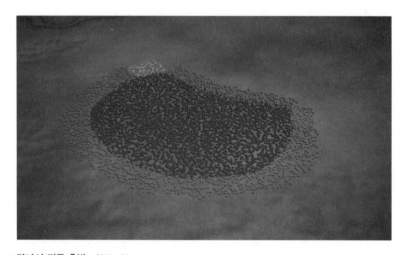

| **칸나이 전투 후반** 완전포위

22   에이드리안 골드워시(《로마 전쟁사》 저자) 인터뷰 중에서

라서 그 후 기나긴 시간 동안 대량 학살이 직접적으로 이루어진다. 총 같은 화약무기들이 없던 시절이다. 대부분은 창이나 칼로 싸웠다. 이것들은 오직 팔과 그 근육의 힘에 의존하는 무기들이다. 한니발군은 직접 얼굴을 맞대고 그 모든 로마 병사들을 죽여야 했다. 단지 몇 시간 만에 5만이 넘는 로마 병사들이 죽었다. 우리가 흔히 고대 전투에 관해 읽을 때 '칼끝이 무뎌졌다'는 표현을 볼 수 있는데 바로 이런 상황을 묘사한 것이다. 이들이 사용했던 칼은 갑옷을 뚫고, 옷을 뚫고, 근육, 살, 뼈를 갈라야 했기 때문에 칼날이 무뎌졌던 것이다. 칼은 이제 날카로운 날이 아닌 뭉툭한 곤봉 같은 것이 되어버린다. 적군을 칼로 찌르는 게 아니라 때려눕혀 죽을 정도로 팬 뒤 다음 상대로 향하는 것이다. 로마군은 그럼에도 계속해서 싸우고 다수의 카르타고 병사들이 희생되었다. 전투가 끝났을 때쯤엔 단지 몇 평방킬로미터 밖에 안 되는 공간에 수만 명이 죽어있는 악몽 같은 상황만 남았다. 로마 쪽의 자료에 따르면 강에는 시체가 댐처럼 쌓여있었고 땅은 핏물로 물들어있었다고 한다. 또 다른 일화에 따르면 기병대의 어느 누미디아 병사가 그가 찔러 죽인 로마군의 시체 아래에서 발견되었는데 이 로마군이 최후의 발악으로 누미디아 병사의 코를 물어 뜯어냈다고 한다. 말 그대로 처절한 살육전이었다.

해가 석양으로 기울 무렵에야 살육이 끝났다. 살아서 도망칠 수 있었던 로마군은 채 1만 명도 되지 않았다. 포로로 잡힌 로마군도 진지에서 대기중이던 1만 명 뿐이었다. 결국 5만이 넘는 숫자가 칸나이에서 살해된 것이다. 그때까지의 인류역사를 통틀어서 이 정도로 완벽한 섬멸전은 알렉산더의 가우가멜라 전투뿐이었다. 칸나이 전투를 통해 한니발은 자신의 스승인 알렉산더와 같은 반열의 전략가로 역사에 기록되었다.

칸나이에서의 승전보를 알리기 위해 본국 카르타고로 건너간 한니발의 동생 마고는 카르타고 원로원에 로마군의 시체에서 빼낸 반지를 산더미처럼 쌓아 올렸다. 카르타고 원로원에서는 환호성이 터져 나왔다. 드디어 지난 전쟁에서의 굴욕을 되갚을 순간이 온 것이다.

전투가 끝나자 한니발의 휘하장수였던 마하발은 한니발에게 당장 로마를 공격하자고 요구했다. 로마의 주력군이 붕괴한 지금이야말로 로마를 공격할 최적의 시기라는 것이었다. 하지만 한니발은 거절했다. 로마에 대한 공격을 한니발이 거절하자 마하발은 탄식했다. "장군은 전투에서 이기는 법은 알지만 전쟁에서 이기는 법은 모르는군요"

하지만 한니발이 전쟁에서 이기는 법을 몰랐던 것은 아니다. 오히려 마하발이 한니발의 심모원려를 이해못한 것이다. 한니발은 기다리고 있었다. 가우가멜라 전투이후 페르시아의 동맹국들이 알렉산더에게 달려온 것처럼 로마의 동맹국들이 자신에게 달려오는 순간을. 그렇게 로마의 동맹국들이 한니발에게 달려온다면 로마는 패배를 인정하고 항복할 수 밖에 없을 것이다. 그렇게 된다면 전쟁은 여기서 끝날 수도 있다. 한니발의 최초 계획대로 로마에게 패배를 인정하게 하고, 굴욕을 안기고, 빼앗긴 영토를 되찾아 지중해에서 카르타고의 패권을 다시금 확립할 수 있는 것이다.

그런데 로마와 그 동맹국들의 반응은 전혀 다른 방식으로 나타났다. 우선 로마는 전혀 패배를 인정할 생각이 없었다. 앞서 언급한 것처럼 로마는 칸나이 전투로 원로원 의원의 1/3이 전사했으며, 성인남자의 1/10이 살해되었다. 더구나 이번 한 번만 패한 게 아니라 싸울 때마다 전멸에 가까운 패배를 면치 못했다. 이 정도라면 아무리 로마라 할

지라도 기가 꺾이는 것이 당연한 일이다. 한니발도 그것을 기대하고 로마 측의 속마음을 떠보기 위해 몇 가지 제안을 했다. 그중의 하나가 몸값을 내면 로마군 포로들을 풀어주겠다는 것이었다. 이런 제안은 지금까지 한번도 한 적이 없었다. 그때까지는 모든 로마군을 살해하거나 노예로 팔아치웠다. 이번에만 예외적으로 로마군 포로들을 풀어주겠다고 제안한 데는 로마에 강화를 타진하는 의도가 있었다. 거듭된 패전으로 기가 꺾인 로마가 시칠리아와 사르데냐, 더 나아가 이탈리아 남부를 포기하는 조건으로 강화에 응하면, 한니발로서는 최초의 전쟁 목적은 달성하는 셈이었다.

하지만 로마는 한니발의 고마운(?) 제안을 거절했다. 그것은 몸값지불을 거절한 것이 아니라 강화제의를 거절한 것이었다. 여기에 그치지 않고 모든 원로원 의원이 전 재산을 국가에 헌납하는 형식으로 전시국채를 발행했다. 노블리스 오블리제의 표본과 같았던 로마 원로원이 앞장서자 일반 시민들도 항전의지를 가다듬었다. 로마가 어느 정도나 기가 꺾였는지를 가늠해보고자 했던 한니발의 시도는 보기 좋게 실패로 돌아간 것이다. 한니발은 로마군 포로들을 모두 노예로 팔아치웠다.

동맹국들의 태도는 한니발을 더욱 곤혹스럽게 만들었다. 칸나이 전투가 끝나자마자 한니발은 군대를 이탈리아남부 각지로 보내서 로마의 동맹도시들을 공격하게 했다. 알렉산더가 이수스 전투와 가우가멜라 전투 이후에 페르시아의 동맹국들을 접수한 것처럼 로마의 동맹도시들을 자신의 휘하로 끌어들여 로마를 고립시키려는 전략이었다. 한니발은 아마 이 정도로 실력 차가 있다는 걸 보여주었으니 동맹도시들도 슬슬 다른 생각이 날 것이라고 기대했다. 하지만 결과는 허망했다.

물론 동맹도시들 중에 한니발 쪽으로 돌아선 도시가 전혀 없었던 것은 아니다. 대표적인 도시가 카푸아다. 훗날 스파르타쿠스의 반란이 시작된 도시로 유명하기도 한 카푸아는 이탈리아 중남부에서 가장 큰 도시 중 하나였다. 그 카푸아가 로마에게 등을 돌렸다. 로마와의 동맹관계를 파기하고 한니발과 강화를 맺은 것이다. 카푸아에 이어 주변의 소도시 몇 개도 로마에게 등을 돌리고 한니발에게 붙었다. 하지만 여기까지였다. 더 이상 로마에게 등을 돌리는 도시는 나타나지 않았다. 칸나이 이후 한니발은 카푸아 이외에도 몇몇 지방을 지배하게 되었지만 이 지역들은 완력으로 빼앗아야만 했다. 완력에 의지해서 유지해야 하는 점령지일 뿐인 것이다. 자발적으로 동맹자가 되는 것과 완력으로 다스리는 것은 전혀 다른 문제이다. 자발적인 동맹자들은 힘이 되어주지만 완력으로 다스려야 하는 점령지는 한니발에게 부담이 될 뿐이었다. 이런 상황이야말로 변변한 병력 충원조차 불가능했던 한니발을 가장 곤란하게 만든 문제였을 것이다.

그런데 쉽게 이해가 가지 않는 문제가 있다. "왜 로마의 동맹국들은 로마를 배신하지 않았느냐?"는 점이다. 사실 칸나이 전투 정도의 대규모 회전에서 우열이 갈렸으면 한니발 쪽으로 돌아서는 것이 당연한 선택이었다. 국제관계에서 이건 배신이라고 부를 수도 없다. 당장 국가의 생존이 걸려있는데 우직하게 패배한 맹주의 편에 서는 나라가 어디 있겠는가? 어쩌면 그것은 배신이라기 보다는 약자가 세상을 살아가는 지혜일 수도 있다. 하지만 로마의 동맹국들은 우직하게 패배한 맹주의 곁에 남았다. 이런 예외적인 행동에는 분명 이유가 있을 것이다. 로마는 도대체 다른 제국들과 무엇이 달랐던 것일까?

로마 시민권

'사비니 여인의 약탈'이라는 그림이 있다. 재미있는 것은 이게 한 작품이 아니라는 거다. 루벤스, 다비드, 푸생 등 바로크 시대의 대가들이 모두 같은 이름의 그림을 가지고 있다. 심지어는 20세기 화가인 피카소도 같은 제목의 그림을 그린 적이 있다. 그렇게 많은 화가들이 그렸다는 건 이 사건이 많은 화가들이 다투어 그리고 싶을 만큼 자극적이고 흥미진진한 이야기일 터이다.

사건의 배경은 로마 건국과 관련되어 있다. 로물루스와 레무스 형제에 의해 건국된 로마는 초기에 아마 남자들만의 집단이었던 것 같다. 노골적으로 말하자면 각 부족에서 밀려난 부랑자들을, 역시 알바롱가에서 밀려난 부랑자 신세였던 로물루스와 레무스가 끌어 모은 것이 로마라는 집단의 실체였다. 당연히 신부감이 부족했다. 그래서 로마인들이 생각해낸 것이 약탈혼이다. 지금 시점에서 보면 매우 야만적인 발상이지만 기원전 8세기에는 가진 것 없는 시골총각들이 결혼할 수 있는 유일한 방법이었을 것이다. 로마인들은 우선 잔치를 열고 이웃부족인

| 강자의 조건: 군림할 것인가 배려할 것인가

사비니인들을 초대했다. 잔치가 무르익고 취기가 오르자 로마 남정네들이 사비니족 여인들을 덮치기 시작했다. 사비니족 남정네들도 물론 가만히 있진 않았겠지만 엉겁결에 당한 데다 술에 취한 상태여서 일방적으로 밀리고 말았다. 결국 후일을 기약한 채 자신들의 마을로 돌아갔다. 당연한 이야기지만 얼마 후 준비를 마친 사비니인들이 로마로 다시 쳐들어 왔다. 보통 신화속에서는 사비니 여인들이 남편과 아버지의 싸움에 끼어들어 중재를 했고 그래서 평화적으로 해결된 것으로 되어있는데 실제로는 그렇게 간단히 끝난 것 같지 않다. 4차례나 대규모 전투가 벌어졌기 때문이다. 그런데 이 신생 부랑자 집단의 솜씨가 보통이 아니었던 모양이다. 4차례 전투의 결과는 로마 쪽의 승리였다.

헌데 그 전후처리가 놀라웠다. 승리한 로마인들은 패배한 사비니인들에게 아예 나라를 합치자고 제안했다. 그것도 1:1로 대등하게 말이다. 고대사회에서 당연시 되던 승자의 권리는 전혀 행사되지 않았다. 사비니인들도 신생 로마인들의 실력을 절감하고 있었기 때문에 이 제안을 순순히 받아들였다. 왕도 로마와 사비니의 왕이었던 로물루스와 타티우스가 공동으로 통치하게 되었고 사비니 귀족들은 그대로 로마귀족이 되어 원로원에 들어왔다. 훗날 키케로는 다음과 같이 로마의 특성을 이야기 했다. "로마제국의 건설과 로마시민들의 명성과 관련하여 아주 중요한 사실이 있다. 그것은 바로 로마의 창건자 로물루스가 사비니인들의 사례를 통해 적들을 로마시민으로 받아들여서라도 나라를 키워야한다는 것을 가르쳤다는 점이다. 우리의 조상들은 로물루스의 선례를 따라 이민족에게 계속 시민권을 내주었다."

키케로의 말처럼 통합노선은 이후에도 계속되었다. 새로운 부족이

| **사비니 여인들의 중재** The Intervention of the Sabine Women(1799), Jacques Louis David

로마에 합병될 때마다 귀족들은 로마귀족이 되어 원로원에 의석을 보장받았고 평민들은 로마시민이 되어 투표권을 부여받았다. 따라서 후대에 로마를 이끈 사람들은 대부분 오리지널한 로마인이 아니다. 로마제1의 슈퍼스타 카이사르를 배출한 율리우스 가문은 알비롱가 출신이며, 아우구스투스 이후 로마를 통치한 클라우디우스 가문은 건국초기에 5천 명의 일족을 이끌고 집단 이민을 온 사람들이다.

아마 20세기 초강대국인 미국의 민족구성이 고대 로마의 민족구성과 가장 유사할 것이다. 누구나 알다시피 '미국민족'이라는 민족은 존재하지 않는다. 영국, 프랑스, 독일, 일본, 중국, 한국 등 대부분의 나라는 나라이름 뒤에 민족이라는 명칭을 붙여도 무방하지만 미국만은 그게 불가능하다. 영국계, 아일랜드계, 독일계, 중국계, 한국계 미국인들이 존재할 뿐이다. 따라서 미국인들에게 공통의 정체성이란 미국 시민권을 가진 미국인이라는 것뿐이다. 로마도 마찬가지였다. 후대에 사실상의 세계제국이 된 다음에는 더 대단해지지만 포에니 전쟁이 한창이던 기원전 3세기를 기준으로 봐도 로마연합에는 다양한 민족이 포함되어 있었다. 로마인들과 유사한 라틴계 도시국가들도 있었고 문화적 선진 민족이었던 그리스계 도시국가들도 로마연합 안에 포함되어 있었다. 그리고 이 도시국가의 구성원들 중 상당수에게 로마 시민권이 부여되어 있었다. 심지어 당시로서는 야만인이라고 부를 수밖에 없었던 갈리아인들에게조차 로마 시민권이 주어지곤 했다.

간혹 이렇게 말하는 이들이 있다. "로마는 도대체 왜 싸운 것인가? 기껏 싸워서 이겨놓고 자기네랑 동등한 시민으로 받아들인다면 도대체 무슨 이득이 있단 말인가? 뭐하러 싸운단 말인가?" 그런데 이 질문에는 질문 자체에 이미 순혈주의의 전제가 숨어있다. "나와 피를 나눈 나의 형제들이 남들보다 더 나은 대우를 받아야 승리한 보람이 있다"라는 전제이다. 하지만 이건 당장의 우월감만을 중시하는 매우 협소한 생각일 뿐이다. 중요한 건 내가 남들보다 더 나은 대우를 받아야 한다는 상대적 우월감이 아니다. 절대적으로 지금보다 더 나은 상태로 발전할 수 있다면 남들에게 좋은 것이 나에게도 좋은 것이다. 이건 결코 도덕적인 의미에서 사해동포주의를 말하는 것이 아니다. 철저하게 실용적인 입장에서 나와 나의 공동체가 지금보다 더 나아지기 위해서 어떻게 해야 하는가에 대한 대답인 것이다. 나와 나의 공동체가 발전하는 데 있어서 상대방을 이롭게 하는 것이 나에게도 유리하다면 그렇게 하는 게 실용적인

것이다. 두 개의 공동체를 합쳤을 때를 단순계산식으로 표현하면 1+1
이 된다. 이때 남들의 지위를 떨어뜨리는 것은 1+1의 결과물로 1.5를
만드는 셈이다. 1.5가 되었으니 0.5만큼 이득이라고 생각할지 모르지만
1+1이 시너지 효과를 일으켜 3이 되었을 때를 생각한다면 사실은 엄청
난 손해를 본 것이다. 로마인들은 이 시너지효과를 중시한 셈이다. 그
래서 대등하게 패자들을 받아들였고, 이를 통해 시너지효과를 일으켜
이탈리아를 제패해 나갔다. 로마인들이 관용적인 태도로 패자를 받아
들인 것은 그들이 도덕적인 민족이어서가 아니다. 오히려 그들이 실용
적인 민족이었기 때문이다. 민족이나 인종문제에 대한 이런 실용주의
적 입장이 얼마나 중요한지는 로마뿐 아니라 앞으로 살펴볼 몽골, 영국,
네덜란드 등의 예에서 무수히 살펴볼 수 있을 것이다.

로마인들의 통합노선이 얼마나 철저한 것이었는가는 삼니움 전쟁의
처리결과를 보아도 알 수 있다. 삼니움인들은 이탈리아 중부에 위치한
산악 민족이었다. 외부와의 교역도 별로 없고 산속에서 검소하게 살아가
는 말 그대로 실질강건의 민족이었다. 스파르타인들과 비슷하다고나 할

까. 그렇기 때문에 로마는 삼니움인들과의 전
쟁에서 고전할 수밖에 없었다. 평지에서는 무
적을 자랑하던 로마군도 산속에 들어가면 골
짜기와 골짜기를 날아다니는 삼니움인들에게
곤욕을 치르곤 했다. 그 때문인지 삼니움인들
과의 전쟁은 무려 40년이 걸렸다. 사실 40년
동안 전쟁을 계속한다면 전쟁 전에 별 감정이
없던 사이라도 철천지원수로 변하는 게 인지

| 청동으로 만든 로마 시민권

상정일 것이다. 그런데 로마
는 그토록 어렵게 삼니움인
들을 굴복시켜 놓고도 그들
을 동료로 받아들였다. 지도
층에게는 로마 시민권을 나
누어주고 로마의 지도층으
로 받아들이고 일반시민들
에게는 라틴 시민권을 나누
어주어 그들의 권리를 인정
했다.[23]

ㅣ 오타릴리우스 크라수스

여기까지도 놀랍지만 더 놀라운 것은 그 다음이다. 삼니움인이 최
종적으로 굴복한 것은 기원전 290년이었다. 그리고 26년 뒤인 기원전
264년에 1차 포에니전쟁이 일어났다. 따라서 다음해인 기원전 263년
에는 카르타고와의 전쟁을 지도할 전시 지도자를 집정관으로 선출해야
했다. 그래서 새로운 집정관 2명이 선출되는데 그중 한 사람이 오타릴
리우스 크라수스였다. 그런데 그는 로마시민으로 태어난 사람이 아니
었다. 삼니움족 출신의 평민에 불과한 사람이었다. 집정관으로 선출될
정도면 최소한 40대 중반은 되었을 테니까 3차 삼니움전쟁 당시에는
적군으로 참전한 사람이었을 수도 있다. 그런 사람이 전시상황에서 로
마의 최고 지도자이자 로마군 총사령관으로 선출된 것이다.

---

23 로마 시민권과 라틴 시민권에 대한 상세한 설명은 이 책의 범위를 벗어나므로 여기서는 생략
한다. 관심이 있는 분은 "이탈리아 자치도시민 지위의 다양성과 로마의 통합정책"이라는 김창성
교수의 논문을 읽어보시길 권한다.

"로마는 이전 150년에 걸쳐 이탈리아와 동맹을 형성하였습니다. 로마가 이탈리아를 각 도시별로 정복하기는 하였으나, 더 정확한 표현으론 도시별로 조약을 맺었다고 해야 합니다. 예를 들어 삼니움족과의 전쟁은 기원전 4세기 말 로마가 확장을 하는데 있어서 중요한 역할을 했습니다. 삼니움족에 인접해 있던 이탈리아 도시국가들은 로마보다 삼니움족을 더 위험한 존재로 인식하였고, 로마에 지원을 요청하였습니다. 각 도시국가들은 로마와 개별적으로 조약을 맺었습니다. 조약에 따라 이탈리아는 매년 로마에 일정 수의 병력을 지원하였습니다. 따라서 이후 로마 군대의 절반은 이탈리아 출신으로 구성되었습니다. 과거에 동맹국들은 로마의 승리를 통해 혜택을 받았지요. 이들은 로마 체제에 포함되어 있었습니다. 스스로를 강대국에 속해있다고 여겼지요. 인구 만 명 정도 밖에 되지 않는 작은 마을이라도 로마와 동맹을 통해 세계 권력의 일부가 되었습니다. 그리고 각 도시국가들은 로마의 동맹국이 되는 것은 자랑스러운 일이라 여기게 되었습니다."[24]

이 정도의 개방성과 포용성은 고대사회, 아니 현대사회에서조차 말 그대로 유례를 찾기 힘든 것이었다. 같은 도시국가로 출발한 아테네와 비교해 보자.

사람들은 로마는 훗날 말 그대로 제국이 되었고 아테네는 도시국가로 끝났기 때문에 둘 사이에는 처음부터 국가형태에 차이가 있었을 것이라고 생각한다. 하지만 사실 아테네나 로마나 본질적으로는 동일한 국가형태를 가지고 있었다. 바로 도시국가라는 점이다. 도시국가란 무엇인가에 대해서 여러가지 설명이 필요하겠지만 요점은 이것이다.

24 데이비드 포터(미시간대 고대사 교수) 인터뷰 중에서

"하나의 도시를 중심으로 그 도시의 구성원인 시민들이 주권자인 국가"

아테네는 이런 국가형태를 건국초기부터 멸망하는 시점까지 유지
했다. 로마도 건국 초부터 도시국가로 시작했고 사실은 매우 오랫동안
도시국가라는 형태를 유지했다. 심지어 분명한 제국으로 기능했던 기
원전 1세기, 그러니까 카이사르의 시대에도 국가의 외형은 도시국가였
다. 이렇게 내실과 외형이 너무 괴리가 심해진 것이 기원전 1세기 내전
의 원인이었고 그걸 제국의 형태로 변화시킨 게 아우구스투스이다. 다
만 이것은 먼 훗날의 일이고 포에니 전쟁 당시에는 내실이든 외형이든
모두가 도시국가라는 모습을 가지고 있었다. 따라서 아테네나 로마는
동일선상에서 비교 가능한 존재들이다. 로마가 로마연합이라는 연맹
체의 맹주로서 이탈리아의 패권을 장악
하고 있었던 것처럼 전성기의 아테네도
연맹체의 맹주였다. 연맹체의 이름은 델
로스동맹. 그런데 동맹 내에서의 관계는 로마
와 완전히 딴판이었다.

우선 시민권에 대한 관념이 로마와 아테네는 완전
히 달랐다. 아테네 시민권은 말 그대로 순혈주의자
들의 손에 있었다. 부모가 모두 시민권자가 아니면
누구도 아테네 시민이 될 수 없었다. 심지어 전성
기 아테네의 최고지도자였던 페리클레스조차 이
원칙때문에 고통 받아야 했다. 페리클레스는 말
년에 아스파시아라는 유명한 기녀출신 아내에게

▮ **아우구스투스**
로마제국의 초대 황제

서 페리클레스 2세라는 아들을 얻었다. 그런데 이 아들은 아테네 시민권자가 될 수 없는 신세였다. 아버지는 비록 아테네의 영웅이지만 어머니가 외국인이었기 때문이다. 아들에게 아무것도 상속할 수 없었던 페리클레스는 대가 끊길 처지에 놓이고 말았다. 결국 민회에서 페리클레스가 눈물로 호소함으로써 겨우 아들의 아테네 시민권을 얻어낼 수 있었다고 한다. 이 일화는 아테네인들이 얼마나 순혈주의에 집착했는지를 보여준다.

최고지도자에게도 이 정도로 엄격했으니 다른 사람의 경우에는 말할 필요도 없었다. 아무리 뛰어난 재능을 가진 사람이라고 할지라도 예외는 존재하지 않았다. 대표적인 예가 아리스토텔레스이다. 서양 고대 철학의 완성자인 이 위대한 천재는 원래 마케도니아 사람이다. 17살에 아테네로 건너와 플라톤의 제자가 되었고 그 후 거의 대부분의 생애를 아테네에서 살았다. 리케이온이라는 대학도 세워서 아테네의 학문 발전에 지대한 공헌을 했다. 하지만 이토록 아테네에 큰 공헌을 한 그도 시민권자가 될 수는 없었다. 순혈주의자들의 눈에는 아무리 뛰어난 천재라도 그저 외국인일뿐이기 때문이었다.

그런데 이토록 폐쇄적인 아테네도 처음부터 외국인에게 폐쇄적이었던 것은 아니다. 사실 성장기의 아테네는 외국인들에게 무척 개방적인 국가였다. 아테네 발전의 기초를 닦은 솔론의 시대에는 아테네에 거주하는 재능 있는 외국인들에게 시민권을 나누어 주어서 아테네에 동화시키고자 노력했다. 발전의 동력으로 삼고자 한 것이다. 솔론의 시대 이후 등장한 참주 페이시스트라토스는 더욱 개방적인 정책으로 아테네의 고도 성장기를 이끌었다.

"아테네는 로마인들이 가진 개방적인 태도를 보여주지 않았습니다. 물론 개방적인 모습을 보여준 적도 있습니다. 한 세기 이전, 아테네가 참주Tyrannos의 통치를 받았을 때입니다. 초기의 참주들은 폭군들이 아니었습니다. 이들은 귀족세력에 반대하고 중산층을 지지하였습니다. 참주 중 한 명인 페이시스트라토스Peisistratos는 다른 그리스의 도시국가들과 경쟁을 벌였습니다. 특히 코린트와 경쟁관계에 있었는데 당시 아테네는 그리스의 패권 국가가 아니었지요. 그는 재능 있는 사람들을 영입하기 위해 아테네 내로 이주를 장려하였습니다. 오늘날 미국과 상황이 흡사합니다. 국가를 위해 일할 수 있는 사람을 모으고, 혁신을 이끌 수 있는 첨단기술 관련 학위를 가진 사람들을 움직여야 한다는 것이지요. 이들에게 이민 시 혜택이 제공됩니다. 아테네의 참주 또한 같은 행동을 취했습니다. 많은 사람들을 아테네로 영입시켰지요."[25]

문제는 아테네가 패권국가로 성장한 뒤에 발생했다. 쉽게 예상할 수 있겠지만 패권국가의 시민은 상당한 이권을 가진다. 경제적으로도 많은 기회를 누릴 수 있고 정치적으로도 동맹국의 시민들에 비해 우월한 위치에 설 수 있다. 이렇게 시민권의 가치가 올라가면 초기에 인심 좋게 시민권을 나누어주던 태도가 돌변하게 마련이다. 시민권이 폐쇄적으로 운영되고 최

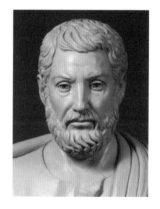

페이시스트라토스 고대 그리스 아테네의 정치가로 무력으로 참주(僭主)가 되었다.

25 칼 갈린스키(텍사스 오스틴대학 석좌교수) 인터뷰 중에서

종적으로는 순수한(?) 아테네인 이외에는 어느 누구도 시민권을 얻을 수 없는 상태에 도달한다. 사실 아테네의 시민권을 이 정도로 폐쇄적인 상태로 만든 장본인이 바로 페리클레스였다. 그러니 페리클레스가 만년에 겪은 곤욕은 자업자득인 셈이다.

아테네가 시민권문제에서만 폐쇄적으로 굴었으면 그나마 나았을텐데 아테네는 여기서 한걸음 더 나갔다. 동맹국의 시민들을 2등국민 취급하기 시작한 것이다. 사실 폐쇄적인 시민권과 동맹국에 대한 오만은 동전의 양면처럼 동시에 등장할 수밖에 없다. 시민권을 폐쇄적으로 운영하는 논리가 무엇이겠는가? "우리는 순수하고 우월한 존재인데 불순물들이 끼어드는 게 싫다"라는 감정이 폐쇄적인 시민권 정책을 만드는 것이다. 이렇게 스스로를 우월한 존재라고 믿고 이방인을 열등한 불순물로 인식하기 시작하면 당연히 이방인들에게 가혹해질 수밖에 없다. 아테네는 델로스 동맹 내의 동맹국들에게 말 그대로 지배자로 굴기 시작했다. 동맹의 돈을 횡령해서 당연하다는 듯이 아테네에 건물을 짓고, 아테네의 배를 만들고, 아테네 시민들에게 수당을 지급했다. 그리고 동맹국들이 조금이라도 반발할 조짐을 보이면 가차없이 응징을 가했다. 이렇게 되면 동맹국들 역시 생각이 달라질 수밖에 없다. 지금은 아테네가 강하니까 아테네 밑에 있지만 언제든지 아테네가 약해지기만 하면 바로 뒤통수를 치겠다고 생각하는게 당연해지는 것이다.

"아테네는 델로스 동맹Delian League을 맺고 다른 도시국가로 제국을 넓혀갔습니다. 하지만 수 세기 동안 건재했던 로마와 달리 결국 붕괴했죠. 이 둘 사이의 차이점에 관한 질문입니다. 여러 가지 중에서 핵심적인 차이점은 로마와 아테네가 자기 제국에 편입된 사람들을 대하는 방식이었습니다. 정복 기간 중에 로마는 아주 잔인했습니다. 도시를 몰살하거나 노예로 삼았습니다. 하지만 일단 로마에 편입되면 포용적 정책을 펼쳤습니다. 특히 타지역 출신의 영향력 있는 인물들이 로마 원로원의 구성원이 될 수 있었습니다. 심지어 로마 황제를 배출한 가문도 있었습니다. 로마 엘리트들은 외부인과 어울리는 데 있어 개방적이었습니다. 제국을 하나로 뭉치게 하는 한 방법이었습니다. 외적인 침략에도 안정적인 제국을 이끌어간 이유입니다. 아테네는 그렇지 않았습니다. 아테네 시민권에 아주 엄격한 의미를 부여했습니다. 심지어 아테네 인구 대부분은 시민이 아니었습니다. 아테네가 그리스 섬들을 제국에 편입시켰을 때도 시민권을 부여하지 않았습니다. 이들에게 시민권을 개방하지 않았습니다. 나머지 도시 국가들은 자신이 2등 시민이라고 생각했습니다. 실제로도 그랬죠. 이들은 로마의 경우처럼 협력적이지 않았습니다. 아테네 시민이 될 수 없기 때문입니다."[26]

결국 그리스에서 아테네의 패권은 아테네가 스파르타와의 대규모 전투에서 패하자 순식간에 붕괴하고 말았다. 그렇다면 스파르타인들은 어땠을까? 아테네인들보다 더 관용적이었을까? 불행히도 그렇지 못했다. 사실 스파르타인들은 아테네보다 더 심했다. 아테네에 솔론의 개혁이 있다면 스파르타에는 리쿠르고스의 개혁이라는 것이 있다. 이후 스파르타의 운명을 결정지은 개혁인데 우리가 스파르타에 대해 알고 있는 특징들은 모두 이 리쿠르고스의 개혁에 따른 결과물이다.

성인남자들이 모두 군대처럼 단체생활을 하면서 거친음식을 먹고

26　피터 터친(≪제국의 탄생≫ 저자) 인터뷰 중에서

군사훈련에만 열중하도록 한 것이나, 귀금속의 소유를 금지하고 쇠를 화폐로 사용하여 시장경제의 발전을 원천 봉쇄한 것 등 많은 개혁이 이루어졌는데 그중 가장 중요한 것이 토지개혁이다. 리쿠르고스는 스파르타의 토지를 모두 9,000개로 나누어 9,000명의 시민에게 균등분배했다. 이때 시민이란 물론 성인남자만을 뜻한다. 이후 이 토지는 오직 스파르타 시민권자에게만 상속되었다. 스파르타에서 거의 유일한 재산인 토지의 상속권이 걸려있는 문제이므로 시민권은 당연히 폐쇄적으로 운영되었다. 아테네는 패권국가가 된 이후에 시민권을 취득하는 길을 막았지만 스파르타는 아예 초기부터 시민권을 취득하는 길을 원천봉쇄했다. 부모가 모두 시민권자가 아니면 시민권은 주어지지 않았다. 시민권이 없으면 당연히 상속권도 없다. 따라서 그나마 외국인의 사유재산권이 보장되었던 아테네와 달리 스파르타는 오직 스파르타인만이 토지를 분배받고, 오직 스파르타인만이 시민권을 상속받아 토지를 소유하는 말그대로 강철같이 폐쇄적인 국가가 되었다.

"흥미롭게도 그리스어는 아테네와 스파르타의 상황을 구분하여 표현을 합니다. 아테네의 외국인 거주자Metics는 그리스어로 'métoikos'라고 하며, 우리와 함께 사는 사람들이란 뜻을 가집니다. 반면 스파르타의 외국인 거주자는 그리스어로 'perioikoi'로 우리 주변에 사는 사람들이란 뜻입니다. 즉, 우리에게 소속된 사람이 아니란 것을 의미합니다. 스파르타를 이상국가로 보았던 플라톤은 '공화국'을 쓰기도 했는데, 그럼에도 스파르타로 이주하지 않았던 점을 주목해 보세요. 스파르타에는 한계가 있었지요. 이주민들을 끌어들이지도, 온갖 기회를 누리게 해주지도 못했습니다. 스파르타인들은 자신들끼리만 뭉쳤어요. 매우 제한적이었죠."[27]

이렇게 시민권을 획득할 방법을 원천봉쇄해 버리자 자연히 인구가 감소하기 시작했다. 펠로폰네소스 전쟁을 전후한 전성기의 스파르타 시민권자는 약 8,000명 정도로 추정된다. 스파르타 시민은 기본적으로 모두 군인이므로 8,000명의 상비군을 가지고 있었던 셈이다. 그런데 불과 100년 후인 기원전 371년이 되면 스파르타의 시민권자는 1,000명 수준으로 줄어든다. 스파르타인들이 아무리 일당백의 용사들이라고 해도 1,000명을 가지고 패권을 유지하는 것은 애초에 불가능한 일이었다. 당연히 그리스의 패권은 테베로 넘어갔다. 스파르타는 그후 영원히 패권을 되찾을 수 없었다.

이들에 비한다면 로마의 시민권은 그야말로 획기적으로 개방적인 셈이다. 심지어 로마 시민권은 노예들에게도 개방되어 있었다. 로마인들은 노예들의 DNA조차도 자신의 것으로 받아들이는데 전혀 거부감을 가지지 않았던 것이다.

"로마인들이 다른 사람들과 본질적으로 다른 것을 보여주는 또 다른 예를 말씀드리겠습니다. 바로 노예에 대한 대우입니다. 노예제도가 훌륭한 것이라는 말은 아닙니다. 노예제도는 분명 좋은 것이 아니지요. 그러나 어떤 노예였는지를 따져볼 필요가 있습니다. 예를 들어 스파르타쿠스처럼 족쇄를 차고 움직임이 제한되었던 노예들의 삶은 매우 참혹했습니다. 하지만 동시에 가사일을 하는 노예도 있었습니다. 가사

27   칼 갈린스키(텍사스 오스틴대 석좌교수 인터뷰 중에서

노예들은 요리를 하거나, 정원을 가꾸고, 집을 관리하거나, 아이를 돌보는 일을 하였습니다. 이들에겐 십 년간의 노예생활 후 자유가 주어졌습니다. 아주 흥미로운 부분인데 이들은 '자유민'의 지위를 획득하였습니다. 로마 시민은 아니죠. 그런데 이들의 자녀들에겐 자동적으로 시민권이 부여되었습니다. 로마에는 새로운 사람들을 포용하는 제도가 있었기에 가능한 일입니다. 심지어는 로마인의 DNA로, 로마인의 혈통으로 받아들이는 것입니다. 전례가 없는 제도로, 저는 이를 통해 로마가 오늘날의 미국처럼 효율적이면서 지속적인 제국이 되었다고 생각합니다. 예를 들어 '파란 눈을 가진 로마인은 최상위 계층'이라는 식의 개념은 존재하지 않았습니다. 초기부터 로마는 다민족 국가였습니다."[28]

이런 개방성은 위기의 순간에 보답을 받았다. 한니발에 의해 군사적으로 완패했음에도 불구하고 로마의 동맹국들은 로마를 버리지 않았던 것이다. 사실 이들 동맹국들은 단순한 동맹국이 아니었다. 이들 중 상당수가 이미 로마 시민권을 획득해서 로마인으로 살고 있었다. 삼니움족 출신 집정관인 오타릴리우스 크라수스를 생각해 보라. 그는 예외적인 존재가 아니었다. 로마라는 공동체 안에서 아주 흔한 예에 불과했다. 동맹국들에게 로마는 이미 자기 자신과 동일시되는 존재였다. 남이 아닌 것이다. 로마는 그들에게 이미 조국이었다.

---

28 칼 갈린스키(텍사스 오스틴대 석좌교수) 인터뷰 중에서

한니발, 파비우스, 스키피오

이제 다시 한니발에게로 돌아가보자. 한니발은 칸나이 전투에 이르기까지 할 수 있는 일은 다한 상태였다. 우선 로마의 예상을 깨고 본토를 급습하여 이탈리아를 전쟁터로 만들었다. 또 그 이탈리아 땅에서 로마의 동맹국들이 지켜보는 가운데 로마에 대해 압도적인 승리를 이어 갔다. 이제 마지막으로 동맹국들이 로마에 등을 돌리고 로마가 굴복하면 한니발의 웅대한 전략은 완성되는 것이었다. 그런데 바로 이 마지막 단추가 끼워질 기미를 보이지 않았다. 카드게임에서 게임을 끝낼 수 있는 회심의 카드를 뒤집었는데 게임은 전혀 끝날 기미가 안보인다고나 할까. 한니발로서는 도무지 이해할 수 없어서 더 답답한 상황이었을 것이다. 그런데 이후로 한니발을 더 답답하게 만드는 상황이 시작되었다. 로마가 전략을 바꾼 것이다. 파비우스의 재등장이었다.

"퀸투스 파비우스 막시무스의 별명은 쿤크타토르Cunctator로 라틴어로 '지연자The Delayer'라는 뜻을 지녔습니다. 그는 한니발이 명백히 더 나은 군대를 보유하고 있었다는 것을 인지했습니다. 로마에도 용맹한 병사들이 있었지만 한니발이 원하는 장소에서 그와 맞서 싸우게 되면 로마는 질 수밖에 없다는 사실도 잘 알고 있었지요. 그는 더 이상의 병력 손실은 무의미하다 판단했고 그가 택한 전략은 바로 '지연'이었습니다. 회복할 시간과 훈련할 시간을 원했던 것입니다.

그래서 그는 한니발과 대적하는 것이 아닌 관찰을 합니다. 한니발을 미행하며 그 부대 가까이, 안전한 곳에서 머뭅니다. 파비우스는 우위를 선점할 수 있는 장소에 야영했습니다. 고지에 머물렀던 거지요. 고대에는 어느 누구도 오르막에서 싸우고 싶어하지 않았습니다. 오르막에서 싸우는 건 항상 손해로 작용합니다. 병사를 지치게 하고 적군에게만 이점을 안겨줍니다. 적군에겐 자진해서 이점을 주는 법은 없습니다. 그래서 파비우스는 안전한 곳에 머뭅니다. 한니발이 매복할 수 없을 정도로 적당히 먼 곳에 자리를 잡습니다. 그리고 한니발의 병사들이 물을 길러 가거나 식량을 모으러 다닐 때를 기다립니다. 한니발에게는 4~5만 명의 군사와 말들이 있었고 그들을 위해 공급해야 할 것이 산더미만큼 있었습니다. 계속해서 이동하지 않으면 그의 군사들은 굶주리게 됐지요. 식량을 구하고 가축들을 몰아서 모아야 합니다. 한 지역에서 식량이 동이 나게 되면 이동해야 했습니다. 한니발은 계속해서 이동하며 병사를 보내 식량을 찾고 필요한 물품을 구해오도록 했었지요. 그 시점이 한니발이 취약한 순간입니다. 그래서 파비우스는 매복을 통해 한니발을 약하게 만들고 지치게 만듭니다. 동시에 한니발은 조금씩 계속해서 약해지는 거지요.

한니발은 더 이상 승전하지 못했기 때문에 이전만큼의 위신이 서지 않았고, 더 많은 로마 동맹국들이 편을 바꾸도록 설득하지도 못합니다. 반면에 계속해서 로마군은 조금씩 더 숙련되어갑니다. 이전에는 없었던 훈련할 수 있는 시간마저 벌었습니다. 병사들은 이제 군인 생활에 익숙해졌고 신체적으로도 탄탄해집니다. 목숨을 걸고 신뢰해야 하는 병사들과 함께 하는 것도 익숙해졌습니다. 지휘관의 지시를 따르는 것에도 익숙해졌습니다. 지휘관들 역시 보다 명료하고 제대로 된 명령을 내리는데 익숙해졌습니다. 전 군대가 점점 더 숙련되어가고 있었지요.

파비우스는 로마 역사상 가장 독특한 인물로 꼽힙니다. 자신의 영광이 아닌 로마제국에 최선인 것을 추구했으며, 그의 군대를 안전하게 지키고자 했습니다. 한니발의 세력을 약화시켜 종국엔 파비우스의 군대가 힘을 길러 한니발을 무찌르거나, 서서히 말라 죽게 할 작정이었지요. 그것이 바로 싸움을 피함으로써 로마를 살린 쿤크타토르, 혹은 '지연자' 파비우스 막시무스의 명성이었습니다. 하지만 중요한 건 그가 싸움을 피한 이유가 언젠가 힘을 기르고 더 큰 군대를 형성해 한니발에 대적하기 위함이었다는 것입니다."[29]

사실 파비우스가 이렇게 지연작전을 펼칠 수 있었던 이유도 동맹국들이 든든하게 버티고 있어 주었기에 가능한 것이었다. 트라시메노 전투 이후에 파비우스가 지연작전을 폈을 때 한니발은 로마의 동맹국을 약탈함으로써 로마를 결전으로 이끌어 낼 수 있었다. 동맹의 맹주로서 동맹국들이 약탈당하는 것을 방관해서는 맹주의 체면이 서지 않기 때문이다. 칸나이 이후에도 이런 상황이 변한 것은 아니었다. 그런데도 동맹국들은 로마의 입장을 이해해주고 있었다. 한니발의 공격을 버티며 묵묵히 로마를 지지했다. 동맹국들과의 통합을 지향한 로마의 전통

---

29 에이드리안 골드워시(《로마 전쟁사》 저자) 인터뷰 중에서

은 이렇게 보답받고 있었다.

상황이 이렇게 전개되자 한니발쪽에서 전쟁을 끝내는 것은 사실상 불가능해졌다. 로마만이 전쟁을 끝낼 주도권을 가지고 있다는 것이 분명해졌다. 다만 아직까지는 로마도 그게 불가능했다. 한니발과 싸워서 이길만한 장군이 아직 로마에는 없었기 때문이다. 하지만 이 문제도 결국 해결된다. 한니발과의 전투를 통해 단련된 것은 병사들만이 아니었기 때문이다. 한니발의 전술을 직접 눈으로 보고 성장한 새로운 세대가 속속 전쟁터에 등장하기 시작했다. 그리고 그 대표주자는 스키피오였다.

스키피오, 정식이름 푸블리우스 코르넬리우스 스키피오는 한니발이 이탈리아로 쳐들어온 기원전 218년에 17살의 소년이었다. 한니발이 당시 29살이었으니까 12살의 차이가 나는 셈이다. 이 해에는 같은 이름을 가진 아버지가 로마의 집정관이었다. 당연히 한니발과의 첫 대결은 아버지의 몫이었다. 기원전 218년에 마르세이유를 거쳐 스페인으로 파견된 집정관 코르넬리우스가 바로 그 사람이다. 17살이었던 스키피오도 아버지를 따라 종군했고 티키누스, 트레비아 그리고 칸나이까지 한니발과의 주요전투에 모두 참전했다. 그리고 행운이 따랐는지 로마군의 몰살로 끝난 이 전투들에서 살아 남았다. 스키피오가 살아남은 것은 개인적인 행운만은 아니었다. 로마로서도 칸나이에서 스키피오가 살아남은 것은 엄청난 행운이었을 것이다. 물론 그때까지는 아무도 그렇게 생각하지 않았지만…

역사속에는 무수한 천재들이 등장한다. 전쟁도 마찬가지여서 인간에게 너무나도 비극적인 이 전투행위에도 천재들이 존재한다. 그런데 천재란 도대체 어떤 존재일까? 천재란 어떤 존재인가를 알기 위해 좀 엉뚱하긴 하지만 간단한 퍼즐문제를 풀어보자. 아래 그림과 같이 양초, 압정, 성냥이 주어졌을 때 이 도구들을 이용해 초를 벽에 붙이되 촛농이 탁자에 떨어지지 않도록 하라는 문제이다.

아는 사람도 많겠지만 정답은 압정상자를 비우고 거기다 초를 세운 후 압정으로 상자를 벽에 고정시키는 것이다. 아마 많은 사람들이 압정과 성냥만을 이용해서 어떻게든 구조물을 만들어보려고 애쓰다가 실패할 것이다. 그래서 답을 알고 나면 '이건 반칙아냐?' 하는 생각이 들면서 약간 약이 오르기도 한다. 사실 천재들이란 그런 존재이다. 압정상자는 누구의 눈에나 보인다. 그런데 문제를 해결할 때는 정작 이게 눈에 안 보이고 압정만 보이는게 보통 사람인 것이다. 뻔히 눈에 보이는데 보통 사람들은 보지 못하는 것을 볼 수 있는 능력. 그게 천재의 능력이다. 알렉산더도 한니발도 그런 능력을 가지고 있었다. 뻔히 눈에 보이는 기병의 기동력을 유기적으로 활용하는 면에 처음으로 눈뜬 사람들이 그들

이다. 그리고 그런 면에서 스키피오도 천재였다. 비록 한니발의 전술을 눈으로 보고서 깨달은 것이긴 하지만 스키피오도 한니발이 가진 전술적 능력의 핵심을 깨달은 것이다. 눈으로 보고서야 깨달았다고 스키피오의 재능이 떨어진다고 생각하면 오산이다. 대부분의 사람들은 보고도 깨닫지 못하기 때문이다.

"한니발이 알프스를 건너왔을 때, 스키피오는 티키누스의 소규모 기마대 접전에 참전하고 있었습니다. 그는 불과 19세의 어린 나이에 칸나이 전투의 지휘관으로 있었지요. 그 참사에서 살아남은 몇 안 되는 이들 중 하나였습니다. 그는 이미 참사의 끝을 목격했으며 한니발이 얼마나 위대한지도 목격한 바 있습니다. 따라서 그의 평생은 한니발을 대적하는데 바쳤습니다. 그리고 기존 로마 귀족세대에 비해 그는 직업군인이었습니다. 그는 로마에 있어 가장 위험한 적을 마주했던 전쟁에 직업군인으로 참전했습니다. 그는 카르타고에 의해 아버지와 숙부를 잃는 개인적인 대가까지 치러야만 했습니다. 스페인에서 패배당한 데다 그곳에서 가문의 이름이 알려져 있었기 때문에 스키피오는 어렸음에도 불구하고 직접 나서서 사람들을 설득하고 의회를 설득하여 그를 스페인에 사령관으로 보내 달라 요청합니다. 스페인에 당도해서 그는 한니발과 똑같이 행동합니다. 혹독하게 군대를 훈련시키고 적군을 기습합니다. 적군으로부터 배우고 한니발이 무얼 하는지 관찰하기 시작해 그 역시 똑같이 행동합니다. 한니발은 항상 로마에 예기치 못한 공격을 가하니 이를 똑같이 카르타고군에 적용시켜보자 한 거지요. 따라서 그는 카르타고 수도였던 카르타헤나를 기습했습니다. 간조 때에 몰래 후방으로 잠입할 수 있다는 것을 깨달았기 때문이지요. 그는 세심하게 주의를 기울여 신속하게 일을 처리합니다. 그 후 그는 스페인에 있던 한니발의 아우와 다른 카르타고 장군을 격파합니다. 한니발이 칸나이에서 펼쳤던 전략과 거의 비슷했지요. 자신의 군대 중심부를 약화시키고 양 날개 측을 강화시켜 적군을 포위합니다. 그의 군대는 점점 강해져서 결국 한니발의 부대보다 뛰어나게 됩니다. 그는 북아프리카로 건너가 거기서도 카르타고군을 무찌릅니다. 한번은 카르타고군 기지를 기습하고 또 다음엔 측면에서 공격을 가합니다. 또 스키피오는 한니발이 그토록 강할 수 있었던 이유 중 하나가 바로 항상 기마대로 하여금 보병대를 지원하도록 배치했던 것임을 알게 됐습니다. 그래서 스키피오는 과거 한니발이 이탈리아인들을 설득했던 것처럼 누미디아인과 협상을 하고 자신과 손을 잡도록 설득합니다. 적으로부터 동맹군을 빼앗아 자신과 손을 잡도록 한 후 기마대를 확보하고자 했던 거지요. 이는 곧 그가 한니발과 대적할 때 사상 처음으로 로마군이 한니발보다 더 많고 강력한 기마대를 보유하게 됨을 의미합니다. 결국 스키피오는 한니발의 전술을 모두 습득하게 된 거지요. 자마의 전투에서 스키피오는 한니발이 싸웠던 방식 그대로 싸우게 되는데 한니발은 이미 모든 유리한 입지를 잃었기 때문에 대응할 방법이 없었지요. 이 전투는 힘겨운 전투가 되지만 스키피오에게 더 강력한 군대가 있었기 때문에 결국 한니발을 이기게 됩니다."[30]

지휘관의 전술적 능력이 동일하다면 결국 병사들의 능력과 숫자가 전투를 결정지을 수 밖에 없다. 자마에서 한니발이 마주친 상황이 바로 그것이었다. 더구나 스키피오는 교묘한 외교전을 통해 누미디아를 우

30　에이드리안 골드워시(《로마 전쟁사》 저자) 인터뷰 중에서

| **자마 전투** 202 BC by Arista romano

군으로 만드는데 성공한 상태였다. 이 말은 칸나이 전투에서 한니발과
함께 싸웠던 정예 누미디아 기병이 이젠 로마편이 되었다는 뜻이다. 한
니발은 결국 패배를 받아들일 수밖에 없었다.

로마제국의 탄생

　기원전 202년 자마 전투와 함께 2차 포에니 전쟁은 끝났다. 고대 최고의 명장이라는 한니발조차 로마를 굴복시키는 것은 불가능했다. 오히려 한니발은 로마를 더욱 강하게 단련시켜 주었다. 한니발이라는 희대의 명장과 싸우면서 로마군은 완전히 새롭게 태어난 것이다. 병사들은 더욱 단련되었고, 군대는 새롭게 개편되었다. 로마군의 상징처럼 여겨지는 글라디우스[31]라는 검이 로마군의 주력무기가 된 것도 이 전쟁을 통해서였다. 여기에 더해 지휘관들은 한니발의 전술을 체득함으로써 더욱 효율적인 전술을 구사하게 되었다.

　한니발과의 전쟁 이후 로마군은 더 이상 패배를 모르는 군대가 되었다. 카르타고와의 전쟁을 통해 북아프리카를 손에 넣었고 곧이어 벌어진 마케도니아와의 전쟁에서도 승리함으로써 동부 지중해에 대한 지배권도 차지하게 된다. 이제야 비로소 지중해는 로마인의 바다가 된 것이

31　고대 로마군이 사용하던 길이 60cm 정도의 단검. 2차 포에니 전쟁을 거치면서 스키피오에 의해 로마군의 기본무기로 도입되었다.

다. 더불어 로마도 본격적인 제국의 길을 걷기 시작한다.

하지만 이런 결과를 만들어 낸 것은 결국 로마의 관용이었다. 적극적으로 패배자들에게 시민권을 나누어 주고 그들을 동료로 받아들인 로마의 역사가 위기에 처한 로마를 구한 것이다. 그리고 이 시민권 개방노선은 로마가 제국의 길을 걸음에 따라 더욱 확대되어 갔다. 라틴인들과 그리스인에 더해 갈리아인들이 로마시민이 되고, 북아프리카 원주민들이 원로원 의원이 되었으며, 스페인인들이 로마 황제가 되었다. 서기 193년에는 셉티미우스 세베루스가 새로운 황제로 즉위하는데 그는 최초의 북아프리카출신 황제였다. 다시 말해서 한니발의 나라인 카르타고의 혈통을 이어받은 사람인 것이다. 그의 어머니와 여동생은 심지어 라틴어는 한마디도 못하고 카르타고어만을 사용했다고 한다. 로마는 자신을 멸망직전까지 몰아넣은 적국의 후손조차 황제로 받아들일 수 있는 나라였던 것이다.

이 장을 마무리하기에 앞서 서기 48년 원로원에서 갈리아 코마타[32] 인들을 원로원에 받아들일 것인가에 대한 논쟁이 벌어졌을 때 클라우디우스 황제가 한 연설을 소개하고자 한다. 역사학자 황제라는 별칭을 가지고 있었던 이 황제의 연설을 통해 우리는 로마인들이 자신들의 개방적인 시민권 정책에 대해 어떤 생각을 가지고 있었는지를 살펴볼 수 있을 것이다.

"우리 조상들은 모든 능력 있는 자들을 이 도시로 받아들였던 그들의 정

---

32 "장발의 갈리아"라는 뜻이다. 율리우스 카이사르가 갈리아 전쟁을 통해 정복한 지역으로 지금의 벨기에, 프랑스 중부 및 독일의 일부지역을 지칭한다.

책에 따라서 이 나라를 다스리라고 저를 격려
합니다. 진실로 제가 알기에 율리우스 가
문은 알비롱가 출신이고, 코룬카니우스
가문은 카메리움 출신이고, 포르키우스
가문은 투스쿨룸 출신입니다. 또한 과거
에 대해서 너무 세밀하게 조사할 필요도
없는데 에트루리아와 루카니아 출신자들
이, 그리고 전이탈리아 출신들이 원로원

| **클라우디우스 황제** 로마 제국
의 제4대 황제(기원전 10~54년)

의원으로 중용되었습니다. 그리고 이탈리아의 영역도 알프스 산맥까
지 확대되었습니다. 그리하여 이탈리아 내의 모든 사람들, 모든 부족
들이 로마 시민권을 갖게 되었습니다…. 뛰어난 전쟁 능력을 갖고 있
던 아테네와 스파르타가 왜 멸망했습니까? 그들이 정복한 자들을 이방
인으로 배척하였기 때문이 아니겠습니까? 그들과 달리 로마의 창설자
이신 로물루스는 너무나 현명하셔서 여러 종족과 벌인 전쟁에서 승리
하면 그날로 정복한 자들을 동료 시민으로 받아들였습니다. 그래서 외
국인 출신으로 왕이 된 자도 있습니다. 많은 사람들이 잘못 생각하고
있듯이 우리가 정복한 땅의 자유민들의 자손들에게 공직을 부여하자
는 것은 갑작스럽게 이루어진 혁신이 아니라 유구한 우리나라의 보편
적인 관습입니다. … 정복당한 자들로 하여금 그들의 금과 자산을 로
마로 가져오게 하십시오."[33]

---

33 역사문화 연구 29집, p.299~300, 정기문 "로마는 어떻게 제국이 되었는가―로마인들의 인
식을 중심으로"에서 재인용

MON-
GOLIA II

세계제국 몽골

야만적인 유목민족에서 출발한 몽골은 어떻게 50년이라
는 짧은 기간에 세계를 정복할 수 있었을까? 아니 세계는
어떻게 몽골이라는 야만인들의 지배를 그토록 쉽게 받아
들일 수 있었을까?

몽골초원의 여름

2013년 여름에 처음으로 몽골을 방문했다. 몽골의 첫인상은 의외로 쾌적하다는 것이었다. 직접 가보면 여름의 몽골초원은 생각보다 쾌적하다. 몽골초원은 원래 1년 내내 거의 비가 오지 않지만 그래도 7, 8월 두 달 동안은 어느 정도 비가 오기 때문에 적당한 습기가 공기 중에 남아있다. 그림으로 그린 것 같은 구름과 태양이 빛나는 초원 위에 서 있으면 말 그대로 쾌적하다. 그 쾌적한 초원위에 부족한 것은 아마 사람 그림자일 것이다. 수십 킬로미터를 달려야 겨우 게르가 하나둘 나타난다. 사람 구경을 자주할 수 없기 때문인지 초원에서 만나는 몽골 사람들은 하나같이 친절하고 선량하다. 난생 처음보는 이방인을 반갑게 맞아주고 아이락[34]을 권한다. 여름 초원의 느낌을 표현하자면 쾌적하고 평화롭다고나 할까.

내가 자꾸 초원이 생각보다 쾌적하고 평화롭다는 말을 강조하는 이

---

34 마유주. 말의 젖을 발효해서 만든 술

유는 우리가 가지고 있는 유목민에 대한 선입견 때문이다. 몽골제국에 대해 이해를 하려면 무엇보다 유목민에 대한 선입견부터 없앨 필요가 있다.

모두들 알다시피 우리는 5,000년의 유구한 역사를 가지고 있는 정주민이다. 역사가 시작된 이래 정주민定住民은 항상 유목민에 대한 공포 섞인 편견을 가지고 있다. 무식하고, 잔인하며, 거칠고, 더럽다는 느낌이 유목민에 대한 솔직한 인상일 것이다. 반지의 제왕에 나오는 오크들의 이미지가 정주민들이 유목민에 대해 가지고 있던 이미지와 거의 흡사하지 않을까. 하지만 유목민들을 직접 만나보면 그들이 우리와 별로 다르지 않은 인간이라는 너무나 당연한 사실을 깨닫게 된다. 아니 외부인들에게 어떤 적의나 공포도 드러내지 않는다는 점에서 오히려 우리보다 더 인간적이라는 느낌이 든다. 그들의 선조도 당연히 그들과 같은 사람들이었을 것이다.

그런데도 왜 정주민들은 유목민에 대해 그런 공포 섞인 편견을 가지게 되었을까? 그 이유는 정주민이 유목민들을 만나는 순간은 항상 그들이 약탈자나 정복자로 등장했을 때 뿐이기 때문이다. 전쟁터에서 만난 유목민은 꿈에서도 만나고 싶지 않을만큼 잔인하고 무서운 존재들이다. 그런데 솔직히 전쟁터에서 잔인하지 않은 민족은 없다. 고구려에 쳐들어온 당나라의 군대와 고려에 쳐들어온 몽골 군대 중 어느 쪽이 더 잔인했다고 쉽게 단정할 수 있을까? 아마 단정할 수 없을 것이다. 사실이 이러함에도 불구하고 유목민에 대해 무식하고 잔인하기만 하다는 편견을 가지게 되면 결코 그들의 진면목을 이해할 수 없게 된다. 이런 편견을 가지고 유목민의 역사를 기술하기 시작하면 다음과 같은 뻔한

| **몽골 유목민**

도식에 빠지게 된다. "무식하고 힘만 센 야만민들이 잔인하게 농경민
족을 침략해서 착취하다가 쾌락에 빠져서 힘을 잃고 결국 쫓겨났다."

하지만 진실은 그렇게 단순하지 않다. 그러니 부디 유목민에 대해 편
견 없는 눈을 가지고 이 글을 읽어주기 바란다. 몽골제국의 군대는 결
코 오크들의 무리가 아니다.

몽골제국의 유럽침공

1235년 여름, 건설된지 채 5년도 되지 않은 몽골제국의 수도 카라코룸에서는 쿠릴타이[35]가 열리고 있었다. 칭기즈칸이 사망한 이후 중단된 정복전쟁의 재개를 위해 개최된 이 회의에서는 어느 방향으로 정복전쟁을 시작할 것인가를 두고 격론이 벌어지고 있었다. 당시 몽골제국이 침공 가능한 방향은 대체로 4곳이었다. 우선 가장 가까운 남송南宋이 있었다. 지리적으로도 가까울 뿐 아니라 당시 세계에서 가장 풍요로운 지역이었던 남송은 몽골제국에 안정적인 부와 영광을 안겨줄 것이었다. 두 번째 침공 후보지는 인도였다. 지난 번 정복 전쟁 때 몽골군은 아프가니스탄까지 진군한 바 있다. 한걸음만 더 나가면 인도였다. 인도의 풍요로움에 대한 소문도 남송 못지 않았다. 세 번째 후보지는 지금 우리가 중동이라고 부르는 서남아시아였다. 이 지역은 칭기즈칸 생전에 이란까지 정복했었다. 이미 전투를 해본 지역이고 다음 번에 싸운다

---

35 몽골제국의 여러 왕족과 장수들로 구성된 족장 회의. 칸(khan)의 추대, 전쟁의 결정, 법령 따위의 중요한 사항을 협의하였다.

해도 얼마든지 승리할 수 있다는 자신이 있었다. 거기다 이 지역은 13세기에는 세계에서 가장 선진문명을 자랑하는 곳이기도 했다. 마지막 후보지는 유럽이었다. 당시로서는 가장 먼 곳이었고 가장 낯선 곳이었다. 정보가 가장 부족하기는 했지만 그 때문에 오히려 뭔가 새로운 부의 원천이 있지 않을까 하는 기대가 있기도 했다. 회의결과에 따라 향후 세계지도가 다시 그려질 회의였던 셈이다.

그때 칭기즈칸의 가장 훌륭한 장군 중 하나였던 수베데이[36]가 유럽침공을 강력하게 주장했다. 사실 수베데이는 칭기즈칸이 살아있던 1221년 소규모의 군대를 이끌고 이곳을 공격해본 경험이 있었다. 호라즘 제국을 멸망시키고 술탄을 추격하던 제베와 수베데이는 술탄이 죽자 칭기즈칸에게 새로운 요청을 했다. 계속 북서쪽으로 진격해서 그곳에 무엇이 있는지 알아보고 싶다고 한 것이다. 칸은 이들의 요청을 허락했다. 제베와 수베데이는 그루지아를 공략하고 곧이어 동유럽의 평원지대에서 러시아군을 간단하게 몰살시킨 후 크림반도까지 진출했다. 그때 수베데이는 크림반도에 진출해 있던 제노바 상인들을 통해 동유럽 각지에 제법 많은 수의 도시가 있다는 정보를 얻은 모양이다. 이 경험을 바탕으로 수베데이는 유럽지역이 다른 지역

| **수베데이** 유럽을 겁에 질리게 만든 칭기즈칸의 오른팔 수베데이

36 칭기즈칸 최고의 심복인 사준사구(四駿四拘, 네 마리의 준마와 네 마리의 충견)의 한 사람. 젤메, 제베, 쿠빌라이와 함께 사구로 불리웠다.

못지 않게 풍요로우며 전투에서도 간단하게 제압할 수 있을 것이라며 유럽공략을 주장했다. 수베데이의 주장에는 칭기즈칸의 장남 주치北赤의 아들이었던 바투[37]가 적극 동조했다. 몽골제국의 가장 서쪽지역에 영지를 가지고 있었던 주치집안으로서는 서쪽으로의 영토확대가 곧 자신들의 영지확대로 돌아올 가능성이 가장 높았기 때문이다. 하지만 대칸 우구데이는 같은 이유 때문에 오히려 자신의 직할지와 가까운 남송침공을 염두에 두고 있었다. 남송침공을 원하는 쪽과 유럽침공을 원하는 쪽이 첨예하게 대립하자 쿠릴타이에서는 양자를 절충하는 결론이 내려졌다. 군대를 둘로 나누어 양쪽을 동시에 공격하는 것이었다. 결국 동과 서로 약 8,000km가 떨어진 역사상 가장 넓은 전선이 만들어지게 된다. 이 정도 멀리 떨어진 전선을 한꺼번에 감당할 수 있는 나라는 20세기 후반에 미국이 등장하기 전까지는 오직 몽골제국 뿐이었다.

　몽골군을 연상할 때 우리는 대몽항쟁에 대한 과장된 이미지 때문에 병력이 100만 명은 가볍게 넘을 것처럼 생각하지만 실제 몽골군은 규모가 매우 적었다.[38] 대부분의 경우 적군보다 적은 숫자로 전투에 나서기 일쑤였다. 칭기즈칸이 사망할 무렵의 기록을 보면 몽골군의 전체 병력규모가 약 10만 정도였다고 한다. 우구데이의 시절에도 규모는 비슷했다. 이 10만을 둘로 나누었으므로 유럽원정군과 남송원정군은 각각 5만 정도였을 것이다. 이 5만 명의 몽골 주력군에 동맹국 병사들이 더해진 것이 몽골원정군의 전체 병력이었다. 이듬해인 1236년 말 유럽

37　칭기즈칸의 손자. 칭기즈칸의 장남인 주치의 아들. 위대한 혹은 훌륭한 자라는 뜻을 가지고 있다. 참고로 황산대첩에서 이성계가 물리쳤던 왜장 아기발도의 발도는 이 바투의 음차이다.
38　고려사의 기록을 보면 몽골의 고려침략 당시 병력도 5차 침략시의 약 5천 명이 최대였다고 한다.

원정군의 본대가 카라코룸을 떠나 6,000km가 넘는 원정길에 나섰다.

몽골군이 유럽을 향해 진격해 오자 그 사정권에 들어온 동부유럽과 발트해 연안국가들로 공포가 번지기 시작했다.

"영국 역사를 보면 흥미로운 이야기가 있습니다. 1238년 한 역사가가 기록한 내용으로 그는 영국 남부의 작은 마을에서 지내면서도 몽골에 대해 알고 있었습니다. 영국 동부해안에 위치한 그레이트 야머스는 많은 양의 청어를 어획합니다. 그리고 매년 발트해 연안 국가들은 영국을 찾아 이 청어를 구입하여 고향으로 가져가 판매합니다. 하지만 그 역사가가 기록한 바에 따르면 1238년 발트해에서 청어를 사기 위해 온 범선은 없었습니다. 발트해 국가들이 몽골군이 곧 들이닥쳐 여자들을 잡아가고 지역을 초토화시킬 것이라 믿어, 감히 떠날 생각을 못했기 때문입니다. 즉, 몽골군에 대한 두려움으로 인해 영국 역시 경제적인 어려움을 겪게 된 것이죠."[39]

크고 작은 도시들을 정복하며 서진을 계속하던 몽골군이 동유럽 최대의 도시였던 키예프에 도착한 것은 1240년 11월이었다. 그때까지 몽골군은 항상 똑같은 방식으로 전쟁을 해오고 있었다. 먼저 공식사절을 보내 항복을 요구한다. 항복해서 몽골가족의 일원이 되고 대칸의 신하가 되라는 요구였다. 상대가 동의하면 도시는 살아남고 지배자들도 그대로 인정되며 종교의 자유도 보장된다. 하지만 대부분의 도시는 낯선 침입자들에 대해 적개심을 드러냈다. 곧 공격이 시작되었고 저항하던 도시가 함락되면 끔찍한 학살이 시작되곤 했다. 키예프에 대한 공방전

---

[39] 프란시스 우드(대영박물관 아시아 담당관) 인터뷰 중에서

도 마찬가지였다. 몽골군이 사절을 보냈지만 사절은 처형되어 성 밖으로 내던져졌다.

당시 몽골군이 유럽지역의 성을 공격하던 전형적인 방식은 다음과 같았다. 몽골군은 우선 인부들을 동원하여 성을 감싸는 거대한 목책을 만들기 시작한다. 다양한 피정복민으로 구성된 이들 공사인부들은 각국의 최신기술을 이용하여 단기간에 목책으로 성을 포위했다. 거대한 목책으로 도시가 포위되면 대부분의 시민들은 공포에 휩싸일 수 밖에 없다. 곧이어 몽골군은 유럽인들이 본적도 들어본 적도 없는 포격전을 시작한다. 몽골군은 최신식 투석기를 이용해서 불이 붙은 나프타 단지, 화약과 유황 등이 뒤섞인 불덩이들을 쉴새 없이 도시 안으로 집어던졌다. 도시는 불길과 매캐한 연기로 가득찼다. 이 불덩이들은 엄청난 공포를 유발시켜서 유럽인들로 하여금 몽골군이 용도 훈련시켜서 다닌다는 소문을 믿도록 했다. 키예프도 아마 동일한 과정으로 전투가 진행되었을 것이다. 혼란과 아우성 속에 키예프인들의 저항의지도 확연히 꺾였고 키예프는 결국 한 달도 버티지 못한 채 함락되었다. 1240년 12월 6일이었다.

키예프가 함락됨으로써 동부유럽에 대한 몽골의 작전은 일단락 되었다. 지금의 우크라이나와 러시아 전역이 몽골의 수중에 들어온 것이다. 키예프를 정복한 수베데이와 바투는 군대를 둘로 나누어 중부유럽으로 진격하기 시작했다. 첫번째 부대는 좀 소규모로 약 2만 정도였다. 이들의 공격목표는 폴란드와 독일이었다. 두 번째 부대가 주력군인데 병력은 좀 더 많아서 약 5만 정도였다. 이들의 목표는 헝가리를 거쳐 빈으로 쳐들어가는 것이다. 첫 번째 부대의 진정한 목표는 사실 정복은 아니었다. 주력군인 헝가리 침공군이 좀 더 용이하게 활동할 수 있도록 독일과 폴란드 지역으로부터의 원군을 차단하는 것이 목적이었다. 하지만 양동작전이 목적이었던 독일 및 폴란드 침공군도 단순히 양동작전 이상의 전과를 올리기 시작했다.

중세 폴란드의 중심도시는 크라코프다. 오래된 역사만큼이나 많은 유적지와 볼거리를 가진 도시지만 그중에서도 지금도 관광객들에게 인기를 끄는 행사는 성 마리아 성당에서 울려퍼지는 경고 나팔이다. 이 경고 나팔은 한 시간마다 울리는데 재미있는 것은 꼭 중간에서 갑자기 뚝 끊어진다는 것이다. 몽골 침공 당시 크라코프의 나팔수가 경고나팔을 불다가 몽골군의 화살에 맞아 나팔을 끝까지 불지 못한 일을 기념하기 위해서이다. 이 크라코프를 공격한 몽골군이 바로 1241년의 소규모 몽골군 파견대였다. 크라코프도 키예프와 같은 운명에 처해졌다. 저항했지만 한 달을 버티지 못하고 함락된 것이다.

물론 폴란드와 독일의 기사들도 맥 놓고 당하기만 한 것은 아니었다. 곧 슐레지엔 영주 하인리히 2세를 중심으로 3만의 병력이 집결했다. 이들 중에는 당시 유럽 최강이라고 불리던 튜튼 기사단[40]도 포함되어 있었다. 요한 기사단, 템플 기사단과 함께 예루살렘을 수호하던 3대 기

---

40 십자군 전쟁때 예루살렘을 지키기 위해 조직된 기사단. 요한 기사단, 템플 기사단과 함께 3대 기사단으로 불리운다. 정식명칭은 '예루살렘의 성모 마리아를 위한 튜튼 기사단'(Orden der Brüder vom Deutschen Haus St. Mariens in Jerusalem). 독일인을 중심으로 북유럽과 동유럽계 게르만족 기사로 구성되어 '독일 기사단'이라고도 불린다. 초기에는 성지 예루살렘과 주변 지역에서 활동했으나, 1211년 트란실바니아로 이주, 쿠만족의 침입을 받고 있던 헝가리를 구원한다. 이후 1233년 현 동부 독일에서 폴란드 서부인 프로이센으로 진출, 이 지역의 기독교도들을 규합하여 이교도를 격퇴하는 임무를 맡아 이교도 원주민을 복속시키고 독일 동부 농민들을 이주시키는 역할을 했다.

사단 중 하나인 튜튼 기사단은 당시 독일로 귀환해 있었는데 주로 발트해 연안지역을 근거지로 삼고 있었고 당연히 이 지역을 위협하는 몽골군과의 전투에 참여했다. 몽골군과 하인리히 2세 휘하의 독일, 폴란드 연합군의 전투는 현재 독일과 폴란드의 국경근처에 있는 레그니차에서 벌어졌다. 결과는 참혹했다.

"몽골군은 달리면서 검을 휘두르고 활을 쐈습니다. 기사들은 좌우로 픽 픽 쓰러졌습니다. 후방에 대기하고 있던 소작농들을 상상해보세요. 이들은 모두 보병입니다. 전방에서 무슨 소리는 들리는데 무슨 일인지 볼 수가 없습니다. 갑자기 연기가 화살이 되어 날아듭니다. 몽골군은 개개인을 쏘지 않고, 특정한 장소를 목표로 살상 구역kill zone을 정했습니다. 모든 화살이 한 곳에 집중되었습니다. 명적鳴鏑41을 이용해 확인했을 겁니다. 모든 것이 조용한데 큰 휘파람 소리가 다가와서 휙 하고 지나갑니다. 그리고 갑자기 하늘이 화살로 어두워집니다. 모두 땅에 거꾸러집니다. 몽골군의 화살은 갑옷을 관통했습니다. 몇몇은 갑옷을 뚫지 않고 상처를 내는 넓은 칼날을 사용했습니다. 옆에 있던 기사가 자상을 입자 피가 뿜어져 나옵니다. 피 흘리는 동료의 모습을 보면서 사기가 꺾였습니다. 이 상황에서 몽골군은 연막으로 보호받고 있었기 때문에 커다란 사냥 원진을 만들며 동그랗게 돌기 시작했습니다. 모든 사람을 (마치 사냥감처럼) 이 가운데 몰아넣습니다. 레그니차의 병사 중에 이 공격에 살아남은 이들은 거의 없습니다. … 나중에 몽골군은 돌아다니며 한쪽 귀를 잘랐습니다. 이것으로 죽인 전사자 수를 셉니다. 항상 한쪽 귀를 잘랐습니다. 어떤 전투든지 많은 사람을 죽인 척

---

41 우는 화살. 큰소리를 내면서 날아간다.

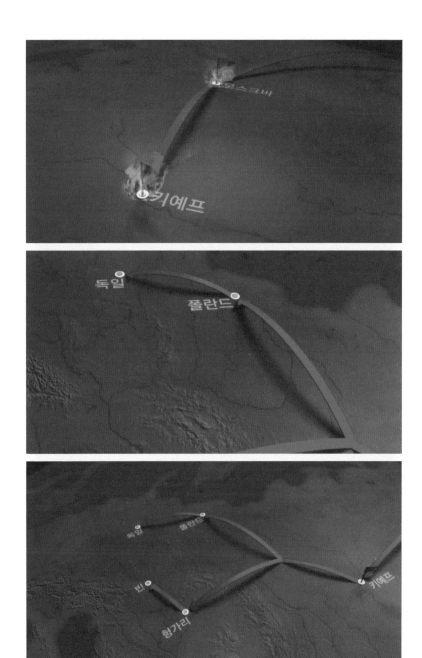

| 몽골군의 유럽침공로

하지 못하게 양쪽 귀를 자르지 않았습니다. 죽이고 나면 귀 한쪽을 남겨둡니다. 이 전투에서 몽골군은 9자루를 귀로 채웠습니다. 하인리히도 전장에서 숨을 거뒀습니다."[42]

몽골군이 가진 잔인하고 야만적인 이미지 때문에 우리는 몽골인들이 전쟁터에서 죽음을 두려워하지 않고 공격할 것이라고 생각하지만 사실은 전혀 달랐다. 몽골군은 죽음을 두려워 했다. 일단 몽골군은 숫자가 너무 적었다. 전체를 다 모아봐야 겨우 10만인 것이다. 이 숫자를 가지고 세계 모든 나라와 싸운 것이다. 죽음을 두려워하지 않고 무모하게 돌격하다가 희생이 커지면 세계정복은 오히려 불가능했다. 따라서 몽골군은 최대한 아군의 피해를 줄이기 위해 노력했다. 결정적인 순간이 아니면 정면공격 따위는 하지 않았다. 대신 강력한 관통력을 가진 활을 이용했다. 초원에서의 사냥법을 그대로 응용하여 적군을 함정으로 몰아넣고 적중률 높은 화살 공격을 퍼부었다. 이 공격으로 적군의 기가 꺾이고 혼란에 빠지면 유목민 특유의 곡도[43]를 휘두르며 달려들었다. 일단 기가 꺾인 군대는 더이상 군대가 아니다. 레그니차에서도 몽골군은 이런 전술을 이용해 유럽의 기사들을 몰살시킨 것이다.

며칠 후 같은 상황이 헝가리에서도 되풀이 되었다. 차이가 있다면 이번엔 좀 더 대규모였다는 점이다. 이 헝가리에서의 전투는 몽골의 유럽 침공에서 가장 대규모의 전투였고 또 몽골군이 가진 전술적 능력을 유감없이 보여주는 전투였던 만큼 좀 자세히 살펴보겠다.

42   티모시 메이(≪몽골병법≫ 저자) 인터뷰 중에서
43   활처럼 휜 칼. 말 위에서는 찌르기 공격보다 베기 공격이 유리하기 때문에 베기 공격을 반복할 수 있도록 칼날 쪽이 둥글게 만들어졌다.

독일에서 튜튼 기사단이 몰살당하고 있던 1241년 4월초에 몽골 주력 군이 헝가리 평원에도 모습을 드러냈다. 중부유럽에서 가장 넓은 평원을 가지고 있는 헝가리에서 몽골군은 아마 고향에 온듯한 편안함을 느꼈을 것이다. 헝가리의 왕 벨라 4세도 몽골의 침입을 이미 예상하고 있었다. 몽골군이 동유럽을 휩쓸고 오는 과정에서 도망친 피난민들이 중부유럽으로 몰려들었기 때문이다. 중세유럽에서 가장 강력한 군사강국 중 하나였던 헝가리인 만큼 몽골군에게 호락호락 당할 생각은 없었다. 벨라 4세 휘하에 10만의 헝가리군이 몰려들었다. 몽골군은 헝가리 각지를 서서히 약탈하면서 전진하다가 다뉴브강 근처에서 헝가리군을 만나게 되었다. 다뉴브강이라는 천연의 요새를 배경으로 주둔한 헝가리군은 지리적으로도 몽골군에 비해 유리한 상태였고, 숫자도 2배 정도 많았다. 사령관인 수베데이와 바투는 곧장 퇴각명령을 내렸다. 물론 적을 유리한 위치에서 끌어내기 위한 위장 퇴각 전술이었다.

이런 위장 퇴각 전술은 러시아와 폴란드 등에서도 수차례 위력을 발휘한 바 있다. 보통 몽골군은 강력한 적군을 만나면 소규모 전투만을 되풀이하면서 후퇴를 거듭했다. 이들은 전원이 기병이었기 때문에 별다른 피해를 입지 않고 원하는 지점까지 후퇴할 수 있었다. 그렇게 몇일 동안 적군을 끌고 다니면서 적이 지치고 전열이 흐트러지기를 기다렸다. 그러다가 전투에 적합한 지형이 나타나면 몽골군은 순식간에 말머리를 돌려 전투대형을 펼쳤다. 전투가 벌어지면 몽골군을 추격하느라 많이 지칠 수 밖에 없었던 적군은 힘 한번 제대로 쓰지 못하고 패배하곤 했다.

아마 헝가리군도 동유럽 피난민의 증언을 통해 몽골군의 위장 퇴각 전술에 대해서도 어느 정도 알고 있었을 것이다. 하지만 그런 사전정보에도 불구하고 몽골군이 퇴각하자 헝가리군은 몽골군을 추격하기 시작했다. 헝가리군도 나름대로 준비한 것이 있었기 때문이다. 전쟁용 마차였다. 평원에서 일단 전투가 벌어지면 견고하게 만들어진 전쟁용 마차를 둥글게 배치해서 요새를 만들어 저항할 생각이었다. 만약 몽골군이 돌격전을 장기로 하는 중무장 기병부대였다면 말의 돌격능력을 약화시킬 이 전투용 마차는 상당한 효과를 발휘했을 것이다.

쫓는 헝가리군과 쫓기는 몽골군 간에 숨막히는 추격전이 6일 동안 펼쳐졌다. 1부의 칸나이 전투에서도 그랬지만 쫓아가는 쪽은 자신들이 주도권을 잡고 있다고 생각했다. 다만 이상한 점은 도망가는 몽골군이 좀처럼 꼬리를 잡히지 않는다는 것이지만 이것도 결국 시간문제일 뿐이라고 치부되었다. 몽골쪽의 수베데이와 바투는 6일간 퇴각하다가 모히평원에서 전투하기에 이상적인 지형을 만났다. 그러자 몽골군이 말머리를 돌려 전투대형을 갖추기 시작했다. 6일간의 추격으로 많이 지친 상태였던 헝가리군도 그들이 준비한 방식대로 전투를 준비했다.

"이들(헝가리군)은 유목민에 대해 잘 알고 있었기 때문에 (하인리히 2세보다) 더 뛰어난 전투 계획을 갖고 있었습니다. 이들의 계획은 들판에서 몽골군과 접전하는 게 아니었습니다. 방어할만한 장소를 찾아 몽골군을 억누르고 공격을 막아낼 계획이었습니다. 또한 마차를 이끌고 왔습니다. 마차를 원진으로 꾸려 요새로 만들고, 몽골군에 맞서 아군을 보호하기 위한 움직이는 요새로 이용했습니다.

몽골군은 (전투를 위해) 이동하면서 모히평원 옆에 있는 사조강에 도달했습니다. 물살이 빠르고 깊었기 때문에 강을 건널 수 없었습니다. 건널 수 있는 다리 하나가 있었습니다. 여기서 몽골군과 헝가리 방어군의 첫 번째 전투가 벌어졌습니다. 몽골군은 실제로 활뿐 아니라 투석기를 이용했습니다. 지금은 이를 이동 탄막사격[44]이라고 부릅니다. 방어군에 돌과 투석 무기를 쏘아 보내면서 보호를 받으며 이동합니다. 결국 헝가리군이 다리에서 후퇴하게 만들었습니다. 몽골군은 전투에서 항상 가능한 한 적군을 둘러싸는 사냥 원진을 이용하려고 했습니다. 이번에도 결국에는 (적군을) 동그랗게 둘러쌉니다."[45]

바투가 지휘하던 몽골군은 헝가리군을 둘러싸고 화살을 날리기 시작했다. 몽골군의 화살은 높은 살상능력을 자랑했다. 그런데 헝가리군에게 날아든 것은 화살만이 아니었다. 나프타, 화약, 불 붙은 기름 등이 뒤섞인 수수께끼의 불덩이들이 헝가리군의 원형 요새 안으로 날아들었다. 수수께끼의 불덩이와 연기속에 헝가리군도 공포에 빠지기 시작했다. 요새화된 마차의 뒷쪽에 있었기 때문에 헝가리군은 이 불덩이들이 어디서 날아오는지 알 수가 없었다. 용龍도 훈련시켜서 데리고 다닌다는 소문이 꼭 소문만은 아닌 것처럼 느껴졌다. 공포와 혼란 속에서 헝가리군 일부가 몽골군의 포위망에 빈틈이 있다는 것을 발견했다.

"몇몇이 틈을 이용해 빠져나갔습니다. 더 많은 사람이 따라했습니다. 곧 모두가 틈을 통해 도망쳤습니다. 문제는 이것이 함정이었다는 것입니다. 몽골군이 틈을 남겨둔 이유가 있었습니다. 마차 요새를 급습하

---

44 포병이 아군의 이동속도를 고려하여 아군보다 약간 앞부분에 포격을 가함으로써 적군이 아군공격부대를 공격하지 못하도록 하면서 아군을 전진시키는 방법
45 티모시 메이(《몽골병법》 저자) 인터뷰 중에서

| 헝가리군을 동그랗게 둘러싼 몽골군

는게 매우 어렵기 때문입니다. 포위 공격용 장치가 있다고 해도 헝가리군이 맞설 것이고, 이는 요새화되어 있습니다. 이는 서양식 포장마차와 달랐습니다. 화살을 막는 두꺼운 나무 벽이 있었습니다. (돌격을 위해서는) 마차 몇 대를 부숴야만 하는데 이들은 서로 묶여있습니다. 마차 한 대만 빼낼 수가 없습니다. 그래서 몽골군은 돌격을 원치 않았습니다. 헝가리군의 우수성에 관해 들어봤기 때문입니다. 모두 도망치려 하자, 몽골군이 공격을 결정했습니다. 왜냐하면 퇴각하거나 도망칠 때는 방패 같은 여러 무기를 챙기지 않기 때문입니다. 도망치는 사람은 무기를 없애고 싶어 합니다. 무거워서 도망치는 속도를 늦추니까요. 또한 도망칠 때는 방어할 수가 없습니다. 죽이기 더 쉬워집니다. 몽골군은 정확히 급습해서 화살을 날리고 적을 쓰러뜨렸습니다."[46]

그래도 일부는 평원 끝에 있는 숲 속으로 도망치는데 성공했다. 숲

46 티모시 메이(≪몽골병법≫ 저자) 인터뷰 중에서

| 활과 투석기로 헝가리군을 공격하는 몽골군

속으로 도망친 헝가리군은 아마도 안도의 한숨을 내쉬었을 것이다. 하지만 숲 너머에는 사령관 수베데이의 몽골군이 기다리고 있었다. 숲을 나서자 마자 기다리고 있던 몽골군이 맹렬한 공격을 퍼부었다. 헝가리군은 마치 사냥원진에 갇힌 사냥감처럼 학살당하기 시작했다. 극소수의 생존자만이 모히평원을 벗어날 수 있었다.

헝가리왕 벨라 4세도 이런 생존자 중 하나였다. 벨라 4세는 어느 정도 거리를 벗어나면 아마 전열을 정비할 생각이었을 것이다. 하지만 몽골군은 그런 여유를 허락하지 않았다. 마치 벼락처럼 헝가리군의 생존자들을 추격하기 시작했다. 한 기록에 따르면 벨라 4세는 헝가리를 벗어나 크로아티아의 스플리토까지 쉬지 않고 도망쳐야 했다. 잠시라도 멈추면 몽골군이 득달같이 뒤쫓아 왔다. 결국 그는 스플리토에서 배에 올라 아드리아해로 도망침으로써 몽골군의 추격에서 벗어날 수 있었다. 오직 바다 위에서만 몽골군으로부터 안전할 수 있었던 셈이다.

| 숲 너머에 기다리고 있던 몽골군이 도망친 헝가리군을 공격

"그동안 부다Buda와 페스트Pest는… 당시에는 한 도시가 아니라 강을 따라 두 도시로 나뉘어 있었습니다. 이틀 후에 몽골군이 도착한다는 소식을 들었습니다. 무장하고 방어할 준비를 시작했습니다. 하지만 몽골군은 예상보다 훨씬 빨리 나타났습니다. 이동 속도가 매우 빠르기 때문입니다. 진격할 때 몽골군은 말을 타고 하루에 160km를 움직였습니다. 상상도 못 하는 일이었죠. 심지어 제2차 세계대전 때도 보통 군대는 하루에 약 30~50km밖에 이동할 수 없었습니다. 하지만 기병이었던 몽골군은 그보다 훨씬 빨리 움직였습니다. 부다와 페스트가 무너지고 약탈이 일어났습니다. 헝가리 전 지역이 파괴되었습니다. 농부들은 살림을 버리고 숲 속으로 숨었습니다. 왈라치아Wallachia 그러니까 지금의 트란실바니아Transylvania에서 학살이 벌어졌습니다. 몽골군은 세르비아와 크로아티아에도 나타났습니다. 전 유럽이 공격에 직면해 모두가 공포에 떨었습니다."[47]

47   티모시 메이(≪몽골병법≫ 저자) 인터뷰 중에서

몽골군이 폴란드와 헝가리를 휩쓸기 시작한지 얼마 후 유럽 전역에 일식이 일어났다. 1241년의 이 일식은 유럽인들에게 세계의 종말을 예고하는 징조로 받아들여졌다. 정체를 알 수 없는 공포스런 침략자들과 일식의 결합은 중세 유럽인들의 특징 중 하나인 우울한 상상력을 마구 자극하기 시작한 셈이다. 동부유럽과 중부유럽에서 몽골군을 피해 도망쳐온 피난민들은 이들의 우울한 상상력에 더욱 부채질을 하는 소문을 가지고 왔다. 몽골군이 진짜 악마들이라는 소문이었다. 당시 몽골군에 대해 프랑스와 영국에서 떠돌던 소문들은 대체로 이런 것이었다.

"그들은 지옥에서 온 식인종들로 전투가 끝난 뒤에는 시체를 먹고 뼈만 남기는데, 독수리들조차 그 뼈는 천하다고 쪼지 않는다."

"몽골군은 노파를 먹는 것을 즐기며 기독교 처녀들을 발견하면 죽을 때까지 윤간한 후 처녀의 젖가슴을 잘라 보관했다가 두목에게 진상했다."

인간은 너무 압도적인 좌절을 맛보면 그 상황을 정당화하기 위해 초자연적인 설명에 의존하게 된다. 따라서 이런 초자연적인 소문들은 오히려 압도적인 패배로 인해 공황상태에 빠진 유럽인들에겐 자신들이 당한 패배에 대한 합리적인 설명으로 여겨졌다.

"그렇다. 이것은 우리의 불신과 죄악에 대한 신의 처벌인 것이다."

신의 처벌이라는 초자연적인 설명이 더해지자 소문은 더 자극적인 소문을 낳고 몽골군에 대한 공포를 더욱 확산시켰다. 그런데 흥미로운 것은 몽골군이 이런 과장된 소문을 오히려 조장했다는 것이다.

"그 이유는 다른 침략지에 본보기로 남겨 몽골군에 저항하지 않도록 하기 위한 것이었습니다. 의도적으로 잔혹한 행위를 알리고 사람들이 몽골군이 얼마나 잔인하고 무자비한지 소문을 퍼뜨리도록 조장하였습니다. 실제로 사람들은 몽골군에 저항하지 않았으며, 장기적으로 봤을 때 오히려 더 많은 사람들이 목숨을 구할 수 있게 되었습니다. 칭기즈칸은 이런 심리술에 통달하였습니다. 몽골족의 수가 많지 않다는 점을 인지하고 있었기에 칭기즈칸에겐 그들의 목숨을 앗아갈 수 있는 전투를 벌일 여력이 없었습니다. 따라서 칭기즈칸은 몽골군의 무자비하고 잔학하다는 평판을 이용한 것입니다. 과장되기도 하였지만 몽골군에 대한 끔찍한 소문들은 널리 퍼졌고, 사람들은 단 한번 싸워보지도 않고 항복을 하기도 했습니다."[48]

1241년 겨울이 다가오자 빈이 위협받기 시작했다. 몽골의 정찰병들이 다뉴브 강변에 모습을 드러낸 것이다. 전투에 부적합한 겨울이라는 점은 전혀 위안이 되지 않았다. 몽골군은 오히려 겨울에 더 적극적으로 군사행동을 벌였기 때문이다. 겨울에는 강이 얼어서 말을 타고 손쉽게 강을 건널 수 있다. 전격작전에 오히려 유리했던 것이다. 그리고 중부유럽의 추위쯤은 영하 40도를 오르내리는 몽골초원의 추위에 비하면 아무것도 아니었다. 1241년 헝가리가 무너진 상황에서 몽골군과 싸울 수 있는 전력을 가진 존재는 중부유럽에서는 기껏해야 오스트리아 대공인 프리드리히 정도만이 남아있었다. 빈이 무너진다면 바로 프

48　조지 레인(런던대학교 아시아. 아프리카 연구소) 인터뷰 중에서

| 최후의 심판 The Last Judgment by Michelangelo

랑스가 위험에 빠지게 될 것이다. 빈과 파리에서는 부산하게 대책회의가 열렸고 뒤늦게 몽골인들에 대한 정보를 수집하기 위해 동분서주 하기 시작했다.

공포와 절망 속에 1241년의 겨울이 지나고 1242년 봄이 왔다. 서유럽의 왕들은 초초하게 몽골군의 다음 행로에 대한 정보를 기다리고 있었다. 그런데 도저히 이해할 수 없는 일이 일어났다. 갑자기 몽골군에 대한 소식이 뚝 끊긴 것이다. 1242년초의 몇달 동안 몽골군이 마치 썰물 빠지듯이 중부유럽으로부터 물러나 버렸다. 어떤 전투도 없었고 어떤 외교적 교섭도 없었다. 말 그대로 갑자기 사라진 것이다. 처음에 유럽인들은 도무지 이해할 수 없는 상황전개에 어리둥절해 했다. 하지만 신앙심 깊은 중세인들이었던 만큼 곧 적당한 해답을 얻고 마음의 안정을 되찾았다.

"신이 우리의 죄를 벌주시고 이제 그 채찍을 거두신 것이다."

유럽 곳곳에서 신에게 감사기도를 드리는 미사가 열렸다. 그리고 더 이상의 죄악이 발붙이지 못하도록 하기 위한 피의 속죄가 시작되었다. 자신들을 이토록 커다란 고통 속으로 몰아넣은 것은 바로 "유대인들의 극도의 사악함" 때문이라는 것이 속죄의 명분이었다. 런던에서부터 로마에 이르기까지 수많은 유대인들이 화형대로 끌려나왔다. 유럽인들은 자신들을 실제로 공포에 빠트린 무시무시한 적 몽골인들을 물리칠 수는 없었지만 자신들이 상상해낸 내부의 적인 유대인들을 벌줌으로써 마음의 평화를 되찾을 수 있었다.

| **지옥불 형벌(최후의 심판)**
Moses and the Golden Calf

그런데 정말로 몽골군은 어디로 간 것일까? 1242년 봄에 몽골군에게
는 무슨 일이 벌어진 것일까?

"몽골이 유럽에서 갑자기 퇴군한 것은, 이들이 정복자의 입장에서 다시
몽골인으로 돌아간 것을 의미합니다. 대칸이 서거하였기 때문에 몽골
군은 완전히 철수하여 고향으로 돌아가야만 했습니다. 이는 몽골 역
사의 굉장히 흥미로운 현상입니다. 페르시아 만에서 헝가리, 중국까
지 이르는 방대한 영토를 지배하다가도, 칸이 사망하면 무조건 고향
으로 돌아와 다음 칸을 선출하기 위한 부족회의(쿠릴타이)에 참석해야
만 합니다. (피정복민의 입장에서는) 몽골군이라는 끔찍한 존재가 순식
간에 사라지는 겁니다. 아마 빈의 성문까지 치달았던 몽골군이 갑자기

우구데이 칸 몽골제국 2대 대칸 태종(1185~1241). 태조 칭기즈칸의 셋째 아들.

사라진 것을 보고 사람들은 어리둥절했을 것입니다. 물론 말을 타고 몽골군이 다시 오진 않을까 두려워했겠지만, 그들은 돌아오지 않았습니다."⁴⁹

1241년 12월 11일, 몽골제국의 두 번째 대칸이었던 우구데이가 서거했다. 당시 몽골제국에서는 쿠릴타이라는 부족회의에서 일종의 선거를 통해 대칸을 뽑았다. 물론 쿠릴타이에서 대칸에 선출될 수 있는 사람은 반드시 칭기즈칸의 직계혈통인 황금씨족이어야 했지만 어쨌든 선거는 선거인 것이다. 따라서 유럽원정에 참여한 장군들과 칭기즈칸의 자손들은 유권자이면서 동시에 후보자이기도 했다. 더군다나 유럽원정군을 이끌던 바투는 칭기즈칸의 장남 주치의 아들로 다음 대칸이 될 후보자 중 하나였으므로 서둘러 귀국할 필요가 있었다. 이것이 몽골군이 느닷없이 유럽에서 철군한 진정한 이유였다.

덧붙이자면 이번 유럽원정은 기대와 달리 전리품이 매우 적었다. 페르시아나 인도 대신 공격해온 것이므로 몽골군은 그에 상응하는 전리품을 기대했을 것이다. 하지만 유럽은 너무 가난했다. 유럽원정에서 획득한 가장 값비싼 전리품이 헝가리왕의 천막이었다. 한마디로 더 이상 원정을 계속할 가치가 없었던 것이다. 그 후 몽골군은 두 번 다시 유럽

---

49 프란시스 우드(대영박물관 아시아담당관) 인터뷰 중에서

으로 눈길을 돌리지 않았다.

몽골의 입장에서는 별로 소득이 없었던 별 볼일 없는 원정으로 끝난 셈이지만 유럽인들의 입장은 전혀 달랐다. 그들로서는 이전에는 상상도 할 수 없는 공포의 순간이었다. 몽골의 침입 이전에도 유목민의 공격을 전혀 받아보지 않은 것은 아니었다. 헝가리인들도 따지고 보면 유럽에 흘러들어온 아시아계 유목민의 후손이다. 불가리아 역시 유럽에 침입한 유목민들이 정착한 나라다. 하지만 이번 몽골군은 이전의 침입자들과는 완전히 달랐다. 몽골군은 유목민의 특기인 평야에서의 전투에만 강한 것이 아니었다. 높은 성벽으로도 몽골군을 막을 수 없었다. 성을 공격하는 능력에서도 몽골군은 세계 최강이었던 것이다.

직접 몸과 몸이 부딪히는 육박전과 달리 성을 공격하는 능력의 핵심은 기술력이다. 높은 성벽의 방어력을 무력화시키는데 인간의 힘은 한계가 있을 수밖에 없다. 따라서 근대 이전의 전쟁에서 주요한 혁신은 이 공성무기攻城武器 분야에서 이루어졌다. 대포의 발명이 가장 대표적인 예일 것이다. 당연히 기술력에서 정주민보다 열등하다고 여겨졌던 유목민들은 공성전에 약점을 가지고 있었다. 그런데 몽골군은 그런 약점도 없었던 것이다. 오히려 신무기들로 유럽인들을 압도했다. 앞선 전투들에서 살펴본 것처럼 유럽인들은 몽골군이 선보인 신무기에 속수무책으로 무너졌다.

어떻게 이런 일이 가능했을까? 애초에 몽골인들이 기술력이 높은 선진문명에서 등장했다면 그 지역의 기술력이 높았다고 이야기할 수도 있을 것이다. 하지만 몽골인들은 말그대로 야만인 취급을 받던 몽골초원에서 출발한 부족이다. 제국의 역사가 긴 것도 아니었다. 유럽원정이 이루어졌던 1240년은 칭기즈칸이 몽골초원을 통일함으로써 세계사에 등장한지 불과 50년밖에 되지 않은 해였다. 도대체 어떻게 몽골은 불과 50년만에 세계 최고의 기술력을 손에 넣게 된 것일까?

제국의 이방인들

1241년 다뉴브 강변을 순찰하던 빈의 순찰대는 소규모 몽골군과의 전투에서 몽골군 장교 한 사람을 생포했다. 장교를 심문하기 위해 끌고 가던 빈의 군대는 장교의 정체를 알고 소스라치게 놀라고 말았다. 그는 영국인이었다. 그는 영어뿐 아니라 아랍어와 몽골어까지 할 줄 알았다. 빈의 군대는 이해할 수 없는 이 상황에 당황했다. 분명히 지옥에서 온 괴물들이라고 생각했는데 자신들과 같은 유럽인이 끼어 있다니. 사람들은 종종 자신이 이해할 수 없는 당황스러운 상황을 만나면 그 상황 자체를 지워버림으로써 마음의 평정을 찾으려 할 때가 있다. 이때도 마찬가지였다. 빈의 군대는 심문조차 하지 않고 영국인 장교를 처형했다.

"그가 어떤 인물이었는지는 큰 수수께끼입니다. 이를 연구한 사람들은 그가 영국왕의 마그나카르타^{Magna Carta, 대헌장} 서명을 돕고 달아난 인물이라고 주장합니다. 그가 어떻게 몽골군에 들어갔는지는 확실치 않습니다. 하지만 중동 지역에서 아랍인들과 싸웠을 수 있습니다. 무슬림들에게 붙잡혀 탈출했거나 몽골로 팔려갔을 수도 있습니다. 몽골군에 들어간 과정은 분명하지 않습니다. 하지만 몽골에 상당히 충성했던 것으로 보입니다. 몽골인은 자신이 점령한 모든 나라 사람들을 활용했습니다. 전 세계적으로 말이죠. 역사적으로 아주 놀라운 일입니다. 사람들은 칭기스칸과 몽골은 단지 정복만 했다고 생각합니다. 하지만 실제로 몽골군은 규모가 작아서 십만 명 정도였습니다. 몽골 전체 인구가 백만이었습니다. 이들이 수백만 명이 사는 나라를 정복했습니다. 힘으로만 정복하는게 아닙니다. 사람들의 마음을 끌어야 합니다. (빈에서 생포된) 영국인은 몽골이 당시 최고의 인재들을 끌어 모았던 좋은 사례라고 생각합니다."[50]

몽골군은 사실 몽골인만으로 구성된 군대가 아니었다. 몽골군은 그들이 정복한 지역 어디에서나 새로운 동맹자들을 자신의 군대에 합류시켰다. 순수한 몽골인만의 집단이 아니라 무수한 이방인이 원래의 몽골인에 결합한 집단이 몽골군의 실체였던 것이다. 이야기가 나온 김에 13세기 전 세계를 공포에 떨게 했던 몽골군의 구성을 살펴보도록 하자.

가장 중요한 주력군은 물론 몽골초원의 경기병輕騎兵들이다. 몽골초원의 유목민으로 태어나 걷기도 전에 말을 타기 시작하는 이들은 말그대로 타고난 기병이다. 당연히 기마술이 뛰어나고 말위에서 자유자재로 활을 다룰 수 있다. 더군다나 최소한의 보급만으로 어떤 환경에서도 살아남을 수 있는 생존능력 덕분에 보급부대가 거의 필요 없었다. 기록에 의하면 자신들이 끌고 다니는 말의 젖만으로도 생존이 가능했다고

---

50 잭 웨더포드(《칭기즈칸 잠든 유럽을 깨우다》 저자) 인터뷰 중에서

| 몽골 경기병

한다. 몽골군이 아무런 보급부대도 없이 세상 끝까지 원정에 나설 수 있었던 데는 이들의 놀라운 기동력과 생존능력이 결정적인 역할을 했다. 이렇게 이야기하면 거의 약점이 없는 무적의 군대일 것 같지만 이들도 약점은 있다. 이들이 경기병이라는 사실 자체가 바로 약점이다. 경기병이라는 단어가 알려주는 것처럼 이들은 거의 갑옷을 걸치지 않는다. 안

에는 비단옷을 입고 바깥에는 가죽을 덧댄 매우 가벼운 갑옷을 걸쳤다. 기동력을 유지하기 위해 최대한 가볍게 입고, 가벼운 장비만을 걸치는 것이다. 그래야 말도 지치지 않고 빠르게 달릴 수 있다. 하지만 갑옷을 거의 걸치지 않는다는 것은 방어력이 약하다는 뜻일 수밖에 없다. 견고한 방어벽을 이루고 있는 보병의 밀집부대를 정면에서 공격하는 것은 이들에게 많은 희생을 요구하는 일이었다. 따라서 이들은 가능한 정면충돌을 회피했다. 대신에 활을 이용했는데 몽골군은 관통력 높은 매우 강력한 활을 가지고 있어서 정면 공격을 회피하는 그들의 약점을 어느 정도 커버할 수 있었다.

이들은 자신의 장점을 최대한 살리고 약점을 감출 수 있는 전술도 개발해냈다. 그들이 사냥터에서 항상 사용하는 방식을 전쟁터로 끌어들인 전술이었다. 우선 사냥터에서 짐승을 몰듯이 적군을 몰아 원형으로 둘러싼다. 몽골군은 적에 비해 월등한 기동력을 가지고 있기 때문에 적군은 사냥원진을 활용한 몽골군의 포위망을 쉽게 벗어날 수 없었다. 그리곤 엄청난 숫자의 화살을 날리기 시작했다. 몽골의 활은 우리나라의 각궁처럼 복합재질로 되어있는 작고 가볍지만 강력한 활이었다. 따라서 사거리가 매우 길고 관통력이 높았다. 따라서 이 정도 공격만으로도 상당한 살상효과가 있었다.[51]

하지만 더 중요한 것은 화살 공격의 심리적 효과였다. 앞서 모히 전투의 전개과정에서 본 것처럼 눈에 보이지 않는 적이 쉴새 없이 화살을

---

[51]　몽골의 활은 나무로 틀을 잡고 양면에 동물의 뿔과 심줄을 끓여 압축해 붙인 형태를 가지고 있다. 즉 시위를 당기는 쪽에 압축성이 매우 뛰어난 소나 산양의 뿔을 가공해 붙이고 그 반대쪽에 신축성이 강한 심줄을 붙이고 있다. 그리고 접착력을 높이기 위해 활 전체를 사슴 가죽으로 말아 감으며 온도 변화를 예방하기 위해 도료를 칠했다.

날리면 적군은 당황하게 된다. 인간은 눈에 보이지 않는 공포에 더 약하기 때문이다. 더군다나 자신들은 아무런 공격을 할 수 없는 상황이 계속되기 때문에 혼란과 무력감이 빠르게 퍼졌다. 그렇게 적이 공포와 혼란에 빠져서 효과적인 방어벽을 만들 수 없게 되면 몽골군은 곡도를 휘두르며 적진으로 돌격해서 결말을 냈다. 매우 효과적인 전술이었고 많은 전투에서 위력을 발휘했다. 마르코 폴로의 《동방견문록》에도 이러한 몽골군의 전술에 대한 기록이 남아 있다.

> "출전하는 타타르^{몽골}병사는 각자 60개의 화살을 휴대할 의무가 있다. 그 가운데 30개는 짧은 화살인데 이것은 적을 움직이기 못하게 하기 위해서 사용한다. 나머지 30개는 긴 화살로 화살촉도 큰데 이것은 근접 거리에서 적병의 얼굴 및 팔을 관통하거나 적병의 활시위를 절단하거나 그 외의 곳에 직접 손상을 가하기 위하여 사용된다. 이 60개의 화살을 모두 써버리면 그들은 칼이나 철퇴, 창을 휘둘러 서로 치는 백병전에 돌입한다... 화살을 다 쏜 병사들은 각자 활을 화살 통에 넣고 칼과 철퇴를 들고 적에게 돌격하였다."[52]

하지만 아무리 효율적으로 공격해도 결국은 정면공격과 백병전으로 승부를 내야 할 순간이 있게 마련이다. 몽골의 정복범위가 넓어지고 다양한 전투방식을 가진 적들을 만나게 됨에 따라 정면공격의 필요성도 커져갔다. 몽골군의 전통적인 방식만으로는 해결할 수 없는 순간이 오는 것이다. 바로 이런 순간에 몽골인들의 유연성이 빛을 발했다. 몽골인들은 자신이 잘 할 수 없는 분야에서는 거리낌 없이 자신이 정복한 이

---

52 박원길 저 《유라시아 초원 제국의 역사와 민속》에서 재인용

방인들의 도움을 받았다. 자신들만의 전통적인 방식에 집착하거나 자기들끼리의 힘만으로 해결하는 것은 몽골인들의 사고방식과 가장 거리가 먼 방식이었다.

"몽골인은 원래 기마 궁병입니다. 중기병heavy cavalry도 약간 있었지만 이들은 기본적으로 경기병light cavalry입니다. 몽골군은 정복에 나서면, 현지인을 군대로 흡수할 방법을 찾으려 했습니다. 하지만 (특정한 유형의) 전투에 익숙한 사람에게 다른 일을 시키려고 하지는 않았습니다. 코카서스 산맥의 알란족Alans[53]처럼 전통적인 중기병은 중기병의 방식을 이용했습니다. 몽골군이 백병전 공격을 원할 때는 주로 몽골인이 나서지 않았습니다. 대신 여진족, 킵차크 투르크족[54], 알란족, 러시아인인 루스족Rus이 전투에 나섰습니다. 몽골은 매우 유연성 있게 사람들을 이용했습니다."[55]

이민족 출신의 중기병들을 몽골군에 받아들이는 것은 또 다른 이점이 있었다. 아무래도 원거리에서 화살을 이용하여 공격하는 전술에 비해 중기병들의 정면 돌격은 아군의 희생도 클 수밖에 없다. 더구나 상대방이 유럽의 기사들처럼 철갑으로 중무장한 상태일 경우 피해는 더 커졌다. 이런 희생이 큰 정면 돌격에 이민족 출신 중기병이 참여함에 따라 핵심전력인 몽골군의 희생을 줄일 수 있었다. 총병력이 10만 남짓에

---

53 흑해연안의 초원에서 기원한 이란계 유목민족. 이란계 유목민의 전통대로 중무장한 기병대가 중심을 이루었다.

54 몽골초원에서 기원한 유목민족으로 9세기 이전에 서쪽으로 이동하여 러시아 남부에 정착했다. 몽골의 침입 이후 동부지역에 거주하던 킵차크인들은 몽골족에 흡수되었고 서부 지역에 거주하던 킵차크인들은 헝가리 등지로 도피하여 유럽 군주들의 용병으로 활동하였다.

55 티모시 메이(≪몽골병법≫ 저자) 인터뷰 중에서

불과한 군대로 전 세계를 상대해야 하는 몽골군으로서는 전투로 인한 아군의 희생을 최소화하는 것이 무엇보다도 중요했다.

이런 유목민 위주의 군단에 정주민 사회 출신의 군대가 더해졌다. 물론 보병은 아니었다. 몽골군은 기동성을 매우 중시해서 기병으로만 원정군을 구성했기 때문에 보병이 끼어들 여지는 거의 없었다. 대신 기술자들의 집단이라고 할 수 있는 공병대가 큰 활약을 했다. 이 이민족 출신 공병대야말로 몽골군이 가진 기술력의 핵심이었다.

| 몽골군 공병대

몽골군이 공병대의 가치에 주목하기 시작한 것은 칭기즈칸이 북중국에 자리한 서하[56]를 공격하면서 부터였다. 초창기 성 공격에 애를 먹던 칭기즈칸은 중국인 기술자들이 멀리서 거대한 돌덩어리로 성벽을 부술 수 있는 공성무기를 만들 줄 안다는 사실을 알아냈다. 전통적으로 유목민족은 자신의 힘을 무기력하게 만드는 성곽에 강렬한 적개심을 드러내곤 했다. 그 성곽을 부술 수 있다는 것만으로도 칭기즈칸은 공성무기의 가치를 높게 평가했다. 칭기즈칸은 이 무기들을 자신의 군대에 곧바로 도입했다. 무기만 도입한 것이 아니었다. 무기를 만들 줄 아는 기술자를 끌어들이는 것을 더 중요시 했다. 재미있는 것은 몽골군은 항상 무기 그 자체보다 무기를 만들 줄 아는 사람을 더 중요하게 생각했다는 점이다. 근대적인 인권 개념 같은 게 있어서가 아니라 그렇게 하는 것이 훨씬 더 실용적이었기 때문이다. 앞서 살펴본 것처럼 몽골군의 원정거리는 수천 km를 넘는 것이 다반사였다. 그렇게 먼 거리를 원정하는데 만약 무거운 공성무기 같은 것을 끌고 다녔다면 아마 적지에 도착하기도 전에 제풀에 지치고 말았을 것이다. 몽골군은 공성무기를 끌고 다니는 대신 기술자들을 높은 대우를 해주면서 데리고 다녔다. 적의 요새에 도착하면 즉석에서 기술자들이 주변의 목재나 석재 등을 활용한 공성무기를 만들어 공격에 착수했다. 적의 요새나 성을 만나면 목책을 이용해서 통채로 감싸는 토목공사도 물론 이런 기술자들이 나서서 순식간에 해치웠다. 군대 자체가 일종의 토목공사 전문가 집단이었던 로마군을 제외한다면 이 정도의 토목공사를 수월하게 해낼 수 있었

---

56 1032년부터 1227년까지 중국 북서부에 위치했던 티베트계 탕구트족의 왕조. 비단길의 요지를 장악하여 동서 무역로를 지배하면서 번영하였다.

던 군대는 아마 몽골군이 유일할 것이다.

"몽골인은 매우 실용적인 사람들이었습니다. 몽골은 피정복민들의 전문성을 높이 평가하고 이를 효율적으로 이용하였습니다. 또한 전문가들을 적재적소에 배정하였습니다. 몽골은 오랫동안 유목민의 생활을 하였고, 정주사회의 전문가들을 가지고 있었으나 이들에게 강제로 일하게 하지는 않았습니다. 오히려 대우도 좋았고 존경도 받았기 때문에 외부 전문가들이 자발적으로 나섰습니다. 다시 말하면 이들 전문가는 몽골에 융합되는 것을 수치스럽게 생각하지 않았던 것입니다."[57]

1258년에 있었던 몽골군의 바그다드 포위공격은 이런 몽골군 공병대의 위력을 유감없이 보여준 전투였다. 1257년 겨울 몽골군이 바그다드로 접근해오자 당시 바그다드를 지배하고 있던 압바스왕조의 군대는 티그리스강 위에 놓인 모든 다리를 불태워서 몽골군의 도하를 저지하려고 했다. 하지만 이들의 노력은 아무 소용이 없었다. 중국에서 징집된 몽골군의 공병대에게 티그리스강에 도하용 다리를 놓는 일쯤은 아무것도 아니었다. 이때 사용된 다리는 물론 반영구적인 교량은 아니었다. 적당한 크기의 배들을 엮고 그 위에 널판지들을 연결한 일종의 배다리를 만들었다. 이 배다리 덕에 몽골군은 신속하게 티그리스강을 건너서 바그다드를 포위할 수 있었다.

포위공격에서도 중국인 공병대의 활약은 눈부셨다. 몽골군은 공성무기를 끌고 다니지 않았기 때문에 공병 부대는 바그다드 부근에서 얻

57 프란시스 우드(대영박물관 아시아담당관) 인터뷰 중에서

| 몽골군의 바그다드 포위공격

을 수 있는 재료를 이용해서 즉석에서 공성무기를 만들어야 했다. 우선 키가 큰 야자나무들을 베어 초대형 투석기의 재료로 삼았다. 이어서 바그다드를 벽으로 둘러싸는 공사가 벌였다. 그런데 바그다드 부근은 숲이 부족해서 목책을 쌓을 만한 나무들을 쉽게 구할 수 없었다. 하지만 공병부대는 곧 대안을 찾아냈다. 깊은 도랑을 파고 그 흙으로 벽을 만들어서 바그다드를 둘러싼 것이다. 누벽이 완성되자 곧 초대형 투석기들이 거대한 돌덩이와 불덩어리들을 날리기 시작했다. 결국 바그다드 시민들의 저항의지는 순식간에 무너졌다. 몽골군이 바그다드에 대한 포위작전을 시작한 게 1월 29일이었는데 2월 3일에는 이미 성벽이 파괴되고 몽골군이 시내로 진입하기 시작했다. 서남아시아 최대의 도시인 바그다드조차 한 달을 버틸 수 없었던 것이다.

서남아시아가 몽골제국에 편입되자 이번엔 아랍과 페르시아지역의 기술자들이 몽골군에 새로운 기술을 제공하게 되었다. 이 새로운 기술은 거꾸로 중국을 정복하는 과정에서 유용하게 사용되었다.

대표적인 것이 남송과의 전쟁이다. 몽골은 칭기즈칸과 우구데이칸의 치세에 서하와 금나라를 멸망시키고 북중국을 지배하고 있었다. 하지만 양자강 유역에 자리 잡고 있던 남송에 대한 정복전쟁은 지지부진한 상태였다. 몽골이 남송에 대한 공략에 애를 먹었던 것은 남송의 군대가 강하기 때문은 아니었다. 사실 남송의 군대는 몽골군이 일찍이 정복했던 금나라의 군대에 비해 허약한 편이었다. 수년 전 몽골군이 금나라를 거의 멸망직전까지 몰아 넣었을 때 남송은 이 기회를 틈타 금나라에 빼앗긴 황하유역을 되찾기 위해 북쪽으로 진격해 왔다. 하지만 남송군은 멸망직전의 금나라 군대에게조차 고전을 면치 못했다. 황하유역을 정복하기는 커녕 번번히 금나라 군대에게 쫓겨 되돌아오기 일쑤였다. 당연히 남송군은 몽골군의 상대가 되지 못했다. 평야에서 결전을 벌였다면 남송은 순식간에 붕괴했을 것이다. 하지만 남송은 북방 유목민족과의 전투에 관해 나름대로의 노하우를 가지고 있었다.

남송은 우선 지방정부를 산성으로 옮겨 몽골의 침입에 대비했으며 게릴라전에 유리하도록 군대를 소규모로 나누었다. 더불어 몽골군이 수전에 약하다는 점에 착안하여 거의 바다만큼이나 넓은 양자강을 중심으로 대규모 수군을 운용했다. 중국 남부의 중요한 성들은 양자강처럼 큰 강이나 큰 호수로 둘러싸여 있기 때문에 수상전투에서의 우위를 얻지 못하면 성에 대한 보급을 끊는 것이 불가능했다. 이러한 남송의 전략은 이미 역사적으로 그 효과가 입증된 것이기도 했다. 그동안 남송과

쿠빌라이칸 몽골제국의 5대 대칸(1215
~1294, 톨루이의 둘째 아들)

대립관계에 있었던 여진족의 금나라를 포함해서 어떤 유목민족도 중국남부의 이런 자연조건을 넘어서지 못했기 때문이다. 13세기에 이르기까지 초원의 기마병들은 단 한번도 양자강을 넘지 못했던 것이다.

결국 쿠빌라이칸은 지지부진한 남송전쟁을 끝내기 위해 몽골군의 전투방식을 근본적으로 바꾸기로 결정했다. 자신의 최대 강점이었던 기병 중심의 기동전을 포기하기로 한 것이다. 대신 보병과 수군이 전투의 중심이 되었다. 자신이 가장 잘하는 것을 과감하게 포기할 줄 아는 이런 유연성은 사실 역사상 쉽게 유례를 찾아볼 수 없는 것이었다. 더구나 거의 전 세계를 정복할 정도로 훌륭한 효과를 보인 전투방식을 포기하고 새로운 전투방식을 배운다는 것은 앞으로의 역사적 사례에서 계속 살펴보겠지만 거의 불가능한 일이다. 그런 점에서 성장기 몽골제국의 지도자들이 가진 사고의 유연성은 실로 경탄할 만한 것이었다.

보병과 수군이 전투의 중심이 됨에 따라 기존에 몽골이 정복한 다양한 지역의 군대가 몽골군에 새로운 힘이 되었다. 산성을 중심으로 한 전투에 익숙한 북중국의 옛 금나라 군대와 한족군대, 그리고 고려군이 몽골군의 전면에 등장했고 한족과 고려군이 주축이 되어 대규모 수군이 건설되기 시작했다. 여기에 지난 번 서남아시아 원정에서 몽골제국에 포함된 페르시아 기술자들이 새로운 투석기를 만들어 몽골군에게 제공하였다. 이슬람교도인 알라웃딘과 이스마일이 만들었기 때문에

| 회회포

'회회포回回砲'라고 불린 이 투석기는 밧줄이나 나무의 복원력을 이용하는 기존의 투석기와 달리 평형추의 낙하 회전력을 이용해 돌을 발사했다. 투석기 팔 반대편에 무거운 추를 달고 여러 사람의 힘을 이용해서 줄을 감아 투석기 팔을 내린 후, 돌을 싣고 순간적으로 줄을 풀면 추가 떨어지면서 투석기 팔과 연결된 대를 회전시켜 돌을 날려 보냈다. 보통 50~100kg 정도의 돌을 300m까지 날렸다고 한다.

새롭게 도입된 한족, 여진족, 고려인의 연합부대와 수군 그리고 회회포의 위력은 1268년부터 시작된 양양전투에서 본격적으로 발휘되기 시작했다. 지휘관부터 다양한 민족이 공존하고 있었다. 몽골인 이자 수베데이의 손자인 아주가 중요한 역할을 했지만 유정이나 사천택 같은 한족출신의 장군들이 더 결정적인 역할을 했다. 고려인으로 구성된 수군도 참여해서 중요한 역할을 맡았다. 무수한 이방인들로 이루어진 군대였던 셈이다. 다양한 민족으로 구성된 몽골군이 수륙 양면으로 공격하자 이번에는 남송도 버텨낼 수 없었다. 특히 알라웃딘과 이스마일이 개발한 회회포가 본격적으로 포탄을 날리기 시작한 뒤에는 양양성의 견고한 성벽도 더이상 견뎌내지 못했다. 1273년 결국 남송 최대의 요새 양양성은 함락되었고 곧이어 남송의 수도 항주는 포격이나 전투조차 없이 몽골군의 수중에 떨어졌다.

"몽골제국의 주요 특성 중 하나는 새로운 것에 적응하고, 학습하고, 자신의 것으로 받아들이는 능력입니다. 점령 후 몽골은 적들을 그들의 군대에 영입하였습니다. 행정관료들 또한 필요로 했기 때문에 점령지역의 행정관료들 역시 몽골제국에 수용되었습니다. 확실히 해두고 싶은 것은 이들이 정복민과 피정복민의 관계가 아니었다는 것입니다. 모두가 몽골제국으로 받아들여졌고 몽골제국의 구성원이 되었습니다. 군대로 흡수된 인원들 외에 장인, 전문가, 기술자 등도 몽골제국으로 영입되었습니다. 이 중엔 당연히 전쟁전문가들도 포함되어 있었는데, 특히 거란족은 몽골이 중국 북부를 공격할 때 도시를 포위하는 기술을 몽골에게 전수해 주었습니다. 몽골족은 대초원의 사람들이었기 때문에 기존에는 전혀 몰랐던 다양한 병법들을 배울 수 있었습니다. 몽골은 중국의 전문가들로부터 필요한 기술을 습득할 수 있었고, 영토가 확장됨에 따라 더욱더 많은 기술적 지원을 받을 수 있었습니다. 페르시아의 전문가들 역시 몽골제국에 영입되었다는 점도 빼놓을 수 없습니다. 몽골은 그들이 필요로 하는 전문가들을 충분히 영입할 수 있는 제국이 되었고, 페르시아의 전문가들 또한 몽골의 전투에 투입되었습니다.

대단한 것은, 당시 몽골제국에는 전 세계 각지의 사람들이 모여있었기 때문에 필요한 인원들을 자유롭게 충당할 수 있었다는 점입니다. 특정 문제에서는 중국의 군사전문가들을 이용하였고, 다른 문제에서는 페르시아의 기술자나 전문가들을 이용하는 등 몽골제국은 모든 분야에 완벽한 전문성을 갖추고 있었습니다. 몽골제국은 페르시아인, 중국인, 아르메니아인 등을 활용하였고 심지어는 이집트인을 기용하여 화약부문에 이용하였습니다. 몽골제국은 아주 다양한 사람들을 등용하였지요. 하지만 일방적인 강제성에 기인한 것이 아니었다는 점을 분명히 해두어야 합니다. 몽골제국으로 온 전문가들은 자신들이 일종의 주주라고 생각하고 자발적으로 몽골로 왔습니다."[58]

결국 초원의 가난한 유목민에 불과했던 몽골족을 세계에서 가장 앞선 기술력으로 무장시킨 힘은 바로 이방인들을 거리낌 없이 받아들일 줄 알았던 몽골제국의 '관용'이었던 것이다.

그런데 몽골인들은 어떻게 이런 관용적인 자세를 가지게 된 것일까? 무엇이 그들을 이토록 개방적으로 만든 것일까? 이 부분을 이해하기 위해 우리는 제국의 창업자 '칭기즈칸'으로 돌아갈 필요가 있다.

---

58 조지 레인(런던대학교 아시아, 아프리카 연구소) 인터뷰 중에서

칭기즈칸의 등장

농경사회는 보통 유목사회에 비해 생산성이 높다. 단위 면적당 생산량은 당연히 비교조차 할 수 없고 농업이라는 산업의 특성상 유목사회에 비해 매우 안정적인 생산량을 유지한다. 그래서 농경사회의 정주민들은 유목사회가 매우 헐벗고 가난한 곳이라고 생각한다. 물론 이것은 어느 정도 사실이다. 하지만 농경사회에 비해 가난하고 불안정한 유목사회도 수렵에 의존하는 사회에 비해서는 훨씬 생산성이 높고 안정적인 수확을 기대할 수 있다. 그래서 유목민들이 호시탐탐 농경사회로의 진출을 노리는 것처럼 초원 주변부의 수렵민들도 호시탐탐 초원으로의 진출을 노린다. 초원에 진출하여 유목을 하게 되면 훨씬 안정적이고 수준높은 생활을 유지할 수 있기 때문이다. 몽골초원의 사정도 마찬가지였다. 몽골초원을 둘러싸고 있는 시베리아와 만주 북부의 수렵민들은 항상 초원으로 진출하기 위해 노력했고 이미 초원을 장악하고 있던 유목민들과 항쟁을 벌이기 일쑤였다.

초기의 몽골족도 그렇게 몽골초원으로 진출한 수렵민이었다. 물론

| 몽골초원

그때는 몽골초원이라고 불리지 않았다. 초원의 북쪽 가장자리인 오논 강가에 겨우 진출한 몽골족은 아직 풍부한 목초지가 펼쳐진 초원의 중심으로는 나아가지 못한 채 부족한 가축들을 거느리고 어렵게 살아가고 있었다. 몽골족은 초원에서조차 신생부족에 불과했던 셈이다.

몽골족이 초원에 진출했을 무렵 초원에는 몽골족 외에 수십 개의 부족과 씨족들이 이합집산을 거듭하며 살아가고 있었다. 초원지대의 부족들 중 몽골족과 혈통적으로 가장 가까운 부족은 동쪽의 타타르족과 거란족이었다. 여기에서 동쪽으로 더 나아가 만주평야로 가면 퉁구스 계통인 여진족이 있었고 초원의 서쪽 끝에는 중앙아시아와 관련된 투르크계통의 부족들이 둥지를 틀고 있었다. 이 세 인종집단은 유목민의 전통을 공유하고는 있었지만 각자 다른 문화적 전통을 가진 다른 민족이었다. 여기에 더해서 이들은 종교적으로도 매우 다양하게 나뉘어져 있었다. 동서로의 이동이 용이한 초원위에 자리잡고 있었기 때문에 동서의 모든 종교가 초원으로 전파되었다. 불교, 도교, 이슬람교 등이 혼재되어 있었고 기독교를 믿는 부족들도 상당수였다. 몽골 초원의 유목민들이 천 년 전부터 기독교를 믿었다고 하면 많은 사람들이 낯설어 하는데 우리가 네스토리우스파라고 부르는 기독교는 일찍부터 초원에 진출해 있었다. 더구나 중국이나 우리나라와 달리 몽골 초원의 유목민들은 성경 속에 등장하는 유목민 특유의 문화에도 전혀 이질감을 느끼지 않았다. 그래서인지 기독교가 쉽게 자리 잡을 수 있었다. 여담이지만 훗날 중국을 지배한 청나라 황실에도 상당한 수의 기독교도들이 존재했다.

이런 다양한 외래종교와 함께 전통적인 샤머니즘 역시 강력한 영향력을 행사했는데 신생부족이었던 몽골족은 대체로 샤머니즘의 전통 속에 자리잡고 있었다. 결국 칭기즈칸이 등장하기 이전의 초원은 민족적으로도 분화되어 있었고 종교적으로도 매우 다양한 모자이크같은 사회였던 셈이다. 이 위에 유목민 특유의 분열주의적인 경향이 더해지면서 초원은 부족 간에 뺏고 뺏기는 무한투쟁이 반복되고 있었다.

> "칭기즈칸 이전의 몽골초원은 크게 분열되어 있었습니다. 부족 중심의 유목사회로, 각 부족간의 싸움과 약탈이 끊임없었으며 매우 분열된 상태에 있었습니다. 이들은 각기 다른 신앙을 가졌고, 다른 형태의 생활을 하였습니다. 각 부족은 심각하게 서로에게 대립하였죠."[59]

---

59 프란시스 우드(대영박물관 아시아담당관) 인터뷰 중에서

《몽골비사》[60]는 당시 상황을 이렇게 묘사하고 있다.

"별이 있는 하늘은 돌고 있었다.
여러 나라가 싸우고 있었다.
제자리에 들지 아니하고 서로 빼앗고 있었다.
흙이 있는 대지는 뒤집히고 있었다.
모든 나라가 싸우고 있었다.
제 담요에서 아니 자고 서로 공격하고 있었다."[61]

칭기즈칸의 아버지인 예수게이 역시 부족 간 전쟁의 와중에 타타르족에게 암살되었다. 테무진이라는 이름을 가지고 있던 당시 9살의 칭기즈칸은 고아가 된 것이다. 문제는 아버지를 잃은 것으로 끝나지 않았다. 가장이 죽자 친족들은 훗날 칭기즈칸이 될 테무진의 가족을 버렸다.

친족들에 의해 버림받자 테무진의 가족은 말 그대로 생존의 기로에 서게 되었다. 성인 남자라고는 하나도 없이 과부와 어린고아들의 힘만으로 오논 강가의 혹독한 겨울을 나야만 했다. 지금도 몽골의 겨울은 혹독하다. 한겨울이 되면 기온은 영하 40도를 쉽게 넘나든다. 너무 추위가 혹독한 데다 먹을거리를 쉽게 구할 수 없기 때문에 유목민들과 가축들은 모든 활동을 중단하고 겨울을 견뎌낸다. 더구나 테무진이 성장

---

60 중국의 원대에 몽골어본이 완성되고 명대에 한어로 번역되었다고 추정하는 몽골의 역사서. 원조비사(元朝秘使)라고도 불린다. 칭기즈칸의 22대 조상 부르테 치노와 코아이마랄로부터 칭기즈칸의 셋째 아들인 오고타이까지의 역사를 기록한 것이지만, 칭기즈칸에 관한 기록이 대부분을 차지하고 있다.
61 김호동 저 《몽골제국과 세계사의 탄생》에서 재인용

| 칭기즈칸 몽골 제국의 제1대 대칸(1155~1227으로 추정), 본명은 테무진. 동서양에 걸친 대제국을 건설하였다.

한 오논 강가는 초원에서도 북쪽 끝에 위치한 곳이다. 추위는 더 혹독하고 먹을거리는 더 부족했다. 친족들은 테무진의 가족들을 버리면서 가장 중요한 재산인 가축들도 모두 빼앗아 갔다. 이것은 과부와 어린고아로 이루어진 이 가족에게 다가올 겨울에 굶어죽으라고 말하는 것이나 마찬가지였다.

하지만 이 가족은 죽지 않았다. 혹독한 환경에서 살아남기 위해 식물의 뿌리와 작은 열매들을 채집하고 초원의 쥐를 잡아먹으면서 끝내 자신들의 힘만으로 겨울을 견뎌냈다. 페르시아의 역사가 주베이니의 기록에 따르면 "이 가족은 개와 쥐의 가죽으로 만든 옷을 입었으며 음식역시 그런 짐승들의 고기였다." 기아선상에서 겨우 생명을 부지한 셈이지만 어쨌든 살아남았다.

"어린 시절 그의 아버지는 독살을 당했고, 그의 어머니는 혼자 가족들을 책임져야 하는 상황이었습니다. 칭기즈칸은 언제나 습격의 위험에 시달렸으며, 다른 부족에게 사로잡히기도 하였습니다. 이 때 친구들의 도움으로 도망칠 수 있었죠. 아마 유년시절의 경험 덕분에 칭기즈칸은 씨족 중심의 사회가 아닌 동료들의 충성심과 우정을 더 믿게 되었을 것입니다. 그는 씨족 사회가 전쟁과 갈등 그리고 분열을 일으킨다는 것을 경험했습니다. 하지만 동료들의 우정에 의지한다면 그는 안전할 수 있다고 믿었죠."[62]

같은 고난을 겪어도 그 고난이 트라우마로만 남는 사람이 있는 반면 고난이 더 큰 성장을 위한 밑거름이 되는 사람도 있다. 테무진 곧 칭기즈칸은 후자의 전형이었다. 친족들에게 버림받고 생사의 기로를 넘나 들었던 어린 시절은 테무진에게 "어떤 인간도 믿을 수 없구나~" 하는 식의 부정적인 트라우마를 남기지 않았다. 그는 오히려 어떤 사람을 믿을 수 있고 어떤 사람을 믿어서는 안되는지에 대해 자신만의 관점을 가지게 되었다.

그가 주목한 것은 고난 속에서도 기꺼이 도움을 주었던 친구들과의 우정이었다. 그리고 그 친구들은 모두 테무진과는 피 한 방울 섞이지 않은 다른 부족의 사람이었다. 이 두 가지 사실은 그에게 혈연이 아니라 자신의 판단에 의해 선택한 우정이야말로 자신이 진정으로 의지해야할 가치라는 믿음을 가지게 만들었다. 이런 믿음을 가지게 되면 당연한 이야기지만 혈연이나 지연, 종교 같은 선천적이거나 이념적인 진

62 　프란시스 우드(대영박물관 아시아담당관) 인터뷰 중에서

영논리로부터 자유로워지게 마련이다. 건강한 개방성에 도달하는 것이다. 대부분의 인간이 이렇게 자유로운 사고를 가지지 못하는 것은 불안하기 때문이다. 자신의 판단력, 자신의 의지, 자신의 자유로운 선택에 대한 불안감 때문에 자신과 혈연적으로, 혹은 지역적으로, 때론 종교적으로 공통점이 많은 사람들에게 의존하게 되는 것이다. 이것이 대다수 인간이 가지는 한계인 셈인데 테무진은 어린시절의 고난으로부터 오히려 인간성의 한계를 넘어설 수 있는 건강한 개방성에 도달한 셈이다. 이렇게 건강한 개방성을 자신이 거느린 무리의 원칙으로 삼게 되자 전쟁에서 승리했을 때 패배한 부족을 대하는 방식도 남들과는 달라지게 되었다.

1202년 테무진은 타타르족에 대한 정복전쟁을 시작한다. 타타르족은 일찍부터 초원에 진출해서 두각을 나타낸 부족으로 초원의 동남쪽에 자리잡고 있어서 중국 북부 금나라와의 교류가 활발했다. 따라서 초원의 부족들 중 가장 부유한 부족이었고 부족원의 숫자도 많아서 강력한 부족이기도 했다. 테무진으로서는 초원의 지배자가 되기 위해 반드시 넘어야 할 산이었던 셈이다. 여기에 더해 타타르족은 테무진과 개인적인 원한관계에 있는 부족이기도 했다. 아버지인 예수게이를 살해한 것이 타타르족이었다. 타타르족과의 전쟁은 아버지의 원수를 갚는 복수전이기도 했다. 타오르는 불길처럼 성장하고 있던 테무진에게 타타르족은 상대가 되지 못했다. 타타르족은 순식간에 패배했고 대부분의 전사들은 살해되었다. 지금까지의 초원의 관행에 따른다면 타타르족은 모두 노예가 되거나 모든 가축과 재산을 빼앗긴 채 초원에 버려질 운명이었다. 하지만 테무진은 전혀 다른 선택을 했다.

"과거 일반적으로 몽골초원의 유목민들은 승리를 거두게 되면 다른 부족을 몰살시켰습니다. 자비라곤 전혀 없었습니다. 물론 칭기즈칸이 무자비한 경우도 종종 있었으나, 그는 언제나 다른 민족들을 받아들일 준비가 되어 있었습니다. 그는 용맹하다고 생각되는 병사들의 아이들을 돌보았습니다. 칭기즈칸은 분명 용맹함과 진실성에 높은 가치를 부여했을 것입니다."[63]

"칭기즈칸은 성인 병사를 죽였습니다. 하지만 여성과 어린이, 특별한 기술을 가진 이들을 구하려고 애썼습니다. 그가 아주 어렸을 때 부친이 살해당했기 때문에 아이들에게 특별했습니다. 모든 전쟁이 끝나면 그는 발견한 고아 한 명을 데려왔습니다. 친형제인 양 칭기즈칸의 모친에게 아이를 기르게 했습니다. 칭기즈칸은 몽골인들에게 아주 좋은 본보기를 만들었습니다. 적은 죽이지만 힘없는 사람들에게는 항상 친절을 베푼다는 것이었죠."[64]

테무진은 타타르족과의 전투가 끝나자 전쟁고아 하나를 데려다가 어머니 후엘룬에게 양자로 삼게 했다. 자신의 형제로 삼은 것이다. 그리고 살아남은 타타르족은 몽골족의 구성원으로 받아들여졌다. 이런 행위는 이번이 처음이 아니었다. 테무진은 메르키트, 타이치우드, 주르킨 등 새로운 부족을 정복할 때마다 항상 새로운 고아를 자신의 모친에게 양자로 주었고 살아남은 부족민들을 자신의 부족으로 받아들였다. 생각해보면 살아남은 고아들 중 한 아이를 어머니의 양자로 들인

---

63 프란시스 우드(대영박물관 아시아 담당관) 인터뷰 중에서
64 잭 웨더포드(《칭기즈칸 잠든 유럽을 깨우다》 저자) 인터뷰 중에서

것은 노련한 정치적 퍼포먼스다. 이제 살아남은 자들은 모두 형제로 대우하겠다는 제스처를 자신이 앞장서서 실천함으로써 일종의 모범을 보인 것이다. 더불어 자신의 양자가 아닌 어머니의 양자로 삼은 것은 제국의 상속권과 관련된 불필요한 분쟁의 여지를 제거하기 위한 배려였을 것이다. 새로운 부족을 정복할 때마다 한 명씩 테무진의 형제가 생겼고 몽골족은 더욱 커졌다. 처음엔 우정으로 뭉친 소수의 부랑자 집단이었던 몽골족은 이런 과정을 거쳐 점점 더 거대한 집단으로 성장해 갔다.

> "당시엔 몽골족, 타타르족, 나이만족, 콩기라트족, 메르키트족, 케레이트족 등의 다양한 부족들이 있었습니다. 칭기즈칸은 이 다양한 부족들을 통합시켰습니다. 몽골족은 한 부족의 이름일 뿐이었습니다. 칭기즈칸 아래 몽골족, 메르키트족, 나이만족, 콩기라트족, 케레이트족 등 다양한 부족들이 통합되었습니다. 따라서 제 생각에 통합된 집단의 올바른 명칭은 칭키스즈(칭기즈칸의 부족)입니다. 몽골족뿐 아니라 다양한 부족들로 구성되었기 때문입니다."[65]

아버지를 잃고 추위와 굶주림에 시달리던 고아소년을 몽골초원의 강자로 키운 것은 결국 패자를 자신의 동족으로 받아들일 줄 아는 '관용'이었던 셈이다.

---

65 조지 레인(런던대학교 아시아, 아프리카 연구소) 인터뷰 중에서

예케 몽골 울루스

하지만 승승장구하던 테무진에게도 위기의 순간이 찾아왔다. 1203년 케레이트 부족의 수장이자 양아버지인 옹칸에게 배신을 당한 것이다. 옹칸의 원래 이름은 토그릴로 테무진의 아버지인 예수게이와 친구 사이였다. 또한 서쪽의 나이만족, 동쪽의 타타르족과 함께 가장 강력한 힘을 가진 케레이트족의 칸이었다. 옹칸이라는 칭호는 1196년 금나라가 하사한 '왕'이란 호칭에 '칸'을 결합한 것이다. 금나라가 '왕'이라는 칭호를 하사한 것으로만 보아도 그가 초원의 강자였다는 것을 알 수 있다. 테무진이 소수의 추종자들과 함께 처음 초원에 등장했을 때 그는 자신에게 힘을 빌려줄 유력자의 후원이 필요했다. 그래서 찾아간 것이 아버지의 친구였던 옹칸이다. 테무진을 맞이한 옹칸은 테무진을 양자로 맞이했다. 그의 후원자가 되어준 것이다. 이후 옹칸과 테무진은 서로에게 도움이 되는 동맹관계를 유지해 나갔다. 테무진이 아내 부르테를 메르키트족에게 빼앗겼을 때 메르키트족을 공격해서 아내를 되찾을 수 있도록 병력을 지원해 준 것도 옹칸이었다. 테무진도 옹칸이 세력확장을 위해 벌이는

옹칸 케레이트 부족의 왕, 테무진의 양
아버지

정복전쟁에 적극적으로 나서서 옹칸에
게 군사적 승리를 안겨 주었다. 옹칸에
게 테무진은 언제나 승리만을 가져다
주는 봉신封臣이었던 셈이다. 이렇게
생산적이었던 두 사람의 관계가 파탄
에 이른 것은 아마도 테무진이 너무 성
장했기 때문일 것이다. 자신의 밑에 있
던 사람이 자신보다 더 나은 재능을 발
휘할 때 보통의 인간은 질투심에 사로
잡히기 마련이다. 옹칸도 테무진의 지나친 성공을 질투하기 시작했다.

테무진이 자신의 첫아들 주치의 아내로 옹칸의 딸을 달라고 요청하
자 옹칸의 질투심이 폭발했다. 테무진의 지나친 성공을 질투하던 옹칸
으로서는 자신의 딸을 며느리로 달라는 테무진의 요구가 주제 넘은 행
동으로 여겨진 것이다. 하지만 테무진은 초원의 떠오르는 강자다. 테무
진의 군사적 재능은 누구보다도 옹칸 자신이 잘 알고 있었다. 옹칸으로
서는 혼담을 거절했다가 뒷일을 감당할 수 있을 지가 걱정이었다. 그래
서 일단 혼담을 승락한 뒤 음모를 꾸미기 시작했다. 결혼식을 빙자해서
테무진을 유인한 후 습격해서 죽여 버리기로 한 것이다.

테무진은 옹칸의 음모를 눈치채지 못했다. 옹칸이 결혼을 승락한다
는 기별을 보내오자 진심으로 기뻐했다. 테무진은 결혼식을 축하하기 위
해 소수의 무리만을 이끌고 옹칸의 진영으로 향했다. 이때 방심한 테무
진 일행을 옹칸의 대군이 습격해 왔다. 아무리 테무진이 뛰어난 무장이
라고 해도 방심한 상태에서 소수의 군대만을 이끌고 옹칸의 대군을 상

대할 수는 없었다. 절망적인 상황에서 테무진은 유목민의 전통에 따라 행동했다. 자신의 무리에게 도망치라고 명령한 후 자신도 드넓은 초원으로 도망친 것이다. 유목민들은 결코 절망적인 상황에서 옥쇄를 각오한 저항 따위는 하지 않는다. 옥쇄나 사수라는 개념 자체가 특정한 지역을 죽음으로 지킨다는 것인데 언제나 떠돌아다니는 유목민에게 죽음으로 지킬 땅 따위는 없기 때문이다. 오히려 초원으로 도망쳐서 후일을 기약하는 것이 합리적인 선택으로 받아들여졌다. 테무진도 유목민답게 후일을 기약하고 도망치기 시작했다. 옹칸의 군대가 그런 테무진을 추격했다. 일생일대의 위기를 맞이한 테무진은 죽을 힘을 다해 달아나야 했다. 며칠간의 도망 끝에 다다른 곳은 온통 진흙탕뿐인 '발주나 호숫가'. 그런데 이곳에서 몽골제국 정체성의 기초가 되는 전설적인 사건이 벌어진다.

"칭기스칸은 멀리 동쪽의 발주나Baljuna로 도망쳤습니다. 이곳으로 도망쳤을 때 거의 군사들이 남아있지 않았습니다. 식량도 없었습니다. 심지어 물도 없었습니다. 모든 것이 파괴되었습니다. 칭기스칸 인생의 마지막인 듯 했습니다. 하지만 그들은 말 한 마리를 목격합니다. 가까스로 말을 잡아 배를 채웠습니다. 그곳에 흙탕물이 흐르고 있었습니다. 칭기스칸은 모인 사람들에게 연설했습니다. 그는 '우리는 이 흙탕물을 먹을 것이다'라고 말했습니다. 우리의 결합이라 여기고 이 물을 마시자고 했죠. 여러 부족에서 모인 사람들이었습니다. 무슬림과 기독교인, 불교도가 모두 그곳에 있었습니다. 발주나에서 흙탕물을 마신 소수의 인원은 칭기스칸 군대의 기초가 되었습니다."[66]

66 잭 웨더포드(《칭기즈칸 잠든 유럽을 깨우다》 저자) 인터뷰 중에서

당시 테무진의 곁에 남아있던 부하들은 모두 19명이었다. 흥미로운 것은 이 19명이 서로 다른 부족 출신이라는 점이다. 최악의 순간에 테무진과 운명을 함께한 것은 이번에도 그의 친족들이 아니라 우정과 충성심으로 뭉친 그의 동지들이었다. 테무진과 같은 몽골족 출신은 동생 카사르뿐이었다. 출신 부족만 다른 것이 아니었다. 종교도 모두 달랐다. 이슬람교도, 불교도, 기독교도 그리고 테무진과 같이 몽골전통의 샤머니즘을 믿는 사람도 있었다. 마치 모자이크를 그려 놓은 것처럼 당시 몽골초원을 축소해 놓은 것이 이 19명의 특징이었다. 이 19명이야말로 이후 테무진이 건설하게 될 새로운 사회를 상징하는 존재였다.

이후 새롭게 등장한 테무진의 부대는 친족집단이나 부족과는 완전히 무관한 부대가 되었다. 애초에 존재했던 친족 위주의 구성을 완전히 해체해서 10진법에 근거한 혁신적인 군사조직을 만들어 낸 것이다. 테무진은 우선 병사들을 '아르반'이라고 부르는 10명으로 이루어진 분대로 재편성해서 분대원들끼리 형제가 되도록 했다. 마치 테무진 자신이 친족이 아닌 동지들과 형제애로 뭉친 것처럼 부하들도 전혀 다른 부족 출신들을 섞어서 형제가 되도록 한 것이다. 그들은 형제이므로 함께 살고 함께 싸워야 했다. 분대원 중 한 사람이 포로가 되면 남겨두고 떠날 수 없었다.

10개의 아르반이 모이면 '자군'이라 불리우는 100명 단위의 중대가 되었다. 다시 자군 10개가 모이면 1,000명의 부대원을 가지는 '밍간'이 되었으며 밍간 10개가 모이면 10,000명의 부대원을 가지는 '투멘'이 되었다. 여담이지만 투멘을 한자로 표기하면 '만호萬戶'가 된다. 고려이후 조선시대에도 최전선의 부대의 무장에게 내리는 벼슬이 '만호'

였는데 이 명칭은 몽골의 흔적이다. 아무튼 이 투멘이 테무진의 군대에서 하나의 전략단위를 이루게 된다. 기존에 혈연에 기초한 부족이 차지하던 자리를 이젠 인위적으로 여러 부족 출신이 결합된 투멘이 대체하게 된 것이다.

"몽골은 군대를 조직하면서 흉노족 이후 초원에서 사용된 십진법을 이용했습니다. 기본적으로 10명, 100명, 1,000명, 10,000명 단위가 있었는데, 매우 효과가 좋았습니다. 이것을 칭기즈칸은 다르게 이용했습니다. 몽골을 재구성하고 있었기 때문에 (부족을 해체했고) 모두 몽골인이 되었습니다. 더 이상 어떤 부족 출신이 아니었습니다."[67]

10진법에 기반한 군대조직 자체는 몽골초원에서 새로운 게 아니었다. 새로운 지점은 기존의 부족관계를 해체하고 모든 부족을 서로 섞어 놓았다는 것이다. 이제 더 이상 몽골족, 메르키트족, 타이치우드족 따위의 부족은 존재하지 않았다. 그리고 단순한 혼합 이상의 중요한 차이가 하나 더 있었다. 모든 부족이 평등한 권리를 가지고 참여했다는 점이다. 이 공동체 속에서는 승리한 부족과 패배한 부족의 구별이 존재하지 않았다. 승리자인 테무진이 속한 몽골씨족과 패배한 다른 부족 출신자들 사이에 아무런 차별도 두지 않은 것이다. 현대적인 언어로 표현하자면 패배자들에게도 완전히 동등한 시민권이 주어진 셈이다. 이런 재구성 과정을 거치면서 초원의 부족들은 조지 레인 교수의 표현처럼 '칭기즈칸의 부족'이 되었다. 따라서 아무리 격렬한 전투가 있어도 테무진

---

[67] 티모시 메이(《몽골병법》 저자) 인터뷰 중에서

의 부족은 줄어들지 않았다. 전투에서의 사상자를 능가하는 새로운 부족원들이 테무진의 부족에 들어왔기 때문이다. 이렇게 싸울수록 숫자가 늘어나는 테무진의 군대를 경쟁자들은 결코 이길 수 없었다. 테무진은 결국 몽골초원을 통일하는 데 성공한다.

1206년 성산으로 신성시되던 부르칸 칼둔산 근처 오논강의 원류에서 테무진은 초원 전체의 대칸으로 추대된다. 드디어 '칭기즈칸'이 탄생한 것이다. 이 자리에서 칭기즈칸은 자신이 다스리는 제국의 사람들을 몽골족도, 투르크족도 아닌 '모전 천막의 사람들'이라고 선언했다. 혈통이 아니라 유목민들이 공통적으로 가지고 있는 문화에 기반해서 자신의 새로운 백성들을 지칭한 것이다. 더 이상 부족간의 구별 따위는 존재하지 않는다는 선언이기도 했다. 그리고 중국의 왕조들처럼 새로운 나라의 이름을 만드는 것이 아니라 자신의 나라와 백성들을 부르는 호칭으로 "예케 몽골 울루스"라는 이름을 사용했다. 예케는 몽골어로 '큰' 혹은 '위대한'이라는 뜻을 가지고 울루스는 '가문', '백성' 등으로 번역될 수 있다. 칭기즈칸은 자신이 지배하는 제국을 '크고 위대한 몽골의 백성들'이라고 부른 것이다. 두 명칭 모두 기존의 씨족이나 부족관계를 초월한 새로운 사회를 지향하고 있다.

칭기즈칸은 싸움이 끊이지 않던 초원을 통일하는데 그치지 않고 특유의 개방성과 관용정신에 입각해서 초원의 모든 씨족과 부족을 아우르는 새로운 민족을 만들어 낸 것이다. 그리고 이 개방성과 관용정신은 그의 후계자들에게도 이어져 앞서 본 것처럼 몽골을 세계제국으로 성장시켰다.

수도사 루브룩

이제 다시 몽골 침공 직후의 유럽으로 돌아가 보자. 유럽을 공포에 몰아 넣었던 몽골군이 갑자기 사라지고 나서 유럽인들은 또 다른 두려움에 휩싸여 있었다. 혹시 몽골인들이 다시 돌아오면 어쩌나 하는 두려움이었다. 지난 번에는 패배했지만 다시 쳐들어 오면 이길 수 있다는 자신감을 가지기엔 패배의 충격이 너무 압도적이었다. 또 유럽인들은 몽골인들에 대해 자신들이 너무 아는 것이 없다는 사실 때문에 더 두려워할 수 밖에 없었다. 용도 훈련시켜서 데리고 다닌다는 풍문이 있었던 것처럼 유럽인들에게 몽골은 너무 두렵고 너무 낯선 존재였다. 결국 프랑스의 왕 루이 9세는 몽골제국과 관계를 개선하고 몽골제국에 대한 정보를 수집하기 위해 사절을 파견하기로 결정한다. 그리고 프란체스코파 수도사였던 '기욤 드 루브룩'이 사절로 선택되었다.

| 프란체스코파 수도사였던 '기욤 드 루브룩'

"1253년 프랑스왕은 몽골에 사절을 보냈습니다. 왕은 기욤 드 루브룩을 파견했습니다. 그는 프랑스에서 몽골까지 여행했습니다. 칭기스칸의 손자로 권력을 장악한 새로운 칸, 뭉케칸^{Möngke Khan}을 만나기 위해서였습니다. 그는 외교 사절인 동시에 스파이였습니다. 프랑스왕에게 몽골에 관한 정보를 가져다줄 심산이었습니다. 몽골이 군대를 조직하는 방식과 몽골의 의도와 계획, 생활방식에 관한 것이었습니다. 그는 몽골에 관한 아주 중요한 정보원이 되었습니다. 그는 몽골인이 기독교로 개종해야만 한다는 메시지를 가져갔습니다. 하지만 몽골인은 이미 기독교에 관해 잘 알고 있었습니다. 뭉케칸의 어머니가 기독교인이기 때문입니다. 소르칵타니 베키^{Sorghaghtani Beki}는 몽골인이자 기독교인이었습니다."⁶⁸

| **뭉케칸** 몽골 제국의 제4대 대칸(1208~1259). | **소르칵타니 베키** 소르칵타니 베키(1198~1252)는 칭기스칸의 4남 툴루이의 아내이며, 몽케 칸, 쿠빌라이 칸의 어머니 |

68 잭 웨더포드(≪칭기스칸 잠든 유럽을 깨우다≫ 저자) 인터뷰 중에서

루브룩은 대체로 두 가지 임무를 가지고 있었던 모양이다. 공식적인 임무는 물론 몽골제국과의 우호 증진이며 동시에 몽골제국의 칸을 기독교도로 개종시키는 것이었다. 몽골의 칸을 기독교도로 개종시킨다는 목표가 지금의 우리가 보기에는 얼핏 황당한 임무인 것처럼 보이지만 당시 상황에서는 꼭 그렇지만은 않았다. 우선 몽골초원에는 이미 많은 기독교도들이 살고 있었다. 특히 과거 칭기즈칸을 위기로 몰아 넣었던 옹칸의 케레이트족은 기독교도가 많기로 유명했다. 이들은 오래전에 동방으로 전파된 네스토리우스파 기독교도였는데 자신들을 사도 도마의 후계자로 여겼다. 루브룩이 몽골을 방문할 당시의 칸이었던 뭉케칸의 어머니 소르칵타니도 케레이트족 출신이었으므로 일찍부터 기독교를 받아들이고 있었다. 따라서 뭉케칸을 기독교도로 개종시키는 게 불가능한 것만은 아니었다.

물론 유럽인들이 이런 사정을 잘 알고 있어서 뭉케칸을 기독교도로 개종시키려 한 것은 아니다. 다만 유럽인들에겐 동방으로 간 기독교도의 왕 '프레스터 존'에 대한 전설이 있었다. 이 전설을 확대해석하여 혹시 몽골의 칸이 '프레스티 존'이 아닐까 하는 기대를 가지고 있기는 했다. 당시 몽골에 네스토리우스파 기독교도가 많았다는 사실을 고려하면 전혀 엉뚱한 전설은 아닌 셈이다.

뭉케칸이 기독교로 개종한다면 유럽인의 입장에서는 몽골의 침입을 막을 수 있다는 점 외에 또 다른 이점을 기대할 수 있었다. 십자군 전쟁에 대한 지원을 기대할 수 있다는 점이었다. 몽골의 세력이 급속도로 확대되고 있던 13세기는 아직 십자군 전쟁의 시대였다. 그런데 1095년에 시작된 십자군 전쟁은 13세기 중반인 이 시대에 접어들며 유럽의 수

세로 바뀌어 있었다. 예루살렘은 도로 빼앗기고 지중해에 면한 해안선 일대의 몇몇 도시를 겨우겨우 지켜내고 있었던 것이 당시 십자군의 현실이었다. 새로운 돌파구가 필요한 상태였는데 만약 몽골제국이 십자군에 동참해준다면 유럽인으로서는 이슬람국가들을 한 번에 휩쓸어 버릴 수 있으리라 기대할 수 있었다.

루브룩의 두 번째 임무는 칸의 개종에 실패하더라도 몽골제국의 실태를 자세히 정찰하여 혹시 몽골군이 유럽을 다시 침공할지 어떨지, 몽골군의 정확한 숫자와 전략은 어떤 것인지를 알아내는 것이었다. 이 두 번째 임무 때문에 루브룩은 당시 몽골제국의 제도와 풍습 등에 대해 자세한 기록을 남기려고 노력했다. 덕분에 우리는 13세기 몽골제국에 대한 가장 자세한 정보를 루브룩의 기록으로 얻을 수 있게 되었다.

1253년 프랑스를 출발한 루브룩은 수천 킬로미터의 여행에 나섰다. 콘스탄티노플을 지나 중부유럽을 거치는 여행길은 무척 오래 걸린 모양이지만 그럭저럭 볼가 강변에 도착하자 루브룩은 몽골제국에 거의 다온 모양이라고 생각했다. 하지만 루브룩에게는 아직도 4,000km가 넘는 여정이 기다리고 있었다. 그래도 루브룩에게 다행인 것은 이 지점부터는 몽골제국이라는 단일한 제국의 영토였다는 점이다. 단일한 통치권력이 안전을 보장하고 있었기 때문에 루브룩은 그때까지의 속도와는 비교도 할 수 없는 빠른 속도로 몽골제국의 수도를 향해 여행할 수 있었다. 결국 콘스탄티노플을 떠난지 6개월만에 목적지에 도착했다. 그가 당도한 곳은 초원위에 건설된 몽골제국의 수도 카라코룸이었다.

루브룩이 카라코룸에 도착했을 때 칭기즈칸의 세 번째 후계자 뭉케 칸은 신하들과 함께 몇 마일 떨어진 초원에 머물고 있었다. 당시의 몽골식 표현을 빌리자면 활시위만큼 떨어진 곳이었다고 한다. 몽골제국의 칸은 세계제국의 지배자가 된 뒤에도 아직 유목민의 삶을 버리지 않았기 때문에 이렇게 초원을 돌아다니며 천막에서 생활하는 경우가 많았다. 칸의 천막에 도착한 루브룩은 곧 문앞으로 안내되었다. 이어서 칼을 가지고 있는지 확인하려고 다리와 가슴 팔까지 온몸을 수색한 후 문에 걸려있는 양탄자를 열어주었다. 천막 안으로 들어서자 신하들과 회의를 하고 있던 뭉케칸의 모습이 보였다. 루브룩 일행은 칸이 부를 때까지 기다리라는 지시를 받고 칸과 신하들의 회의를 지켜보게 되었다. 잠시 후 뭉케칸이 손님들에게 관심을 돌렸다. 칸의 앞에 불려나가자 루브룩은 유럽에서 가지고 온 선물을 내밀었다. '성경'이었다. 몽골인들은 낯선 물건에 대해 두려움을 나타내기 보다는 호기심을 품는 경우가 많았다. 칸도 '성경'에 호기심을 보였다. 기회를 잡았다고 생각한 루브룩은 '이것은 신의 말씀입니다' 라고 설명했다. 성경을 몇 차례 들추어본 후 칸이 대답했다.

> "신이 인간에게 다섯 손가락을 주신 것처럼, 인류에게 행복을 추구하는 여러 가지 방법을 주셨다. 너희들에겐 경전을 주셨고 우리에겐 예언자를 주셨다. 우리는 예언자의 말씀 아래 보호받는다. 그리고 평화롭게 지낸다. 모든 인간은 자신의 방식에 맞게 행복을 추구해야 한다."

이 대답이 종교와 정치의 관계에 대한, 그리고 문화적 다원성에 대한 몽골인의 대답이었다. 아마도 루브룩은 뭉케칸의 대답을 듣는 순간 칸을 기독교로 개종시키려는 자신의 시도가 실패할 것이라는 사실을 직감했을 것이다. 이들은 종교를 바라보는 시각 자체가 근본적으로 달랐다. 루브룩이 칸을 기독교로 개종시키려고 한 것은 뭉케칸이라는 한 개인을 하느님의 은총으로 구제하려고 한 것이 아니다. 뭉케칸은 제국의 지배자이다. 따라서 뭉케칸을 개종시키면 기독교가 몽골제국의 공식 종교가 될 것이라는 기대를 품고 칸에게 기독교를 설파하고자 한 것이다. 당시 유럽에서는 지배자의 종교가 곧 국가의 종교였다. 지배자의 종교를 받아들이지 않는 자들은 이교도였고 당연히 법의 보호조차 받지 못했다. 이건 루브룩에겐 너무 당연한 상식이었다. 그런데 뭉케칸은 이런 사고방식 자체가 없었다. 뭉케칸은 종교는 각 공동체가 알아서 할 문제이고 비록 칸이라 할지라도 피지배자들에게 특정 종교를 믿으라고 강요할 이유는 하나도 없다고 생각한 것이다. 이런 사고방식을 가지고 있다면 칸 한사람을 기독교도로 개종시키는 것은 정말 칸 개인의 문제가 되어 버리고 만다. 아무리 애써서 칸을 개종시켜도 기독교가 국교가 될 수 없다면 개종시킨 보람이 없어지는 것이다. 루브룩의 첫 번째 임무는 시작부터 실패할 운명에 처한 셈이다.

카라코룸의 종교토론

며칠 후 수도 카라코룸으로 돌아오는 칸의 일행을 따라 루브룩은 카라코룸에 도착했다. 이 곳에서 루브룩은 당시 어떤 세계에서도 볼 수 없었던 광경을 만난다. 그 곳은 모든 종교가 평화롭게 공존하는 관용의 땅이었다. 우선 도시의 구조 자체가 다종교, 다문화를 전제로 해서 구성되어 있었다. 남서쪽에는 칸의 궁전이 있었고, 중앙에는 중국인들과 무역상들을 위한 거리가, 북쪽엔 이슬람교도들의 거주지가 있었다. 재미있는 것은 이슬람교도들의 거주지를 지나서 북쪽 끝으로 가야 기독교인들을 위한 교회가 있었다는 사실이다. 교회에 가기 위해서는 반드시 이슬람교도들의 거주지를 지나가야 했던 것이다. 따라서 일요일이 되면 기독교도들이 단체로 이슬람 거리를 지나 교회로 갔다. 그것도 충돌을 두려워 하면서 조심스럽게 간 게 아니라 십자가를 앞세우고 찬송가를 부르면서 지나갔다. 찬송가를 부르며 이슬람 거리를 지나는 기독교도들에게 이슬람교도들은 어떤 공격도 하지 않았다. 21세기의 서구 민주주의 국가에서조차 이슬람교도들의 집단 거주지를 찬송가를 부르면서 지

| 카라코룸의 기독교회 모형

나가는 행위나 기독교도들의 집단 거주지를 코란을 암송하면서 지나가
는 행위는 아마 상당한 각오를 필요로 하는 행위일 것이다. 하지만 13
세기 몽골제국에서는 어떠한 각오를 할 필요도 없었다. 간혹 이런 장면
을 만나면 인류는 진정 진보하고 있는가에 대해 회의가 생기기도 한다.

　루브룩은 카라코룸에서 1253년의 크리스마스 축하행사도 구경할 수
있었다. "임하소서 성령이여Veni Sancte Spiritus"라는 찬송가가 울려 퍼지
는 가운데 칸은 기독교도인 어머니와 함께 교회 미사에 참석했다. 칸의
부인인 카툰(황후)도 미사에 참석했다. 미사가 끝나자 칸은 사제들과 함
께 종교적인 문제에 대해 토론을 벌였고 카툰은 손님들에게 크리스마
스 선물을 나누어 주었다. 루브룩에게도 옷감이 선물로 주어졌다. 하지

만 루브룩은 사양했다. 초원의 문화에 의해 변질된 기독교 의식에 기분이 언짢았기 때문이다. 다행히 카툰은 루브룩의 거절을 알아차리지 못했다. 루브룩과 동행했던 통역이 이 값비싼 옷감을 빼돌렸기 때문이다. 훗날 옷감은 키프로스에서 이탈리아 상인에게 비싼 값으로 넘어갔다.

> "몽골인은 모든 다양한 종교가 모이는 것을 허용했습니다. 이슬람 모스크와 불교사원이 있었습니다. 심지어 카라코룸에는 소림사 지부가 있었습니다. 기독교인과 정령숭배자animists, 무당shamans, 주술사이 있었습니다. 모든 사람들이 함께 작은 공동체에 살았습니다. 큰 도시든 작은 도시든, 전 세계 어느 곳에도 이런 장소는 없었습니다. 다양한 인종과 종교, 언어를 가진 이들이 모여 하나의 법 아래서 평화롭게 공존하며 절대적으로 평등한 대우를 받았습니다."[69]

뭉케칸은 해가 바뀐 1254년이 되도록 루브룩에게 공식적인 알현을 허락하지 않다가 5월 24일에야 알현을 허락했다. 칸을 알현하기 위해 궁전에 도착한 루브룩은 놀라움을 금치 못했다. 그가 미처 생각하지 못했던 이국적인 모습이 가득했고 매우 우아하면서도 독특한 양식들이 줄지어 있었다. 루브룩은 이곳에서 부셰라는 사람을 만난다. 파리 출신의 금 세공장이 부셰는 몽골군이 헝가리를 침공했던 지난 1241년에 몽골군의 포로가 되어 카라코룸으로 왔다. 그리고 부셰가 칸을 위해 만든 걸작을 구경하게 된다. 은으로 만든 4m 높이의 나무였다. 루브룩은 "파리의 장인 기욤 부셰는 위대한 걸작을 만들었다. 그 뿌리에는 4마리

---

69 잭 웨더포드(≪칭기즈칸 잠든 유럽을 깨우다≫ 저자) 인터뷰 중에서

의 은사자가 자리잡고 있다. 도금한 뱀이 나무를 휘감고 있었다. 포도주와 맑은 말젖, 꿀로 만든 음료, 쌀로 빚은 술이 흘렀다. 북쪽의 높은 곳에 칸의 자리가 있어 어느 곳에서도 그를 볼 수 있었다. 세 계단 높은 곳에 마치 신처럼 칸이 앉아 있었다"라고 기록했다. 당시 카라코룸에는 부세 외에도 세계 각지에서 몰려든 다양한 인종의 사람들이 살고 있었다. 이들은 대부분 몽골의 정복전쟁에 따라 고향을 떠나 머나먼 몽골초원으로 끌려온 사람이었다. 하지만 이들이 고향을 떠나 타향에서 살아가야 한다는 점만 제외한다면 그들에 대한 대우는 매우 좋은 편이었다. 살고 있는 사람들이 다양했던 만큼 카라코룸에 있는 궁전과 주택들도 모두 화려한 색깔과 다양한 문양을 자랑하고 있었다. 이런 화려한 궁궐과 주택을 건설하는 데도 물론 투르크, 유럽, 중국, 아랍, 페르시아 등 여러 나라의 뛰어난 건축가들이 함께 참여하고 있었다.

"다양한 집단과 민족들이 거주하였던 카라코룸은 국제적 다문화 사회였습니다. 건재했을 때 카라코룸에는 다양한 활동들이 활발하게 이뤄졌으며, 다양한 민족의 사람들이 카라코룸에서 조화로운 생활을 하였습니다. 매우 흥미로웠던 이 시기에 주민들은 몽골제국의 구성원이 되었고, 피정복민의 대우를 받지 않았습니다. 또한 도시가 점령되면 그곳의 장인들은 전리품으로 붙잡혔습니다. 이들은 죽지 않고 전리품이 되었습니다.

오늘날엔 비행기를 타고 여행할 수 있지만, 이 당시에는 한 지역에서 다른 지역으로 이동하면 고향으로 돌아갈 수 없었고 따라서 새로운 지역에 정착하여야만 했습니다. 카라코룸의 주민들은 고향으로 돌아갈 수 없었기에 이곳에서 새로운 삶을 시작하였지요. 이렇게 카라코

| 기욤 부셰의 은나무

룸은 역동적인 신생제국의 일원이 되기 위해 노력하는 수많은 이민자들로 구성되어 있었습니다. 매우 흥미로운 시기였습니다. 카라코룸은 새로운 가능성을 제시하기도 했는데, 예를 들어 프랑스 출신의 한 금세공인은 음료(마유주)를 내뿜는 은으로 만든 나무를 제작하였습니다. 카라코룸에 이와 같은 기회는 산재했고, 무엇이든 가능했습니다. 전세계를 계승받은 몽골제국의 칸들은 언제나 최고를 추구하였으며 국민들에게 이 모든 기회를 제공하였습니다. 살아가는데 있어 흥미진진한 시기였을 것입니다. 유럽인이든 아시아인이든 이 시기를 매우 흥미진진하게 보냈을 것이라 생각합니다."[70]

알현장에 들어서자 칸은 여러 종교의 대표자들이 모인 자리에서 루브룩에게 하느님의 말씀에 대해 설명해보라고 요구했다. 루브룩은 이

70   조지 레인(런던대학교 아시아. 아프리카 연구소) 인터뷰 중에서

러저러한 몇 마디 설명을 한 뒤 하느님에 대한 사랑이야말로 기독교인들에게 가장 중요한 계율이라고 이야기했다. 그러자 무슬림 성직자인 이맘이 곧바로 질문을 퍼부었다. "아니, 세상에 하느님을 사랑하지 않는 사람도 있단 말이요?"

루브룩으로서는 매우 곤란한 토론이었을 것이다. 카라코룸에 오기 이전에 루브룩은 한 번도 이교도들과 진지한 종교적 토론을 벌인 적이 없었다. 신학적 논쟁을 하더라도 그건 어디까지나 같은 기독교도 간에만 가능한 일이었다. 앞서 잠깐 언급했지만 유럽의 3대 기사단 중에 템플 기사단이라는 조직이 있다. 중세 기사단은 모두 수도사이기 때문에 이들도 루브룩처럼 수도사였다. 그런데 이 템플 기사단의 제1계명이 "이도교는 보는 즉시 죽인다"였다. 대화조차 시도하지 않고 죽이는 것이 계율일 정도니 비기독교도와의 종교토론 따위는 아마 상상도 해본 적이 없었을 것이다. 따라서 기독교의 가장 기본적인 전제에서부터 토론을 시작하는 것은 루브룩에게는 매우 낯선 상황이었다. 기본적인 전제를 공유하지 않으면 토론은 전혀 다른 차원에서 진행될 수밖에 없다. 결국 루브룩은 이 낯선 토론에서 만족할 만한 결과를 얻을 수 없었다.

뭉케칸 앞에서의 종교토론 이후에도 루브룩은 몇 차례의 종교토론에 참석했다. 사실 몽골제국에서는 마치 씨름 시합을 여는 것처럼 종교토론이 열리고는 했다. 다양한 종교인들이 토론에 참여했다. 씨름 시합처럼 세 명의 심판이 토론회를 이끌었는데 그들은 기독교도, 불교도, 이슬람교도로 이루어져 있었다.

"몽골족은 종종 야만인들로 비춰지곤 합니다. 하지만 몽골이라는 표현이 적합하지 않듯이 야만이라는 표현 역시 적절하지 않습니다. 몽골인들의 여가활동을 보면 그들이 야만인이 아니었다는 것을 알 수 있습니다. 남아있는 몽골의 여가와 관련된 기록들은 이들이 학문적으로 토론을 벌이면서 여가를 보냈다고 밝히고 있습니다. 즉, 학문적 토론을 즐겼다는 뜻입니다. 토론의 주제로 종종 종교가 선정되었는데, 예를 들면 불교를 주장하는 사람과 기독교를 주장하는 사람들이 논쟁을 벌이는 방식이었습니다. 기욤 드 루브룩도 이 종교 토론에 참여하였습니다. 저는 우리가 접할 수 있는 몽골의 토론과 관련된 아주 다양한 자료들이 몽골제국의 성향을 보여준다고 생각합니다. 어떤 민족은 복싱을 좋아할 수도 있고, 로마사람들의 경우에는 검투사에 빠져있었지요. 몽골의 경우에는 종교적 토론을 즐겼습니다. 이 사실은 몽골인들에 대해 많은 점을 시사하고, 몽골인들에 대해 우리가 얼마나 잘못 이해하고 있는지를 보여준다고 생각합니다. 이 종교적 토론은 일상적으로 벌어졌으며, 이에 관한 자세한 기록들이 남아있습니다."[71]

1회전에서 루브룩은 중국 북부에서 온 불교 승려와 토론을 벌였다. 승려는 세상이 어떻게 만들어졌는가에 대해서부터 토론을 시작해야 한다고 주장했다. 그동안 준비를 많이 한 덕인지 루브룩은 이번엔 좀 더 날카로운 대답을 할 수 있었다. 루브룩은 불교 승려가 잘못된 질문을 던졌으며 첫 번째 질문은 만물의 근원인 하느님에 대한 것이어야 한다고 반박했다. 세 명의 심판은 루브룩의 승리를 선언했다. 씨름 시합의 한 회가 끝날 때마다 선수들이 마유주를 마시는 전통에 따라 토론자들도 한 회가 끝날 때마다 마유주를 한 사발씩 들이켰다. 토론이 계속되

---

71 조지 레인(런던대학교 아시아. 아프리카 연구소) 인터뷰 중에서

었지만 종교 토론의 특성상 다른 종교의 우위를 인정하는 토론자는 나오기 어려웠다. 결국 회가 거듭될수록 토론자들은 술에 취하기 시작했다. 서로를 납득시키지 못한채 술기운이 오르자 기독교도들은 찬송가를 부르기 시작했다. 노래를 부르지 않는 무슬림은 코란을 큰소리로 암송해서 이에 맞섰다. 불교도는 조용히 명상에 들어갔다.

"카라코룸이 몽골의 수도였던 시절에 다른 나라를 생각해보세요. 다른 종교가 한 도시에 공존하는 것은 아주 드문 일이었습니다. 예를 들어, 이슬람 세계에도 기독교인과 유대인이 있었습니다. 하지만 심한 규제를 받으며 과도한 세금을 내야 했습니다. 당시 이슬람 통치 아래서 불교나 힌두교는 금지되었습니다. 기독교는 더 심각했습니다. 종파가 다르다며 같은 기독교인을 죽였습니다. 같은 원칙에 동의하고 순종하지 않는다면 살 권리도 없다고 생각했습니다. 종교적으로 매우 관용적이지 못한 사람들이 카라코룸에 와서, 이슬람교도가 기독교인과 이야기 해야만 한다는 걸 목격했습니다. 기독교인은 불교도와 대화를 나눠야만 했습니다. 불교도는 도교 신도들과 이야기를 나눠야만 했습니다. 혁명적인 종교정신이었습니다. 카라코룸에서 이런 일이 벌어지고 있었습니다."[72]

---

72 잭 웨더포드(《칭기즈칸 잠든 유럽을 깨우다》 저자) 인터뷰 중에서

팍스 몽골리카

'팍스 로마나Pax Romana'라는 말이 있다. 로마에 의한 평화라는 뜻인데, 지중해 전역이 로마라는 단일한 제국으로 통일됨으로써 경제적 번영과 사회적 안정이 동시에 이루어졌던 시대를 일컫는 말이다. 제국이라는 존재가 가진 긍정적인 면을 부각시킬 때 우리는 이 단어를 사용하곤 한다. 동일한 차원에서 우리는 팍스 몽골리카, 즉 몽골제국에 의한 평화라는 용어도 사용할 수 있다. '몽골과 평화'. 그런데 사람들은 이 두 단어의 조합에 이질감을 느낀다. 몽골제국이 가진 파괴적인 힘과 유목민족에게 덧씌워진 잔혹한 이미지로 인해 몽골제국에게 평화라는 단어를 붙이기가 어색한 것이다. 하지만 실제 13세기의 세계를 살펴보면 분명 몽골제국에 의한 평화는 존재했다.

우선 유라시아대륙의 거의 전부가 하나의 정치권력에 의해 통일되어 있었다. 자주권과 독립의 상실이라는 측면에서는 분명 안타까운 일이지만 이렇게 전 세계가 하나의 권력에 의해 통일되면 우선 전쟁의 가능성이 급속도로 줄어든다. 몽골의 대규모 정복전이 마무리된 후 세계는 반세기 이상 평화를 유지할 수 있었다. 그리고 평화가 지속되자 동양과 서양의 교류가 늘어나기 시작했다. 아니 늘어났다기 보다는 역사상 처음으로 본격적으로 시작되었다. 몽골제국이 등장하기 이전에 아시아나 유럽에서 대륙의 반대편으로 가는 것은 거의 불가능했다. 만약 누군가가 로마를 출발해서 북경, 혹은 항주에 가고자 한다면 그는 수십 개의 독립된 국가들과 각지에서 할거하는 도적떼로부터 자신의 생명과 재산을 지켜야만 했다. 불가능에 가까울 정도의 확률이었다. 하지만 몽골제국이 등장하자 상황은 완전히 바뀌었다. 몽골제국이 나서자 우선 각지에 할거하는 약탈적인 지방정부(사실상의 도적떼)는 힘을 쓸 수 없었다. 이동의 안전이 보장되자 엄청난 물자가 동과 서로 이동하기 시작했다. 동아시아의 항주와, 유럽의 베네치아 등은 이 새로운 기회를 바탕으로 경제적 번영을 이루기 시작했다. 더구나 이동과 교류에 적극적이었던 몽골제국은 이 교류를 더욱 확대하기 위해 획기적인 수단을 선보였다. 바로 '잠jam'이었다.

사실 인류 역사상 가장 광대했던 몽골제국을 다스리기 위해서는 무엇보다 정보의 전달 속도가 중요했다. 앞서 몽골의 유럽원정 과정에서 설명한 것처럼 몽골제국은 동서로 8,000km나 떨어져 있는 두 개의 전선을 동시에 감당하고 있었다. 이 정도나 멀리 떨어져 있는 전선을 동시에 유지하려면 어느 누구보다도 빠른 정보 전달이 중요했다. 꼭 전쟁이 아니더라도 역사상 가장 광대했던 제국을 통치하려면 빠른 정보전달이 필수적일 수밖에 없다. 그리고 몽골의 지배자들은 이런 정보전달의 중요성을 완벽하게 이해하고 있었다. 다행히 이 부분에서 몽골인들은 당시 어느 민족보다 유리한 조건을 가지고 있었다. 기동성에서 탁월한 능력을 가진 유목민이었기 때문이다. 하지만 아무리 특출한 능력을 가진 유목민이라 해도 수백 km가 넘는 장거리를 한 번에 주파하는 것은 불가능했다. 따라서 몽골인들은 체계화된 릴레이 시스템을 생각해 냈다. 그것을 몽골어로 '잠'이라고 불렀다. 쿠빌라이칸의 시대에 몽골을 방문한 마르코 폴로에 따르면 "각 지방으로 가는 주요 도로변에 25마일이나 30마일마다 역참이 설치되어 있다. 이 역참에서 전령은 명령을 기다리며 대기중인 삼사백 마리의 말을 볼 수 있다. 칸의 전령은 온 사방으로 파견되며 그들은 하루거리마다 숙박소와 말을 찾을 수 있다. 이것은 정말로 지상의 어떤 사람, 어떤 국왕, 어떤 황제도 느낄 수 없는 최대의 자부심과 최상의 웅장함이라고 할 수 있다"라고 했다. 몽골제국의 시대보다 훨씬 후대인 15세기 후반 프랑스의 루이 11세때 프랑스 전역에는 불과 2,000km의 도로와 72개의 역참만이 존재했는데 몽골제국의 경우 제국 전체가 아니라 대칸의 직할령에만 60,000km의 도로에 1,400개 이상의 역참이 설치되어 있었다고 한다.[73]

몽골제국은 자신의 영향권 아래 들어온 속국들에게도 역참의 설치를 강제했다. 따라서 정보전달의 영향력은 몽골제국에만 머물지 않았다. 고려처럼 기존에도 역참이 존재했던 곳의 역참은 대폭 확대되었고 러시아처럼 기존에 역참이 없던 지역에는 새롭게 역참이 설치되었다. 러시아 같이 외진 지역에 있던 국가들은 처음으로 세계적인 정보 흐름망 속으로 들어온 것이다.

그렇다면 '잠'을 이용한 정보전달 속도는 어느 정도나 되었을까? 취

---

73 김호동 《몽골제국과 세계사의 탄생》에서 인용

재도중 만난 몽골의 역사학자인 나강보 교수에 따르면 "카라코룸에서 헝가리의 부다페스트까지 속달 파발꾼이 일주일만에 도착하였다는 기록이 있다"고 한다. 6,000km가 훨씬 넘는 거리를 일주일에 완주하려면 하루에 거의 1,000km 가까이 달려야 한다는 계산이 나오는데 근대 과학혁명이 시작되기 전에는 몽골제국 외에는 불가능한 속도였다. 아니 전파를 이용하거나 비행기를 타지 않는다면 요즘도 거의 불가능하다. 몽골에서 헝가리까지 자동차를 타고 달린다고 한들 일주일 안에 도착할 수 있겠는가? 21세기의 기술로도 육상 교통로를 통해 일주일 안에 몽골에서 헝가리까지 가는 게 불가능한 이유는 몽골제국의 시대에 비해 두 가지가 부족하기 때문이다. 하나는 교통로의 안전이 보장되지 않는다. 유라시아대륙 전체의 안전을 보장하던 제국이 사라졌기 때문에 여행은 상당한 위험을 감수해야 한다. 아프카니스탄과 이라크, 체첸, 우크라이나 같은 수많은 분쟁지역을 지나가야 하는 것이다. 두 번째는 몽골제국의 시대처럼 역참망에 대한 유지보수가 이루어지지 않는다. 교통망은 유지보수가 이루어지지 않으면 제대로 기능을 발휘하지 않는다. 몽골제국이 제대로 된 기능을 유지하고 있던 13세기에는 어떤 방식으로든 유지보수가 가능했지만 그로부터 800년이 지난 21세기에는 효과적인 유지보수가 불가능한 지역이 수두룩한 것이 현실이다. 이 두 가지 이유 때문에 우리는 800

│ 패자 잠(jam, 역참)에서 사용하는 통행증

년이 지난 지금도 유라시아 횡단이 모험인 시대를 살고 있는 것이다.

이렇게 몽골제국에 의해 속도와 안전이 보장되자 동서양의 교류도 급속도로 증가하기 시작했다. 수천 개의 역과 역이 광활한 대륙을 하나의 그물코로 묶어 서아시아의 천문학과 역법, 수학, 지도학 등을 동아시아에 소개했고 중국의 인쇄술, 화약과 화기, 나침반 등 첨단 기술을 아랍과 유럽에 전해 주었다.

"몽골의 통신망인 잠이 만들어지자 갑자기 중국의 의사가 바그다드까지 이동했습니다. 베네치아의 상인이 중국에 갔습니다. 한국의 종이가 이슬람 도시에서 사용되었습니다. 이슬람 강철이 중국에서 사용되었습니다. 갑자기 사람과 사상, 의약품 그리고 재화가 이곳저곳으로 이동했습니다. 세계 역사상 이런 일은 없었습니다. 칭기스칸이 태어날 때만 해도 아시아와 유럽의 직접적인 접촉은 없었습니다. 재화가 한 도시에서 다른 곳으로 매우 느리게 이동했습니다. 하지만 칭기스칸 시대 이후, 유럽과 아시아는 계속 접촉을 이어갔습니다. 사상과 재화, 의약품 그리고 종교가 끊임없이 이동했습니다. 이는 근대 세계 시스템의 토대였습니다.

저는 결국 유럽인이 몽골에게 가장 큰 혜택을 받았다고 생각합니다. 몽골에 세금을 바칠 필요도 없었고 약탈당하지도 않았기 때문입니다. 하지만 그때 시작된 모든 무역으로 이익을 얻었습니다. 베네치아의 폴로 가문처럼 중국에 가서 새로운 사상을 가져올 수 있었습니다. 곧 유럽인들은 유럽의 놀라운 새 재화와 사상을 갖게 됐습니다. 일례로 인쇄기가 있습니다. 유럽에 혁명적인 변화가 일어났습니다. 화약을 가져왔습니다. 전에 없던 많은 것들을 갖게 됐습니다. 유럽은 문명의 가장 자리에 있던 작은 지역에서 문명의 한가운데로 나오게 되었습니다."[74]

"저는 현대 세계를 형성하는데 가장 흥미로운 영향을 준 제국은 몽골이라고 생각합니다. 몽골은 13~14세기에 유라시아 대륙을 가로지르는 거대한 통신 공간을 만들었습니다. 이 공간을 통해 통치술이 전해졌고 많은 다른 것들도 들어왔습니다. 몽골제국에 의해 지금의 중동 혹은 중앙아시아와 중국이 연결되었습니다. 과학과 의약품, 지도 제작, 요리가 소통되기 시작했습니다. 몽골의 거대한 제국 공간의 창조로 거대한 문화의 결합이 벌어졌습니다."[75]

잊지 말아야 할 것은 이런 놀라운 교류도 몽골제국의 개방성과 관용이 없이는 불가능했다는 사실이다. 역참과 관용이 무슨 상관이냐고 말할지 모르지만 자신과 다른 이질적인 존재에 대해 두려움을 품지 않고 개방적으로 교류하는 자세가 없으면 이런 역참체계는 애초에 성립할 수 없는 것이다. 설혹 역참체계를 만들었다 할지라도 대칸의 일방적인 명령전달용으로만 사용되었을 것이다. 하지만 몽골제국에서는 여행자들에게도 '잠'을 개방했다. '잠'에 배정된 말을 이용하고, '잠'의 숙박시설을 사용하면서 안전한 여행을 할 수 있었던 것이다. 몽골제국은 제국 안에서 최대한 많은 여행자들과 상인들이 자유롭게 돌아다니기 바랐기에 이런 조치들을 취한 것이다. 이렇게 많은 사람들이 제국 곳곳을 돌아다니면 새로운 문화가 소개되고 서로 뒤섞이는 것은 당연한 일이 된다. 몽골인들은 이런 현상에 아무 거부감을 보이지 않았기에 역참체계

---

74 잭 웨더포드(≪칭기즈칸 잠든 유럽을 깨우다≫ 저자) 인터뷰 중에서
75 제인 버뱅크(≪세계사 속의 제국들≫ 저자) 인터뷰 중에서

를 발달시키는 일에 그토록 적극적이었던 것이다.

다시 루브룩의 여정으로 돌아가 보자. 1255년 유럽으로 돌아온 루브룩은 루이 9세에게 몽골제국에 대한 자세한 보고서를 올렸다. 프랑스 왕실로서는 처음으로 세계 제국의 진면목을 목격한 셈이다. 하지만 루브룩이 없었다고 해도 몽골에 대한 정보는 프랑스에도 들어오고 있었다. 몽골제국이 건설한 네트워크를 통해 봇물처럼 세계각지로 정보가 퍼져나가고 있었기 때문이다. 그리고 수많은 여행자들이 제국의 안전한 교통로를 이용하여 동과 서로 여행을 하기 시작했다.

우선 우리가 너무나도 잘 아는 베네치아인 마르코 폴로가 있다. 13세기말 쿠빌라이칸이 다스리던 몽골제국을 여행했던 폴로는 《동방견문록》이라는 유명한 책을 남겼다. 이 책은 당시 성경책 다음으로 많이 팔렸다고 할 정도의 베스트셀러가 되었다. 동양에 대한 지식이 일반인에게까지 퍼진 것이다. 고급 지식인들조차도 동양에 대한 지식이 전무하던 중세에 《동방견문록》은 유럽인들에게 경이적인 지식을 전달해 주었다. 물론 몽골제국에 의한 통행의 안전이 없었다면 모험심 넘치던 마르코 폴로일지라도 중국에 가겠다는 시도조차 할 수 없었을 것이다. 이슬람의 여행가 이븐 밧투타가 활약한 것도 몽골제국의 전성기였다. 아시아, 아프리카, 유럽 등 3대륙을 넘나

| **마르코 폴로** 이탈리아 베네치아의 상인으로 동방여행을 떠나 중국 각지를 여행하고 원나라에서 관직에 올라 17년을 살았다.

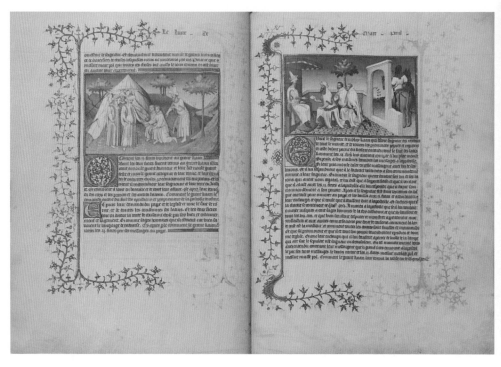

| 동방견문록

들며 당시 알려진 세계 전체를 돌아다녔다는 말을 들었던 이 위대한 여
행가의 여정도 '팍스 몽골리카' 없이는 불가능한 것이었다. 유럽과 중
동에서만 여행자가 나온 것은 아니다. 내몽골에 거주하던 기독교도 랍
반 사우마 역시 세계를 여행했다. 옹구트부 출신의 기독교도였던 그는
1275년 경 이스라엘의 성지를 순례하기 위해 여행길에 나섰다. 여행
도중 그는 일칸국의 바그다드에 들렀는데 그때 일칸국을 지배하고 있
던 아르군칸에게 유럽과의 동맹을 추진해 달라는 부탁을 받게 된다. 이
왕에 내친 걸음이라고 생각했는지 선뜻 칸의 부탁을 수락한 랍반 사우
마는 칸의 친서를 휴대한 채 유럽을 향해 떠나 교황 니콜라스 4세와 영

국왕 에드워드1세를 만났다. 동아시아 끝에 있던 어느 기독교도가 성지 예루살렘을 방문하기 위해 행장을 꾸릴 수 있었던 시대가 바로 13세기 몽골제국의 진면목이라는 점을 우리는 명심해야 한다. 그래서 이 시대는 15~16세기의 '대항해 시대'와 대비해서 '대여행 시대'라는 별칭을 얻게 되었다. '대항해 시대'에 콜롬부스와 바스코 다가마, 마젤란이 활약할 수 있었던 것도 '대여행 시대'의 정보교류가 있었기에 가능한 일이었다.

역사상 가장 방대한 영토를 지배했던 몽골제국. 제국이 인류에게 남긴 것은 단지 엄청난 넓이의 영토를 지배했다는 기억만이 아니었다. 문명의 전달자 몽골제국이 있었기에 유럽은 잠에서 깨어나 근대를 시작할 수 있었고, 아시아와 아프리카도 다른 문명의 존재를 인식하기 시작했다. 진정한 의미의 세계사는 몽골제국과 함께 13세기에 시작된 것이다. 그리고 그 세계사를 만든 힘은 서로 다른 문화를 거리낌 없이 받아들이고 융합했던 몽골제국의 '관용'이었다.

GREAT
BRITAIN III

대영제국의 탄생

레판토 해전에서 오스만의 대 함대를 무찔렀던 스페인은
왜 17년 뒤인 1588년에는 겨우 바다에 진출하기 시작한
신생국 영국에게 패배한 것일까?

해가 지지 않는 제국

'해가 지지 않는 제국'이라는 말이 있다. 세계 곳곳에 식민지를 거느리고 전 세계의 바다를 지배하던 대영제국의 영광을 기리기 위해 사용된 말이다. 왜 '해가 지지 않는 제국'이라고 불렸느냐 하면 지구 곳곳에 영토가 있어서 영국본토에는 해가 지더라도 전 세계에 널린 영토 어딘가에는 항상 해가 떠 있을 수 밖에 없기 때문이다. 하지만 해가 지지 않는 제국이라는 명칭에 어울리는 지배력을 행사한 최초의 제국은 영국이 아니었다. 16세기 스페인이야말로 해가 지지 않는 제국이라는 이름에 어울리는 최초의 제국이었다.

16세기 스페인의 영토는 우선 아메리카 대륙 거의 전부가 포함된다. 북아메리카는 아직 유럽인의 발길이 닿지 않았으므로 아메리카 대륙에 지배권을 가지고 있던 것은 스페인뿐이었다. 여기서 태평양을 건너면 필리핀이 나온다. 필리핀이라는 지명도 발견 당시의 스페인 국왕이었던 펠리페 2세의 이름을 딴 것이다. 여기서부터 인도양을 지나 아프리카 연안에는 점점이 포르투갈 식민지들이 퍼져있다. 그런데 1580

| 펠리페 2세 스페인 국왕
(1527~1598)

년부터는 펠리페 2세가 포르투갈의 국왕도 겸했으므로 인도양을 둘러
싼 식민지들도 모두 스페인의 지배하에 있었다. 여기서 다시 아프리카
를 따라 북상해서 유럽으로 오면 지금의 스페인, 포르투갈, 벨기에, 네
델란드, 이탈리아 북부 및 이탈리아 남부지역도 스페인 국왕의 영토였
다. 더불어 오스트리아도 스페인 왕실과 같은 합스부르크가가 지배하
고 있었다. 실로 유럽 역사상 가장 거대한 영토를 지배하고 있었던 셈
이다. 경제적으로도 스페인은 압도적인 우위를 자랑했다. 신대륙으로
부터 엄청난 금과 은이 들어오고 있었으며 유럽에서 소비되는 대부분
의 소금과 설탕도 펠리페 2세가 장악하고 있었다. 당연한 이야기지만

군사력도 막강했다. 스페인 육군은 유럽에서 가장 강력한 군대로 정평이 나 있었고, 1524년에는 이탈리아에서 역시 유럽의 군사 강국이었던 프랑스에 압도적인 승리를 거두었다. 스페인 해군도 강력했다. 1571년 오스만 투르크를 상대로 한 레판토 해전에서 대승을 거둠으로써 지중해도 스페인의 영향권에 넣은 것이다.

그런데 이 무적의 스페인에 유럽 변방의 작은 나라가 덤벼들었다. 영토의 크기는 비교도 할 수 없을 뿐더러 왕실의 수입은 하늘과 땅 만큼이나 차이가 컸다. 이 겁없는 작은 나라의 이름은 영국이다. 세계의 바다를 지배하고 있던 스페인에 비해 16세기 영국은 이제 겨우 바다에 발을 담그기 시작했을 뿐이었다. 지금으로서는 의외라고 느껴질지 모르지만 헨리 8세[76] 이전에 영국은 해양국가가 아니었다. 헨리 8세 시절부터 겨우 해양으로의 진출을 시도해 보는 정도였다. 하지만 양국 간의 압도적인 국력 차이에도 불구하고 이 전쟁은 영국의 승리로 끝났다. 겨우 걸음마를 시작한 변방의 소국이 거인을 쓰러뜨린 것이다. 이 어이없는 패배와 함께 세계제국 스페인은 몰락하기 시작했으며, 영국은 스페인을 대신하여 세계의 바다를 향해 나아가기 시작했다.

그런데 스페인이 레판토 해전에서 오스만 제국을 물리친 1571년과 영국과 스페인의 전쟁이 벌어진 1588년 사이에는 불과 17년의 간격이 있을 뿐이다. 대제국 오스만의 함대도 무너뜨렸던 세계 최강의 함대가 불과 17년만에 변방의 작은 소국에도 맥을 추지 못하는 종이호랑이로

---

76 영국의 국왕. 엘리자베스 1세의 아버지. 엘리자베스의 어머니인 앤 불린과 결혼하기 위해 캐서린 왕비와 이혼하는 과정에서 로마 가톨릭과 불화하여 수장령을 발표해 독립된 영국 국교회를 만들었다.

전락한 것이다. 이 어이없을 정도의 빠른 몰락에는 도대체 무슨 이유가 있는 것일까? 스페인은 무엇을 잘못 했기에 '최강의 함대'라는 명예를 17년만에 빼앗긴 것일까? 우리는 스페인 함대가 패배하는 과정을 지켜봄으로써 '무엇이 제국을 몰락으로 이끄는가'에 대한 훌륭한 본보기를 얻을 수 있을 것이다. 또 몰락의 반대편에서 놀라운 성장을 보여준 영국의 예를 통해서는 강대국으로 성장하는 나라가 가진 또 다른 덕목도 찾아낼 수 있을 것이다.

가톨릭의 수호자

　스페인 여행을 하면 꼭 들러야 할 관광지로 꼽히는 곳이 몇 곳 있다. 워낙 볼거리로 가득한 곳이라 스페인의 대표적 볼거리로 꼽히기 위해서는 상당한 경쟁을 거쳐야 하지만 그래도 톨레도의 알 카사르 궁전과 마드리드 교외의 엘 에스코레알 궁전은 절대로 놓쳐서는 안되는 명소로 꼽힌다. 두 궁전 모두 독특하고 위엄 가득한 양식으로 방문자의 경탄을 자아낸다. 이 두 궁전은 모두 스페인의 황금시대였던 16세기에 완공되었다는 공통점을 가지고 있다. 알 카사르 궁전을 대대적으로 개조하여 현재의 모습으로 완성한 사람은 카를로스 1세[77]이며 엘 에스코레알을 새롭게 지은 사람은 펠리페 2세이다. 이 둘은 부자지간으로 두 사람의 재위기간만도 무려 80년에 이른다. 아버지인 카를로스 1세가 1519년부터 1556년까지 재위했고 아들인 펠리페 2세가 1598년까지 왕위를 지켰다. 결국 이 두 사람이 왕이었던 기간과 스페인

77　스페인 국왕으로서는 카를로스 1세이며 신성로마제국 황제로는 카를 5세이다. 이번 편에서는 스페인 국왕으로서의 입장을 중시하여 카를로스 1세로 호칭하겠다.

황금시대는 완전히 일치하는 셈이다. 두 사람 모두 경건한 가톨릭 교도였으며 합스부르크가에 대한 자부심으로 가득한 군주였다.

16세기는 스페인의 황금시대라는 점 외에도 또 다른 면에서 세계사의 전환점이 되었던 세기이다. 바로 종교개혁의 세기였다. 유명한 마르틴 루터가 '95개조'[78]를 발표한 것이 카를로스 1세가 즉위하기 2년 전인 1517년이다. 루터를 시작으로 칼뱅, 크랜머 등의 종교개혁가들이 교황청의 타락을 비난하면서 기독교의 개혁을 주장했고 가톨릭으로부터 독립한 신교 진영이 형성되었다. 가톨릭의 입장에서는 기독교의 본산지인 유럽에서 해마다 이교도들이 꾸준히 증가하고 있는 위험한 상황이 시작된 것이다. 당연히 가톨릭에 의한 반격이 시작되었고 신교 진영도 폭력과 비폭력을 넘나들며 저항하기 시작했다. 이런 종교적 갈등은 왕조들 간의 이해관계와 얽히고설키면서 살육으로 얼룩진 종교전쟁의 시대를 만들어 냈다. 어느 역사학자의 조사에 의하면 1480년에서 1700년 사이에 영국은 29회, 프랑스는 34회, 스페인은 36회, 독일지역에 있던 신성로마제국은 25회 전쟁을 치렀다고 한다.

이 종교전쟁의 시기에 가톨릭의 수호자를 자처한 것이 스페인 왕실이다. 대체로 중부유럽과 북부유럽에 집중된 개신교 진영에 비해 스페인, 이탈리아 등 남부유럽은 가톨릭의 영향력이 훨씬 강했는데 유럽 최강의 군주를 자처하고 있던 스페인 왕실로서는 마땅히 가톨릭의 수호자를 자처할 수밖에 없었다. 특히 아버지 카를로스 1세에 비해 훨씬 독

---

78 1517년 10월 31일 루터가 면죄부(免罪符) 판매에 항의하여 비텐베르크성(城) 교회 정문에 내붙인 95개조의 의견서이다. 95개조 논제(論題), 95개조 항의문이라고도 한다. 이것이 당시의 독일에 팽배해 있던 종교개혁의 움직임을 촉발시켜 종교개혁의 발단이 되었다. 이 의견서는 전문(前文)과 95개의 논제로 이루어져 있고, 전문(全文)이 라틴어로 쓰여졌다.

실한 신앙심을 가지고 있었던 펠리페 2세는 가톨릭의 수호를 신이 자신에게 부여한 사명이라고 믿었다. 따라서 그에게 제국의 확대는 곧 가톨릭의 확대였으며 신의 의지를 관철하는 것이었다. 그는 "만약 나의 아들이 이교도라면 내가 직접 나무를 날라 아들을 화형에 처하겠다"라고 호언할 정도로 자신의 종교적 사명에 확신을 가지고 있었다. 그런 펠리페 2세의 입장에서 볼 때 가톨릭의 주요한 적들은 다음과 같았다.

우선 유럽을 위협하는 오스만 제국이 있다. 1452년 콘스탄티노플 함락 이후 이슬람세력의 확장은 16세기에 이르러 정점을 달리고 있었다. 더구나 16세기라는 이 격동기에 오스만 제국에는 제국 역사상 최고의 명군이라 불린 술레이만 1세가 술탄의 자리에 있었다. 술레이만 1세의 영도 아래 오스만 제국은 성장을 거듭하여 육지로는 빈을 위협하고 있었으며 바다로는 이탈리아의 턱밑까지 밀고 들어온 상태였다. 술레이만의 아들 셀림 2세 역시 영토확장에 적극적이어서 기독교 세계는 오스만의 위협을 항상 의식할 수밖에 없었다. 가톨릭의 수호자를 자처하는 펠리페 2세로서는 이를 결코 좌시할 수 없었다. 펠리페 2세는 오스만의 위협을 제거하기 위해 지중해에서 오스만 제국과 일전을 기획했고 1571년 레판토 해전에서 오스만 제국의 해군을 격파함으로써 가톨릭의 수호자이자 기독교 세계의 구원자라는 찬사를 얻었다.

두 번째 적은 네덜란드의 반군이다. 당시 네덜란드는 합스부르크가의 영지로 펠리페 2세에게 상속된 땅이었다. 그런데 네덜란드의 신교도들이 신앙의 자유라는 기치를 내걸고 펠리페 2세에게 반기를 든 것이다. 가톨릭이라는 단일 신앙으로 제국을 통일하고자 했던 펠리페 2세에게 네덜란드의 반군들은 실로 가증스러운 존재였다. 더군다나 통

헨리 8세 영국 국왕(1491~1547).

쾌한 승리를 거두었던 오스만에 대한 전쟁과 달리 네덜란드 반군과의 전쟁은 좀처럼 출구를 찾지 못한 채 지지부진하게 이어지고 있었다. 대규모 육군을 상주시키면서 힘으로 억누르려고 해도 반군의 기세는 좀처럼 꺾이지 않았다. 오스만과의 대결이 승리로 끝난 이후 펠리페를 가장 괴롭힌 두통거리는 아마 네덜란드의 반군이었을 것이다.

세 번째 적이 바로 엘리자베스 1세 여왕의 나라 영국이다. 엘리자베스의 아버지였던 헨리 8세가 '수장령'[79]을 통해 로마 교황청에서 독립한 이후 영국도 종교개혁의 폭풍 속에 있었다. 엘리자베스의 이복 누이였던 메리 여왕시절에는 잠시 가톨릭으로 복귀하기도 했지만 메리 여왕이 후사 없이 죽고 엘리자베스가 즉위하자 영국은 다시 신교국가로 탈바꿈했다. 가톨릭의 수호자 펠리페 2세로서는 가만히 있을 수 없는 상황이었다.

---

[79] 영국의 종교개혁에서 국왕을 영국 교회의 '유일 최고의 수장(首長)'으로 규정한 법률. 1534년 국왕 헨리 8세가 왕비 캐서린과의 이혼문제로 로마교회로부터의 이탈을 결의, 의회를 통과시켜 발포하였다. 캐서린은 스페인의 공주로 헨리 8세의 형과 결혼하였으나 6개월만에 사별하자, 그 동생인 헨리 8세와 재혼하였다. 그러나 딸 메리 이외에는 아들이 없어서 헨리 8세는 궁녀 앤 불린과 결혼하고자 했고 스페인 왕실을 중시하던 로마교황과 충돌이 있었다.

펠리페는 우선 네덜란드의 반군에 대해서는 강경 진압책으로 일관하고 엘리자베스의 영국에 대해서는 회유책을 쓰기로 했다. 영국을 회유하기 위해 펠리페 2세가 꺼내든 카드는 결혼이었다. 아직 미혼이었던 엘리자베스에게 청혼을 한 것이다. 원래 펠리페 2세는 엘리자베스의 언니이자 가톨릭군주였던 메리 여왕과 결혼한 사이였다. 하지만 메리가 후사 없이 사망했기 때문에 그 동생인 엘리자베스에게 다시 청혼을 했다. 만약 엘리자베스가 펠리페의 청혼을 받아들인다면 평화적으로 가톨릭의 복귀를 실현할 수 있을 것이다.

사실 결혼을 통해 문제를 해결하는 방식은 펠리페 2세에겐 매우 익숙한 방식이었다. 우선 그가 다스리고 있던 합스부르크제국 자체가 어떠한 정복전쟁도 없이 오직 정략결혼만으로 성립한 제국이었다. 당시 유럽의 군주들에게 결혼이 얼마나 효과적인 정치적 수단인지를 보여주는 이 놀라운 통합과정은 다음과 같이 진행되었다.

우선 스페인에 아라곤 왕가가 있었다. 이베리아 반도의 동부를 차지하고 있던 아라곤 왕가는 결혼을 통해 바르셀로나 후작령과 통합하였고 시칠리아와 나폴리에서 앙주 왕가가 쫓겨난 틈을 타 이곳에 진출하였다. 최종적으로 15세기말 페르난도의 시대가 되면 아라곤 왕국, 바르셀로나 후작령, 발렌시아 왕국, 마요르카 왕국, 시칠리아 왕국, 몰타, 나폴리 왕국, 사르데냐 왕국의 군주를 겸하게 되었다.

다음은 카스티야 왕국. 스페인 중심부를 차지하고 있던 카스티야 왕국은 중세의 이베리아 반도에서 가장 강력한 왕국이었다. 15세기 말에는 이사벨 여왕이 다스리고 있었는데 1469년 카스티야의 이사벨 여왕과 아라곤의 페르난도 왕이 결혼함으로써 두 왕국은 하나로 결합한다.

| 이사벨 여왕과 페르난도 왕의 결혼

이것이 바로 근대 스페인 왕국의 탄생이었다. 그런데 이 두 사람 사이에는 오직 한 사람의 상속자만이 태어났다. 바로 후아나 공주다. 따라서 통일 스페인 왕국은 향후 후아나 공주에게 상속될 예정이었다.

세 번째는 오스트리아였다. 15세기말 오스트리아의 왕이었던 막시밀리안은 신성로마제국의 황제도 겸하고 있었으며 보헤미아라고 불리던 현재 체코의 군주이기도 했다. 그가 속한 가문이 바로 합스부르크가였다. 그는 유력한 여자 상속자와의 결혼을 통한 세력 확장의 기회를 노리고 있었는데 그가 표적으로 삼은 상속자는 마리아 데 부르고뉴였다.

마리아 데 부르고뉴의 나라는 부르고뉴 공국이다. 지금의 벨기에와 네덜란드를 포함한 영역을 다스리던 이 공국도 15세기말에는 오직 한 사람의 상속자인 마리아 데 부르고뉴에게 상속될 처지였다. 이 마리아 데 부르고뉴에게 오스트리아의 막시밀리안이 청혼을 한 것이다. 결혼이 성립되면 당연히 두 사람의 자식에게 두 왕국이 상속될 예정이었다. 결국 두 사람은 결혼했고 아들을 하나 낳았다. 이름은 필리프 혹은 펠리페. 미남왕이라는 별칭이 붙을 정도로 미남이었다고 한다.

이쯤 설명했으면 독자들도 눈치 챘겠지만 이제 스페인 왕국의 후아나와 합스부르크 왕가의 펠리페가 결혼할 차례이다. 1495년 둘은 결혼했다. 실제로 펠리페와 후아나가 직접 만난 건 결혼식 전날인데, 둘은 서로를 처음 보자 반했으며 성직자들에게 결혼식을 최대한 빠른 시일로 잡아주길 부탁하였고, 결국 다음 날 둘의 결혼식이 열렸다고 한다. 한동안은 행복한 결혼 생활을 했고 광대한 제국을 물려받을 상속자도 낳았다. 하지만 남편 펠리페가 1506년에 젊은 나이로 요절하고 만다. 남편이 요절하자 남편을 정말 미치도록 사랑했던 후아나는 정신이상이 되었다. 자연스럽게 두 사람 사이에서 태어난 유일한 상속자 카를로스 1세에게 모든 상속권이 돌아갔다. 결국 16세기 유럽을 지배한 합스부르크 제국의 지배자 카를로스 1세는 오직 결혼을 통해서만 이베리아반도 전체와 이탈리아 남부 및 북부 일부, 벨기에와 네덜란드 및 프랑스와 독일의 일부지역, 그리고 오스트리아와 체코로 구성된 광대한 영토를 물려받은 것이다. 여기에 그 자신도 정략결혼으로 영토 확장에 기여했다. 포르투갈 마누엘 1세의 딸이었던 이사벨과 결혼하여 펠리페 2세를 낳은 것이다. 따라서 카를로스의 후계자인 펠리페에게 결혼을 통해 제국을 확장하고 가톨릭의 영지를 보존하는 것은 매우 익숙한 방식이었을 것이다. 물론 당시 유럽에서 합스부르크 가문만 이런 정략결혼을 이용한 것은 아니다. 모든 왕가가 정략결혼을 이용했지만 합스부르크 가문이 유독 성공적이었을 뿐이다.

헌데 괘씸하게도 엘리자베스는 청혼을 거절했다. 아니 그녀는 사실 결혼할 마음 자체가 없었다. 결혼을 통해 남편이 생기면 남편에게 순종해야 하는 16세기 여성의 운명에 비추어 볼 때 여왕의 권력이 유명무실해질 가능성이 있었다. 엘리자베스는 자신의 권력이 훼손될 것을 두려워했다. 그녀는 남자보다 권력을 더 사랑한 타고난 정치가였다. 더구나 자신의 종교를 희생하면서까지 결혼할 마음은 추호도 없었다. 엘리자베스는 '이교도인 스페인의 국왕과 결혼할 생각은 추호도 없다'라며 차가운 답변을 보냈다.

해적여왕 엘리자베스

결혼을 거절한 것만으로도 괘씸한데 엘리자베스는 펠리페 2세에게 또 다른 골칫거리를 안겨주었다. 바로 영국 출신의 해적들이다. 많은 사람들이 아는 것처럼 16세기 스페인은 신대륙으로부터 엄청난 양의 황금과 은을 약탈해 오고 있었다. 유럽 전체가 보유하고 있는 것보다 더 많은 금과 은이 아메리카 대륙에서 스페인으로 흘러들어왔다. 당연히 이 보물을 노리고 해적들이 활개를 쳤다. 특히 유명한 것은 프란시스 드레이크라고 알려진 인물이었다. 드레이크는 카리브해 곳곳을 활개치며 스페인의 보물선들을 먹잇감으로 삼았다. 비록 스페인이 세계의 바다를 지배하고는 있었지만 모든 보물선에 충분한 호위를 붙일 형편은 아니었다. 더구나 날렵하게 스페인의 감시망을 피해 다니는 드레이크에게는 천하의 스페인도 분통을 터트리는 것 외에는 별다른 대책이 없었다. 펠리페 2세는 엘리자베스에게 해적들 특히 드레이크의 처벌을 요구했다. 하지만 여왕의 대답은 엉뚱한 것이었다. 드레이크에게 오히려 기사작위를 내린 것이다. 사실 영국 해적들의 진정한 배후는 어

| **엘리자베스** 잉글랜드의 여왕(1533~1603)으로 영국 절대주의의 전성기를 이루었다.

쩌면 여왕일 수도 있었다. 해적질을 하면서 드레이크가 몰고다닌 배가
여왕의 배였기 때문이다.

일국의 왕이 해적질을 후원한단 말인가? 하고 의아해 할지 모르지
만 사실 근대 이전에 해적과 해군의 구분은 애초에 모호할 수 밖에 없
다. 자기 나라 배에게는 해군이고 남의 나라 배에게는 해적인 것이 근대
이전 해군의 보편적인 모습이다. 해적질도 적국의 국력을 약화시키는
당당한 전투행위로 치부되었다. 이런 해적이자 해군인 배들을 사략선
私掠船[80]이라고 불렀다. 참고로 명백한 해적이라고 할 수밖에 없는 사략
선이 국제법에 의해 공식적으로 불법이 된 것은 20세기가 시작된 후인
1907년 헤이그 만국 평화회의 때이다.

여왕이 배를 제공할 정도로 공공연히 후원하는 만큼 당연히 수입도
나누어 가졌다. 명목상으로는 전투에서 얻은 전리품의 일부를 여왕에
게 바치는 것이지만 사실은 동업자끼리 이윤을 나누는 행위나 마찬가
지다. 가난한 나라의 군주였던 엘리자베스로서는 사략선이 가져다주
는 이윤은 무시할 수 없는 것이었다. 엘리자베스 시대에 영국 왕실의
연간 수입은 밀라노 공국의 연간 수입보다도 적었다. 밀라노 공국은 비
록 통상이 활발한 이탈리아 북부에 위치하고 있기는 하지만 겨우 도시
국가다. 그리고 펠리페 2세의 여러 영지 중 하나에 불과한 곳이기도 했

---

80 국가로부터 특허장을 받아 개인이 무장시킨 선박. 근세 초기 유럽 국가들은 상비 해군력을
보충하기 위해 사략선에 교전자격을 부여했다. 사략선은 세금을 쓰지 않고 무장한 선박과 선원을
동원할 수 있는 효과적인 수단이었다. 역사적으로 사략선 업자들과 해적들의 행위는 실질적인 차
원에서 큰 차이가 없었다. 둘 모두 습격과 약탈을 했다는 점에선 동일했다. 사략선은 해적선과 달
리 국가로부터 권한을 받아 합법적 활동을 했다는 차이가 있을 뿐이다. 오랜 기간 동안 여러 국가
는 사략선 활동을 허용해왔고, 해적들은 합법의 미명 아래 활동을 할 수 있었다.

다. 그런 도시국가의 수입보다도 적을 정도였으니 드레이크 같은 사략선의 활약은 엘리자베스로서는 포기하기 어려운 수입원이었을 것이다.

엘리자베스와 펠리페 2세의 긴장을 촉발시키는 문제들은 여기서 끝나지 않았다. 스코틀랜드의 여왕 메리 스튜어트에 대한 처리도 양자 간의 갈등을 고조시켰다.[81]

이 문제를 이해하기 위해서는 우선 엘리자베스를 둘러싼 왕위 계승권의 문제를 이해할 필요가 있다. 헨리 8세의 자손 중에는 당시에 오직 엘리자베스 여왕만이 남아 있었다. 그녀가 후사 없이 세상을 떠난다면 헨리 8세의 직계혈통은 끊어지게 된다. 그럴 경우 헨리 8세 형제들의 자손이 영국 왕위를 이어받게 되는데 가장 가까운 친척이 바로 5촌 조카였던 스코틀랜드 여왕 메리였다. 엘리자베스는 결코 결혼해서 남편의 지배를 받을 생각이 없었으므로 언젠가는 후사없이 죽을 수밖에 없는 운명이었다. 엘리자베스가 나이 들어 갈수록 메리의 즉위 가능성은 높아지는 것이다. 그런데 엘리자베스의 입장에서 볼 때 그녀는 영국왕위에 올라서는 안되는 인물이었다. 두 가지 이유가 있는데 먼저 그녀는 가톨릭이었다. 엘리자베스의 뒤를 이어 그녀가 왕위에 오른다면 애써 구축해 놓은 영국 국교회의 기반을 송두리째 흔들 것이 자명했다. 여기에 더해서 그녀는 어머니쪽으로 프랑스 왕실의 혈통을 이어받고 있었다. 더군다나 어려서부터 프랑스 왕실에서 교육받았기 때문에 친 프랑스적인 태도를 자주 드러내곤 했다. 따라서 프랑스 세력이 영국에 침투

---

81 많은 사람들이 메리를 엘리자베스의 사촌이라고 알고 있는데 이는 촌수를 잘못 계산한 것이다. 엘리자베스의 아버지인 헨리 8세와 남매간이었던 마거릿 튜더가 메리 여왕의 할머니이므로 엘리자베스와 메리 스튜어트의 관계는 5촌간이 맞다. 하지만 어찌된 일인지 메리 자신도 엘리자베스를 '사촌'이라고 부르곤 했다.

할 위협도 걱정하지 않을 수 없었다. 이 두 가지 이유 중 첫 번째 이유, 가톨릭교도라는 점은 펠리페의 입장에서는 오히려 그 이유 때문에 메리가 영국 왕위에 올라야 하는 가장 중요한 이유가 된다.

상황이 이렇게 복잡하더라도 메리 여왕이 쥐죽은 듯이 가만히 기다릴 줄만 알았다면 별문제가 없었을 텐데 메리는 자중이나 기다림과는 거리가 먼 여인이었다. 정치적으로 무능하고 독립적인 성격도 못되면서 허영심이나 야심만은 하늘을 찌를 듯 했다. 이런 인물은 당연히 정치적으로 이용되기 딱 좋은 존재이다. 스코틀랜드에서도 야심만만한 남자들 사이를 전전하다가 남편 살해범으로 몰려서 영국으로 망명할 수 밖에 없었다.[82]

영국으로 망명한 뒤에도 허영심만은 하늘을 찔렀다. 더군다나 기다림이라는 단어는 들어본 적도 없는 것처럼 행동하기 시작했다. 우선 펠리페 2세에게 연락을 취해 비밀리에 동맹을 맺었다. 그녀는 펠리페에게 보낸 편지에서 만약 자신이 영국의 왕이 되도록 도와준다면 영국을 가톨릭으로 되돌리기 위해 수단과 방법을 가리지 않겠다고 약속했다. 메리가 이렇게까지 나오자 펠리페도 적극적으로 메리를 이용할 생각을 굳혔다. 1571년 7월에는 스페인 내각의 이름으로 영국을 침략해서 엘리자베스를 퇴위시키고 메리를 여왕에 앉힐 것을 결의하기까지 했다.

---

82 메리 여왕은 남자 없이는 살 수 없는 여인처럼 행동하곤 했다. 언제나 남자들의 관심을 원했고 그들에게 쉽게 휘둘렀다. 결국 그녀 주변에는 나쁜 남자들만이 들끓었는데 그녀의 두 번째 남편 단리도 왕위에 대한 야심으로 그녀와 결혼했다. 하지만 곧 사이가 벌어지고 또다른 야심가인 보스웰이 끼어들어 그녀를 유혹했다. 이 와중에 단리가 살해되고 메리가 보스웰과 비밀결혼식을 올리자 그녀는 남편 살해범으로 의심받게 된 것이다. 결국 스코틀랜드 귀족들에 의해 여왕의 자리에서 쫓겨나서 영국으로 망명한다.

하지만 메리와 정반대로 유능하고 치밀한 성격이었던 엘리자베스는 이 모든 사실을 메리 주변에 심어놓은 밀정을 통해 다 알고 있었다. 여기 까지만으로도 메리를 살려둘지 말지에 대해 고민할 수 밖에 없는 상황 인데 메리는 한걸음 더 나갔다. 국내의 가톨릭 신도들을 충동질해서 반 란을 획책한 것이다. 사태가 이 지경에 이르면 정국안정을 위해서라도 엘리자베스의 선택은 하나일 수밖에 없다. 1587년 2월 8일, 전 스코틀 랜드 여왕 메리 스튜어트는 사형 집행장으로 향했다. 메리의 처형은 펠 리페의 입장에서 볼 때 평화적으로 영국을 가톨릭으로 되돌릴 가능성 이 사라졌다는 것을 의미했다.

이단 여왕이 청혼도 거절하고, 공공연히 스페인 보물선에 대한 해적 질을 후원하고, 가톨릭교도인 왕위 계승권자를 처형해 버리자 펠리페 2세는 엘리자베스를 눈엣가시처럼 여기기 시작했다. 그런데 엘리자베 스는 이것만으로는 모자라다는 듯 펠리페의 분노를 폭발시킬만한 일을 또 벌이기 시작했다. 네덜란드 반군을 지원한 것이다.

앞서 설명한 것처럼 네덜란드에서는 신교도들이 펠리페 2세의 탄압 에 항거해서 반란을 일으킨 상태였다. 일명 80년 전쟁이라고 불리는 이 전쟁은 그 이름만큼이나 지지부진하게 결말이 나지 않고 있었다. 그래 도 대제국의 위신을 걸고 대군을 파견한 덕에 전반적으로는 스페인이 우세한 상황이었다. 하지만 영국에서 해협 하나만 건너면 되는 네덜란 드 문제에 엘리자베스는 무관심 할 수 없었다. 20세기 영국의 정치가 오스틴 체임벌린의 말처럼 '저지대(네덜란드와 벨기에)의 독립이야말로 영국의 중요한 이해관계의 대상이고 그 국경은 영국의 국경'이었기 때 문이다. 1585년 엘리자베스는 8천 명의 원군을 네덜란드에 파견했다.

펠리페 2세 입장에서는 더 이상은 엘리자베스의 영국을 그대로 둘 수 없는 상황에 이른 것이다. 그는 힘으로 엘리자베스의 버릇을 고쳐줘야겠다는 결심을 굳혔다. 우는 아이의 울음도 멈추게 한다는 스페인 제국의 위력을 보여줄 순간이 온 것이다.

"영국 여왕 엘리자베스는 전략적 목적을 잘 이해하고 있었습니다. 만약 스페인이 네덜란드를 점령하고 통치를 강화한다면 영국을 침략하기 좋은 최상의 위치를 점하게 된다는 거죠. 영국을 침공하기 위해서는 지금의 네덜란드나 벨기에 쪽에서 공격해야 합니다. 그래서 영국은 비밀리에 자금과 병력을 네덜란드 쪽에 지원했습니다. 1585년 영국은 요충지인 네덜란드 해안마을을 점령합니다. 지금의 블리싱겐Vlissingen이었죠. 영국은 수비대를 파견했습니다. 이곳은 영국을 공격하기에 최적의 장소였습니다. 스페인 왕은 영국이 만만치 않은 적수라는 걸 깨달았습니다. 그리고 강력한 공격을 결정했습니다. 플랑드르에 있는 그의 군대와 다시 건설된 해군을 동원해서 말이죠. 영국을 가톨릭으로 되돌리고 전략적 이익에 대한 위협을 제거하기 위해서였습니다. 특히 저지대 국가(현재의 네덜란드·벨기에·룩셈부르크 지방)에서 말입니다. 궁극적으로는 하나의 강력한 국가로 유럽을 점령하기 위해서였습니다. 로마 제국을 돌려놓자는 의도였습니다. 한 개의 나라가 유럽 전체를 지배한다는 거죠. 영국이 이에 반기를 들었습니다. 이것이 스페인이 영국을 공격한 이유입니다. 네덜란드를 통치하기 위해서죠. 그 다음 순서는 영국이었습니다."[83]

83   앤드류 램버트(런던 킹스 컬리지 전쟁학 교수) 인터뷰 중에서

엘 드라코

영국 침공을 위해 펠리페 2세는 휘하 장군들에게 작전 계획을 수립하도록 지시했다. 당시 펠리페에게는 유럽에서 가장 뛰어난 두 명의 장군이 있었다. 한 사람은 유럽 최고의 해군 제독이자 백전노장이었던 산타크루즈 후작이었고 또 한 사람은 펠리페의 친척이자 최고의 육군 사령관이었던 파르마 공작 알렉산데로였다. 펠리페 2세는 두 사람 모두에게 작전계획을 수립할 것을 지시했다.

산타크루즈 후작은 1586년 3월 펠리페 2세에게 작전 계획서를 올렸다. 계획은 다음과 같았다. 우선 아일랜드에 대해 양동작전을 실시한다. 일부 함대를 아일랜드로 보내 상륙작전을 수행하는 것이다. 아일랜드에 스페인군이 상륙하면 영국의 주력군이 아일랜드로 올 것이다. 이때 대군을 실은 대 함대를 영국 본토로 보내어 기습 공격을 하는 것이다. 산타크루즈는 일단 상륙에 성공하면 런던까지 단숨에 쳐들어가서 전쟁을 끝낼 수 있을 것이라고 예상했다. 동시에 그는 작전이 성공하기 위해서는 대형 전투함 150척과 함께 5만 5천의 대군과 그 식량, 화약,

대포를 실어 나를 지원함 400척이 필
요하다는 어마어마한 요구를 했다.

산타크루즈의 작전이 검토되고 있
을 때 파르마 공작도 펠리페 2세에게
작전 계획을 보내왔다. 1586년 4월
20일자 보고서에서 파르마 공작은 외
부로 비밀이 새어나가지 않는 것을 전
제로 네덜란드 주둔군을 나누어 3만
의 보병과 500의 기병을 영국 공격에
투입할 수 있다고 제안했다. 이 부대
를 수송선 수백 척에 나누어 싣고, 플
랑드르 해안에서 출발하면 바람이 없
어도 10~12시간, 순풍을 타면 불과 8
시간 후에 영국 해안에 도착하게 된다
고 계산했다. 이 군대가 런던을 공격
하여 함락시킨다는 것이 파르마 공작
의 작전이었다. 파르마 공작은 자신
의 계획이 누설될 것에 대비하여 스페
인에서 출발한 함대가 도버해협으로
진입하여 도버 인근의 영국과 네덜란
드 함선을 유인하여 줄 것을 요청하였

산타크루즈 후작 '스페인 해군의 아버
지'라고 불리우는 인물로 1571년에 레판
토 해전에 참가했고 1583년에는 폰타 델
가다 해전에 참가해서 공을 세웠다.

파르마 공작 알렉산데로 펠리페 2세
의 이복 여동생 마르가레테와 파르마 공
작 오타비오 파르네제의 아들. 스페인 육
군을 대표하는 지휘관

다. 산타크루즈의 작전과 비슷하였지만 네덜란드 주둔군이 주가 되고
스페인의 본국함대가 지원역할을 하는 것이었다.

산타크루즈의 계획은 스페인에서 출발한 함대가 처음부터 끝까지 모든 작전을 실행한다는 점에서 일관성이 있고 준비과정이 모두 스페인에서 이루어진다는 점에서 위험요소가 적었다. 그러나 문제는 준비할 것이 너무 많았고 비용이 너무 많이 든다는 점이었다. 이에 비해 파르마의 작전은 네덜란드에서 병력을 즉각 동원할 수 있어 준비기간과 비용을 줄일 수 있다는 장점이 있었다. 그러나 파르마가 제안한 3만의 병력과 장비를 실어 나를 상륙용 벌크선[84]을 확보하는 것이 문제였으며 설혹 유인작전이 성공을 거둔다 해도 과연 네덜란드 독립군들의 함대를 완전히 따돌릴 수 있는지도 의문이었다.

펠리페 2세는 두 사람의 계획을 검토한 후에 파르마 공작의 계획을 기본으로 양자를 절충하는 결정을 내렸다. 파르마 공작의 네덜란드 주둔군을 주력군으로 활용하되 스페인에서 대규모 함대를 파견해서 파르마공의 육군이 영국으로 넘어가는 기간 동안 영국해협의 제해권을 확보하도록 한 것이다. 다시 정리하자면 스페인의 강력한 무적함대가 북상하여 영국 해군과 네덜란드 반군을 견제하면서 영국해협의 제해권을 확보하고 있는 동안 파르마 공작의 육군이 무적함대와 합류하여 영국으로 건너가 엘리자베스를 끝장낸다는 것이 최종 계획으로 채택된 것이다. 만약 작전이 성공하여 스페인 육군이 영국 땅에 발을 딛는다면 그 후 영국정복은 아마 식은 죽 먹기였을 것이다. 엘리자베스의 영국에는 사실 육군다운 육군이 아예 없었기 때문이다.

"펠리페 2세가 통치하던 시기 스페인은 유럽의 가장 강력한 군사대국

84　배의 바닥이 평평하고 별도의 노나 돛이 달려있지 않은 수송선

이었습니다. 실제로는 단 한 번도 모인 적이 없었지만, 만약 제국 전역에 있는 모든 군대가 결집되었다면 전 세계에서 가장 큰 규모였을 것입니다. 뿐만 아니라 서유럽 지역에서 스페인의 군대는 질적인 면에서도 최고로 여겨졌습니다. 영국에는 군대라는 것이 존재하지 않았으며, 의용군 제도가 있었는데, 각 지방의 젠틀맨(지방 호족)이 지역 내에서 병력을 징집하는 형태였습니다. 하지만 전문적인 병사는 없었으며, 그들의 능력에도 의구심이 들 정도였습니다. 군사력 측면에서 봤을 때, 아무도 해안에서 영국군이 스페인군과 육박전을 벌일 수 있다고 생각하지 않았을 것입니다. 실제로 저지대국가들에서 영국군과 스페인군이 싸우기도 했는데, 이에 대해 스페인은 영국군이 꽤 잘 싸웠다고 평가했습니다. 하지만 일반적으로 훌륭한 영국 병사의 수가 많지는 않았으며, 그들은 대부분 술에 취해 있었습니다. 물론, 술에서 깨있을 때는 훌륭했으나, 군대의 규모를 봤을 때 영국군과 스페인군은 비교조차 되지 않았습니다. 만약 네덜란드에서 반군과 싸우던 대규모의 스페인 주력 육군 부대가 영국군과 맞붙게 될 경우 (영국군을 포함한) 모든 사람들은 당연히 영국군이 순식간에 패배할 것이라 생각했습니다. 또한 영국인들은 대규모의 스페인 군대가 영국 해안에 상륙하게 된다면 그걸로 영국은 끝일 것이라고 믿었습니다. 스페인의 입장에서 문제는 어떻게 하면 군대를 영국 해안에 상륙시킬 수 있을 지였습니다."[85]

스페인이 영국침공을 준비하고 있다는 소문은 상인들의 입을 통해 곧 영국에도 전해졌다. 스페인 군대가 영국에 상륙하는 순간 자신의 운명이 끝장이라는 것은 엘리자베스 여왕도 잘 알고 있었다. 엘리자베스

---

85 니콜라스 로저(옥스퍼드 대학교 해군사 석좌교수) 인터뷰 중에서

| 드레이크에게 작위를 수여하는 엘리자베스

의 입장에서는 스페인군을 바다에서 격퇴하여 영국에 아예 발을 붙이지 못하게 하는 것만이 유일한 해결책이었다. 영국 해군에게 나라와 여왕의 운명이 걸린 셈이었다.

이때 드레이크가 선제공격을 주장하고 나섰다. 스페인의 공격을 기다리지만 말고 아예 먼저 공격해서 영국 침공이 불가능한 상태로 만들어 놓자는 것이었다. 드레이크의 모험적인 계획에 엘리자베스가 호의적인 반응을 보였다. 다소 무모해 보이는 드레이크의 작전에 엘리자베스의 입장에서는 꼭 필요한 부분이 있었기 때문이다. 앞서 누차 설명한 것처럼 엘리자베스의 영국 왕실은 가난했다. 국고는 텅비어 있었고 수입은 보잘 것 없었다. 따라서 엘리자베스가 해군을 운용할 수 있는 기간은 기껏해야 1년에 4개월 정도에 불과했다. 스페인의 침공에 대비하기 위해 1년 내내 함대를 운용할 여유가 없었던 것이다. 만약 스페인에 대한 기습공격이 성공한다면 시간을 벌 수 있을 것이고 기약 없이 함대를 운용해야 하는 부담이 줄어들 것이다. 엘리자베스는 드레이크에게 선제공격을 허락했다.

1587년 4월 12일. 드레이크는 기습 공격을 위한 함대를 이끌고 영국을 떠났다. 함대를 구성하고 있던 배는 여왕이 제공한 4척의 최신 함선과 드레이크 자신을 포함한 개인 투자자들의 배 20척으로 구성되어 있었다. 당시에는 전쟁도 일종의 사업이었다. 습격이 성공적으로 마무리되어 많은 보급물자를 노획해 온다면 여왕을 포함한 투자자들은 충분한 금전적 보상도 기대할 수 있었다. 함대의 목표는 카디즈. 리스본에서 영국 침공을 준비하고 있는 무적함대에게 전해줄 보급품들이 산더미처럼 쌓여있는 곳이었다. 빠른 속도로 남하한 드레이크는 4월 29일 오후, 카디즈 항을 기습 공격했다. 항구에 정박 중이던 스페인 갤리선 10여 척이 저항했지만 이들은 드레이크의 적수가 되지 못했다. 화물을 가득 실은 상선들로 꽉차 있던 항구는 곧 드레이크 함대가 벌이는 약탈과 방화로 엄청난 피해를 입었다. 스페인 보병이 도착하는 바람에 마을까지 습격하지는 못했지만 드레이크는 이날 최소한 20척 이상의 상선을 불태우고 엄청난 전쟁물자를 약탈할 수 있었다. 드레이크는 한 번의 습격으로 만족하지 않았다. 카디즈 습격 이후로도 한동안 스페인 인근 해역에 출몰하면서 신대륙으로부터 오는 보물선들까지 약탈하고서야 영국으로 물러난 것이다.

"스페인에서는 드레이크를 엘 드라코라고 불렀어요. 용이라는 뜻이죠. 그는 아주 위험했고 대단한 인물이었습니다. 위대한 항해사였습니다.

전 세계를 항해하면서 스페인 선단을 피해 다녔습니다. 세계를 항해한 첫 영국인입니다. 의욕 넘치는 지도자였습니다. 선원들은 어디든 그를 따라다니며 명령에 복종했습니다. 그는 스페인의 약점을 알고 있었습니다. 그는 대대적인 공격을 준비하는 선단이 있는 카디즈 항구로 향했습니다. 그는 음식을 저장하는 모든 통을 불태웠습니다. 이를 불태우면서 드레이크는 무적함대를 지연시켰습니다. 통을 준비하는 기간이었습니다. 단 한 번의 작은 공격으로 3년 동안의 준비를 망쳤습니다. 매우 기지가 뛰어났습니다. 전략적 기회를 포착하고 용처럼 덮쳤습니다. 그래서 스페인은 그를 용이라고 불렀습니다."[86]

| **드레이크** 엘리자베스 1세 시대 영국의 항해가·제독.

라이스 교수의 설명처럼 드레이크의 습격으로 식량 저장용 통이 불타버린 것은 나중에 무적함대에게 치명적인 영향을 미친다. 충분히 건조된 통이 없었기 때문에 습기가 남아있는 통에 음식을 보관하게 되었고 무적함대의 승무원들은 식중독과 전염병에 취약해진 것이다.

드레이크가 이렇게 스페인 연안에서 활개치는 동안에도 무적함대는 드레이크를 추격하는데 실패했다. 드레이크의 영국함대는 언제나 무적함대보다 훨씬 빠른 속도로 바다를 휘젓고 다녔기 때문이다.

86 롭 라이스(미군 군사대학 교수) 인터뷰 중에서

"영국 함선의 속도와 기동성은 스페인 함선보다 월등히 뛰어났습니다. 스페인 함선은 튼튼하고 안정적이었고 많은 짐을 싣고 있었습니다. 상선으로는 아주 좋죠. 하지만 영국은 무거운 대포를 효과적으로 사용하기 위해서 방향을 전환하는 배의 기동성이 중요하다고 생각했습니다. 안정적인 항로로 옆에서 나란히 싸우는 게 아니라 8자 모양으로 계속 움직이는 게 당시의 전술이었기 때문입니다. 한쪽 측면에서 발포합니다. 그리고 방향을 돌려 뱃머리와 다른 측면에서 발포합니다. 그리고 대포를 쏘고 다시 방향을 바꿉니다. 이렇게 8자 모양으로 이동하면서 발포합니다. 왜냐하면 대포가 배 주변 전체에 설치되어 있으니까요. 빠른 속도의 기동성 좋고 방향전환이 빠른 배는 유리한 점이 많습니다. 영국군이 싸울 사정거리를 결정할 수 있었습니다. 스페인은 영국을 따라잡아 접근전을 벌일 수 없었습니다. 멈춰 서서 빠르고 기동력 있는 영국 함선의 포화를 맞았죠. 중무장과 기동성, 훌륭한 항해술의 조합은 매우 중요한 영국의 강점이었습니다."[87]

영국 함대가 스페인 함대를 피해 다니며 마음껏 조롱할 수 있었던 것은 이처럼 스페인에 비해 기술적으로 진전된 배를 가지고 있었기 때문이다. 그리고 이 배가 있었기에 영국은 앞으로 벌어질 무적함대와의 대결에서도 우위를 점하게 된다. 이 배야말로 영국이 스페인에게 승리한 첫 번째 비밀이라고 할 수 있다. 이야기가 나온 김에 이제부터 영국이 개발한 이 새로운 배의 탄생과 관련된 이야기를 시작해 보자.

87 앤드류 램버트(런던 킹스 컬리지 전쟁학 교수) 인터뷰 중에서

레이스 빌트 갈레온

이 새로운 배의 탄생과 관련된 이야기는 무적함대의 출항으로부터 20년 전인 1568년 카리브해에서 시작된다. 당시 20대의 젊은이였던 드레이크는 사촌형인 존 호킨스와 함께 모험적인 아프리카 무역으로 돈을 벌고 있었다. 영국에서 빈 배로 아프리카로 향한 후 아프리카의 값비싼 상품을 싣고 스페인령 서인도 제도로 건너가 황금과 교환하는 것이 그들의 사업이었다. 이들이 아프리카에서 싣는 상품은 흑인 노예였다. 존 호킨스와 프란시스 드레이크는 영국 최초의 노예상이었던 것이다. 그런데 이들의 사업에는 근본적인 문제가 하나 있었다. 불법무역이라는 점이었다. 물론 노예가 불법인 것은 아니다. 신대륙의 황금을 밀무역으로 빼돌린다는 점이 불법이었다.

한동안은 스페인의 감시망을 잘 피하면서 사업을 했지만 1568년 카리브해에 있는 산 후안 데 울루아라는 항구에서 스페인 함대와 맞닥뜨렸다. 처음에 스페인 함대는 안전한 입항을 허용할 것처럼 호킨스의 선단을 안심시켰다. 하지만 곧 본색을 드러낸 스페인 함대가 호킨스의 선단을 공격하기 시작했고 호킨스의 선단은 속수무책으로 당할 수 밖에 없었다. 호킨스와 드레이크가 탄 두 척의 배만이 겨우 항구를 빠져나와 귀로에 올랐다. 하지만 도망친 이들에게도 비극이 기다리고 있었다. 허겁지겁 도망치느라 식량과 식수를 마련하지 못한 것이다. 식수조차 부족한 상태에서 대서양을 횡단하는 항해는 엄청난 희생을 요구했다. 선원들은 기아와 갈증으로 죽어갔고 대부분의 선원들이 대서양에 수장되었다. 굶어 죽은 선원들을 한 사람 한 사람 수장시키면서 호킨스와 드레이크는 아마 복수심에 이를 갈았을 것이다. 그들이 천신만고 끝에 고향인 플리머스에 도착했을때는 겨우 15명만이 살아남았다고 한다.

이 사건은 호킨스와 드레이크의 운명을 바꿔놓았다. 이제 스페인은 두 사람에게 불구대천의 원수였고, 스페인에 대한 복수는 이들의 생애를 바칠만한 목표가 된 것이다. 하지만 복수심만으로는 부족했다. 호킨스는 스페인의 코를 납작하게 만들기 위해 새로운 배를 개발하기 시작했다.

이야기가 약간 옆으로 벗어나긴 하지만 호킨스와 영국인 기술자들이 이루어낸 혁신을 이해하기 위해서는 16세기까지 선박이 어떤 식으로 발전해 왔는지를 알아볼 필요가 있다. 자세히 서술한다면 책 몇 권으로도 부족한 주제이지만 말 그대로 호킨스가 만들어낸 혁신이 어떤 것인지를 이해하기 위한 초보적인 내용만 알아보자.

근대 이후 기계의 힘을 활용하게 되기 전까지 인간은 오직 두 가지 힘에 의존해서 바다를 항해했다. 하나는 자연의 힘인 바람을 이용하는 방식이고 또 하나는 인간의 근력을 이용해서 노를 젓는 방식이다. 전자를 우리는 범선이라고 부르고 후자를 갤리선이라고 부른다. 이 두 가지

| **범선(왼쪽), 갤리선(오른쪽)** 하나는 자연의 힘인 바람을 이용하는 방식(범선)이고 또 하나는 인간의 근력을 이용해서 노를 젓는 방식(갤리선)이다.

동력원은 산업혁명이 인류의 삶을 바꿔놓을 때까지 인간이 바다를 항해하기 위해 사용할 수 있는 최선의 동력원이었다. 다만 활용방식은 달랐다. 보통 범선은 인간의 힘이 아닌 자연의 힘에 의존하므로 더 대형으로 만들 수 있었고 장시간의 항해가 가능했다. 따라서 한 번에 많은 물건을 실어 날라야 하는 상선으로 활용되는 것이 일반적이었다. 하지만 범선은 바람이 없는 경우에는 항해가 불가능하다는 치명적인 약점이 있었다. 더구나 역풍을 뚫고 항해할 수 있는 삼각돛이 발명되기 전에는 역풍이라도 불라치면 아예 바다에 나갈 엄두도 낼 수 없었다. 이래서는 언제든지 요격준비를 해야 하는 전투용 함선으로는 낙제점이었다.

이 약점을 극복하기 위해 사용된 것이 갤리선이다. 갤리선은 바람이 아니라 인간의 힘을 이용하므로 당연히 역풍을 뚫고 항해할 수 있었고 바람이 없는 날에도 바다에 나설 수 있었다. 또 순간적인 속력이나 회전등의 급격한 움직임은 범선과는 비교할 수 없을 정도로 좋았다. 그런데 전투야말로 이런 급격한 움직임이나 순발력이 어느 때보다 필요한 순간이다. 따라서 대부분의 전투용 함선은 갤리선이었다. 결국 고대 이래 상선은 범선이고 전투선은 갤리선이라는 공식이 정립되었다. 알렉산더 대왕의 시대에도 그랬고 로마시대에도 그랬으며 중세 역시 마찬가지였다. 심지어 갤리선에게는 어울리지 않는 거친 북해를 돌아다닌 바이킹의 배조차 본질적으로는 갤리선이었다.

그런데 중세 이후 대항해 시대가 찾아오자 유럽에 새로운 변화가 시작되었다. 대서양을 통해 먼 바다로 진출하면서 먼 바다에도 적합한 배의 필요성이 높아진 것이다. 갤리선은 당연히 새로운 시대에 맞지 않았다. 우선 인간의 힘으로 항해를 하는 배는 육지에서 멀리 벗어날 수가 없다. 한 척의 갤리선, 그것도 빠른 기동이 필요한 전투용 갤리선을 움직이기 위해서는 상당한 숫자의 노잡이가 필요하다. 그런데 이들은 인간이므로 당연히 체력을 유지하기 위한 식량과 식수를 항상 공급해줘야 했다. 갤리선 한 척을 움직이는 데는 일종의 연료처럼 엄청난 양의 식량과 식수가 필요한 것이다. 따라서 갤리선이 육지를 벗어나 항해할 수 있는 거리는 대체로 육지에서 2~3일거리 정도가 고작이었다. 사방이 육지로 둘러싸인 지중해를 벗어나면 갤리선은 사실상 무용지물인 셈이었다. 반면 범선은 소수의 인원만으로 항해가 가능했기 때문에 원거리 항해에 적합했다. 결국 대항해 시대의 도래는 범선을 통해서만 가능했다.

대항해 시대의 선발주자로 나선 범선을 우리는 카락선이라고 부른다. 콜롬부스가 타고 대서양을 횡단한 산타 마리아호가 대표적인 카락선이다. 카락선이 이룬 진보의 가장 중요한 점은 돛대가 많아진 것이다. 기존의 범선은 대부분 하나의 사각돛에 의존해서 항해한 반면 카락선은 세 개의 돛대를 달고 바다로 나섰다. 당연히 빠른 항해가 가능했고 범선의 크기도 더 커지기 시작했다. 그런데 카략선은 치명적인 약점이 있었다. 배에 많은 짐을 싣기 위해 배의 앞부분(선수)과 꼬리부분(선미)을 많이 높여 놓은 것이다. 이렇게 되면 무게 중심이 높아지기 때문에 급격한 회전같은 빠른 기동은 불가능해진다. 하지만 전투 중에는 이런 빠른 기동이 꼭 필요했기 때문에 무리해서 급회전을 하다보면 중심을 잃고 뒤집어지는 경우도 있었다. 영국의 헨리 8세가 자랑하던 메리 로즈호도 1545년 프랑스 함대와의 전투 중에 뒤집어져서 바다 속으로 사라졌다. 이래서는 전투용으로 사용되기에 아직 문제가 많았다. 따라서 카략선이 등장한 뒤에도 전투용 함선으로서 갤리선의 가치는 사라지지 않았다.

하지만 16세기 중반 카략선보다 진보된 갈레온선이 등장하자 해전의 중심은 급격히 범선쪽으로 넘어오기 시작한다. 갈레온선은 배의 꼬리부분인 선미는 아직 높은 편이지만 앞머리인 선수부분이 매우 낮아졌고 이에 따라 배의 안정성이 높아졌다. 안정성이 높아졌기 때문에 돛대도 더 높고 크게 세울 수 있었는데 당연히 돛도 더 많이 달 수 있게 되었다. 돛이 많아지면 추진력이 높아져서 배가 빨라지는 것은 자연스러운 결과였다. 더불어 배의 앞부분이 낮아지면서 전반적으로 날렵해진 점도 속도 향상에 기여했다. 갈레온의 등장과 함께

| 갈레온선

범선은 전장의 주역으로 등장하
기 시작한다.

| 존 호킨스   영국의 사략선장(私掠船長)·제독.
노예무역에 종사하였으며 해군에 들어가 스페
인의 무적함대를 격멸하는 데도 참가하였다.

이 갈레온을 한걸음 더 진전시
킨 것이 바로 존 호킨스였다. 존
호킨스는 새로운 배를 개발하면
서 그때까지의 주먹구구식 건조
방식을 버리기 위해 획기적인 시
도를 했다. 바로 설계도를 그린 것
이다. 그 당시 호킨스가 그린 설계
도는 현재 캠브리지 대학에 남아
있다. 호킨스가 그린 설계도를 살펴보면 그가 지금까지의 주먹구구식
함선 설계방식을 버리고 기하학에 입각해서 완전히 새로운 배를 설계
했다는 것을 알 수 있다.

호킨스는 전 세계의 바다를 누비고 다닌 경험을 기반으로 새롭고 독
창적인 아이디어들을 새로운 배에 적용했다. 우선 선수와 선미의 크
기 및 높이를 줄이고 배를 전체적으로 길고 날렵하게 만들었다. 더불
어 함포를 발사하는 아랫쪽 갑판인 포열갑판의 크기도 키웠다. 그 결
과 새로운 범선은 기존의 범선보다 갤리선의 외형을 많이 닮게 되었다.
이 새로운 배의 이름이 바로 레이스 빌트 갈레온Race-Built Galleon[88]이
었다.

---

88   레이스 빌트 갈레온(Race-Built Galleon)이라는 명칭의 어원은 아직도 분명하지 않다. 가
장 많은 지지를 받는 것이 Raze-and-Rebuilt, 즉 선수와 선미를 잘라내서 재구성했다는 점에서
이런 이름이 생겼다는 설이다.

"레이스 빌트 갈레온선은 당시 최고의 영국 전함이었습니다. 지중해 갤리선의 섬세한 선도[line]를 가진 배입니다. 상대적으로 낮은 상부 구조를 갖고 있습니다. 그래서 바람을 걱정하지 않아도 되죠. 속도와 방향 전환을 위해 설계되었습니다. 그래서 수면과 가깝고 무거운 무기를 실을 수 있습니다. 빠른 기동력을 위해 설계되었습니다."[89]

레이스 빌트 갈레온의 강점은 무엇보다도 낮은 무게중심이었다. 선수와 선미를 낮춤으로써 낮은 무게중심을 실현할 수 있었는데 결과적으로 배의 안정성이 높아지고 전투시에 훨씬 빠르고 급격한 기동이 가능해졌다. 상갑판 밑에 함포들이 들어선 포열갑판을 확장한 것도 전투

---

89 앤드류 램버트(런던 킹스 컬리지 전쟁학 교수) 인터뷰 중에서

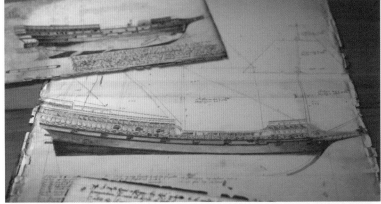

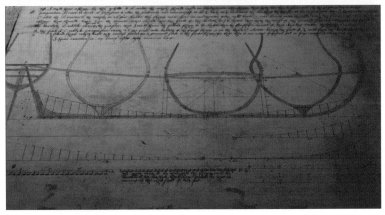

| 레이스 빌트 갈레온 설계도

성능에 큰 영향을 미쳤다. 더 많은 대포를 실을 수 있었기 때문에 화력이 더 강력해진 것이다. 배의 길이를 늘리고 날렵하게 만든 것도 속도 향상에 도움이 되었다. 결과적으로 레이스 빌트 갈레온선은 기존의 범선보다 더 빠르고, 더 급격한 움직임이 가능하며, 화력도 강력했다. 전투용 함선으로는 최고였던 셈이다. 다만 한 가지 단점이 있었는데 좁고 길고 낮은 선체를 가졌기 때문에 화물 적재량이 얼마되지 않았다. 하지만 이건 영국의 배로서는 단점이라고 할 수도 없었다. 어차피 당시 영국 범선들은 스페인이나 포르투갈의 범선처럼 신대륙에서 막대한 물자를 싣고 들어올 형편이 못되었다. 주로 상선을 공격해서 탈취하는 해적업이나 유럽 내의 근거리 무역이 주력사업이었다. 이런 사업에는 오히려 너무 화물적재량이 많은 것이 약점이 될 수도 있었다. 당시 영국의 입장에서 볼 때는 최적의 함선이었던 셈이다.

"영국 전함은 스페인 전함보다 더 빨랐으며, 중무장도 더 잘되어 있었습니다. 스페인의 거대함선은 대부분 원거리 항해가 가능한 무장상선이었습니다. 이들은 대부분 돈을 받고 화물을 대서양을 가로지르는 원양항해로 나르기 위해 설계되었습니다. 반면 영국의 교역은 그다지 활발하지 않았고, 사실상 해적행위를 주로 하였습니다. 영국 함선들은 빠르긴 했으나 화물을 싣기에는 적절하지 않았습니다. 따라서 스페인의 함선이 더 떨어진다고 할 수는 없습니다. 하지만 전쟁을 놓고 봤을 때, 영국 함선들이 훨씬 적합했던 거지요."[90]

1573년 새로운 설계에 기반한 첫 번째 배 '드레드 노트'호가 건조된

90　니콜라스 로저(옥스퍼드 대학교 해군사 석좌교수) 인터뷰 중에서

이후 1588년까지 영국은 총 18척의 레이스 빌트 갈레온을 보유하게 되었고, 16척의 왕실 갈레온도 거의 동급의 성능을 가질 수 있도록 개조되었다. 구식으로 설계된 스페인 함선으로는 도저히 쫓아갈 수 없는 혁신적인 함대가 대서양에 등장한 것이다.

무적함대의 출항

드레이크의 카디즈 습격으로 막대한 전쟁물자를 잃은 것도 모자라서 또 다른 타격이 펠리페 2세를 찾아왔다. 그때까지 영국침공 작전을 총괄하던 산타크루즈 후작이 갑자기 사망한 것이다. 이 타격이 어쩌면 드레이크의 습격보다 더 컸다. 산타크루즈는 당시 유럽에서 가장 유명한 해군 사령관이었다. 17년 전에 있었던 오스만 제국과의 레판토 해전도 이 사람이 사실상 사령관 역할을 했다. 경험으로나 능력으로나 그를 대체할 만한 사람을 찾아내는 것은 쉽지 않은 일이었다. 하지만 신의 의지를 실천한다는 신념으로 무장하고 있던 펠리페 2세는 곧 대안을 찾아냈다. 그때까지 무적함대에 대한 보급문제를 담당하고 있던 메디나 시도니아를 사령관으로 기용한 것이다. 훗날 영국침공이 실패로 끝나면서 메디나 시도니아의 무능이 참사를 더 키웠다는 설이 제기되었고 이것이 일종의 정설처럼 받아들여졌기 때문에 해군에 대해 무지하고 또 무능한 사령관으로 역사에 기록되고 말았지만 시도니아는 결코 무능한 사령관은 아니었다. 해전 경험은 부족했지만 사령관에 임명되자 곧 경험이 풍부한 장교들로 참모진을 꾸리고 작전계획을 꼼꼼히 수립하는 등 경험부족을 메우기 위한 노력을 게을리하지 않았다. 따지고 보면 레판토 해전의 총사령관이었던 돈 후안[91]도 해전은 그때가 처음이었다. 산타크루즈 같은 믿을 만한 조언자만 있다면 경험부족은 충분히 극복될 수 있었다. 다만 예상치 못한 위기가 닥칠 경우 시도니아의 경험 부족이 어떤 영향을 미칠지는 분명 불안한 요소였을 것이다.

메디나 시도니아의 필사적인 노력 덕분에 드레이크의 습격으로부터 1년쯤 지난 1588년 봄이 되자 함대는 출항준비를 갖출 수 있게 되었다. 애초에 산타크루즈가 요구한 수준은 아니었지만 그때까지 유럽 어디에서도 볼 수 없었던 어마어마한 함대였다. 대형 갈레온선 20척, 캐럭선 44척, 수송선 23척, 소형 보조선 35척, 그리고 갈레아스선과 갤리선이 각각 4척이었다. 이 배를 조종할 승조원만 8천 5백 명이었고 전투요원인 보병도 1만 9천여 명이 탑승했다. 당시 목격자들의 증언에 의하면 마치 산맥이 움직이는 것처럼 느껴졌다고 한다. 1588년 5월 28일, 함대는 리스본을 떠나 영국을 향해 나아가기 시작했다.

그런데 무적함대의 구성을 보면 좀 특이한 점을 발견할 수 있다. 해군임에도 불구하고 배를 조종할 승조원보다 육군이라고 할 수 있는 보병이 훨씬 많았다는 점이다. 한 척에 최대 350명의 보병이 탑승할 정도로 배마다 보병이 가득했고 이들 중 대부분은 수영조차 할 줄 몰랐다. 스페인을 상대하기 위해 출격을 준비하고 있던 영국측 함대와 비교하면 그 차이는 더욱 명확해진다. 6천명 정도로 추정되는 영국함대의 병

---

91 카를로스 1세의 서자로 펠리페 2세에게는 배다른 동생이다. 1571년 레판토 해전에서 24살의 나이로 스페인 함대의 총사령관을 맡았다.

| 메디나 시도니아의 무적함대 모형

| 스페인 함대에 탑승한 보병 모형

력 대부분은 승조원이거나 대포를 발사하는 포병이었다. 보병은 아예 없다고 해도 과언이 아니었다. 영국함대와 달리 스페인의 아르마다에는 왜 이렇게 많은 보병이 타고 있었던 것일까?

"스페인의 입장에서 전함에 많은 보병들을 태우는 것은 당연했습니다. 우선 그들은 배의 측면으로 접근하여 강력한 보병들을 영국 전함으로 옮겨 전투를 벌이길 바랬고 또 이를 기대했습니다. 또한 그들의 원정 계획은 에스파냐 육군병력을 영국에 상륙시키는 것이었기 때문에 당연히 많은 보병들과 함께 출정하였습니다. 영국의 경우, 일단 육군 전력 자체가 거의 없었고, 항해에 필요한 인력, 대포를 장전할 인력만을 수용하기에도 공간이 비좁았기 때문에 보병을 탑승시킬 수 없었습니다. 몇몇 함선에는 보병이 승선하기도 했지만 많은 인원을 수용할만한 공간은 없었습니다."[92]

로저 교수의 언급처럼 스페인은 기본적으로 자신의 배로 적선을 들이 받은 후, 적선에 뛰어 올라가 육박전을 벌이는 전술을 생각하고 있었다. 사실 이런 전투방식이야말로 고대 이래 유구한 전통을 가지고 있던 해전의 방식이었다. 페르시아와 그리스도 이렇게 싸웠고, 로마와 카르타고도 이렇게 싸웠으며, 이순신 장군이 등장하기 이전에는 동아시아의 중국이나 한국, 일본도 이런 방식으로 싸웠다. 동서고금을 막론하고 당시로서는 너무나도 일반적인 해전 방식이었던 것이다. 잘 상상이 되지 않는다면 해적영화에서 해적들이 싸우는 방식을 생각하면 된다. 최대한 배를 가깝게 붙이고 갈고리 같은 것으로 적선을 붙잡아둔 후 재빨리 뛰어 올라가서 칼이나 창 혹은 구식 화승총으로 싸우는 것이다. 장소만 배위일 뿐 육지에서의 전투와 별반 차이가 없는 셈이다. 1571년에 스페인이 오스만제국에 대해서 대승을 거두었던 레판토 해

---

92   니콜라스 로저(옥스퍼드 대학교 해군사 석좌교수) 인터뷰 중에서

전에서도 같은 방식으로 싸웠다. 당연히 보병이 강한 나라가 해전에서도 강한 나라가 된다.[93] 따라서 유럽 최고의 육군을 가지고 있는 스페인은 자동적으로 유럽 최고의 해군도 가질 수 있었던 셈이다. 이런 관점에서 보면 배위에 보병이라고는 거의 태우지 않았던 영국해군이 오히려 예외적인 존재였다. 영국 해군이라고 해서 배위에 보병을 태우고 싶지 않았던 것은 아니다. 영국이 보병을 태우지 않은 것은 영국에 보병다운 보병이 거의 존재하지 않았기 때문이다. 태우고 싶어도 태울 사람이 없었던 셈이다. 하지만 결핍은 혁신의 어머니가 되기도 한다. 영국 해군은 어쩌면 결정적인 약점이 될 수도 있었던 보병 부족이라는 상황을 더 적극적인 방법으로 극복하기로 했다. 아예 해전 방식을 바꾸는 것이다. 영국의 지휘관들은 보병이 어떤 역할도 할 수 없는 방식의 새로운 해전을 준비했다.

"당시 사람들은 지중해 뿐만 아니라 북해에서도 갤리선으로 전투를 벌였습니다. 갤리선은 뭍에서 육군이 싸우듯이 싸웠습니다. 아주 긴 전선을 가지고 다 함께 전진을 하는 방식으로 싸웠습니다. 범선으로 이렇게 싸우는 것은 거의 불가능합니다. 그렇기 때문에 영국이 거포로 무장한 새로운 갈레온을 개발했던 것이고, 이를 유용하게 사용할 방법이 연구되었습니다. 갈레온의 전술적인 이용 방법을 잘 아는 사람은 없었습니다. 사실 영국 역시 스페인이 갈레온에 대해 아는 만큼만 알고 있었습니다. 갈레온에 대해 아는 사람이 없었던 이유는 새로운 것이었기

---

93 전형적인 육지형 국가였던 고대 로마가 유구한 해양국가의 전통을 가지고 있던 카르타고와의 해전에서 이길 수 있었던 것도 당시 해전방식이 육지에서의 전투와 별반 차이가 없었기 때문이다. 적당한 배와 승무원만 갖출 수 있다면 최강의 육군은 곧바로 최강의 해군이 되었다.

때문이고, 실제로 갈레온의 거포로 다른 배를 격침시킬 수 있는지의 여부도 알 수 없었습니다. 영국인들은 아마도 가능할 것이라고 믿었습니다. 당시 전투는 보통 바다 위에서 조우하게 되면 거리를 좁혀, 적함에 올라타 싸우고, 적의 함선을 나포하는 방식으로 진행되었습니다. 하지만 수백 야드 밖에서 대포를 쏘아 적의 함선을 격침시키는 방식은 새로운 것이었지요. 물론 영국은 강력한 함포를 이용해 적함을 침몰시킬 수 있기를 바랐지만 그게 실제로 가능했는지는 확실하지 않습니다. 그리고 실제로 어떤 방법으로 격침시킬지 역시 미지수였습니다."[94]

로저 교수의 설명처럼 영국 지휘관들이 준비한 방식은 적 보병이 아예 건너오지 못하도록 포격전으로 승부를 내는 것이었다. 하지만 이런 전술은 완전히 새로운 것이었고 새로운 것인 만큼 실제로 가능할지는 미지수였다. 하지만 보병이 절대적으로 부족했던 영국으로서는 이게 유일한 방식이기도 했다.

스페인의 침공이 임박해오자 영국은 남부해안 곳곳에 관측소와 봉화대를 만들고 경계를 강화하기 시작했다. 그리고 7월 29일, 봉화대에 불길이 오르기 시작했다. 희미한 안개 사이로 엄청난 숫자의 배가 목격된 것이다. 영국측 기록에 의하면 바다위에 산맥이 움직이는 것 같았다고 한다. 무적함대가 영국해안에 도착한 것이다. 영국 해군의 순시선이 곧바로 영국 해군의 주력이 정박하고 있던 플리머스에 이 소식을 알려주었다. 그때 영국 함대의 부사령관이었던 드레이크는 요즘의 볼링과 유사한 게임을 잔디밭에서 즐기고 있다가 스페인 함대에 대한 보고를

---

94 니콜라스 로저(옥스퍼드 대학교 해군사 석좌교수) 인터뷰 중에서

들었다고 한다. 드레이크는 여유를 부리며 말했다. "하던 게임을 끝내고 나가도 스페인 함대를 쳐부술 시간은 충분하네."

이 이야기가 사실인지 여부는 알 수 없지만 영국 함대는 이튿날인 7월 30일에야 움직이기 시작했다. 아마 유리한 조류를 기다렸는지도 모르겠다. 하지만 첫날은 폭풍이 몰려왔고 어느 쪽도 전투에 나설 상황이 못되었다. 결국 본격적인 전투는 7월 31일 일요일에 벌어졌다. 영국 함대는 우선 우세한 속도와 선박 조종술을 이용해서 무적함대의 후미를 따라 붙었다. 적 함대의 후미에 따라 붙었다는 것은 전투가 벌어졌을 때 바람을 뒷쪽에서 받을 수 있는 유리한 위치를 차지했다는 의미다. 영국 함대는 시작부터 전투의 주도권을 쥔 셈이었다.

영국 함대를 발견하자 스페인 무적함대도 곧 대형을 갖추기 시작했다. 메디나 시도니아는 '행군대형'을 '전투대형'으로 바꾸도록 명령을 내렸다. 드디어 첫 전투가 시작될 참이었다. 그런데 당시 스페인 함대는 용어조차도 육군의 용어를 그대로 사용하고 있었던 모양이다. '행군대형'이라니…

무적함대가 갖춘 전투대형은 일명 초승달 대형이었다. 좌익과 우익에 주력군을 배치하고 반원형으로 대형을 이루는 방식인데 기원전 480년에 있었던 살라미스 해전[95]이래 전 세계의 바다에서 공통적으로 사용되던 전투대형이었다. 이순신 장군이 임진왜란 당시에 사용한 학익진도 본질적으로는 동일한 전투 대형이다. 전투과정에서 적 함대가 등

---

95 기원전 480년 9월에 아테네 인근 사로니코스 만의 섬인 살라미스 해협에서 벌어진 아케메네스 왕조 페르시아 제국과 그리스 도시 국가 연합군 사이의 해전. 그리스 함대가 페르시아에 결정적인 승리를 거두었으며, 최소한 200여 척이 넘는 페르시아 함선이 침몰하거나 나포되었다.

| 초승달 대형 모형

근 반원의 안쪽에 들어오면 삼면에서 포위하고 집중 공격해서 적을 섬멸하는 것이 이 대형의 목적이었다. 그런데 어디서 들어본 듯한 느낌이 들지 않는가? 만약 둥근 반원 안쪽에 적을 몰아넣고 섬멸한다는 설명에서 한니발의 칸나이 전투가 떠오르는 독자가 있다면 전술학에 재능이 있는 사람이다. 당시까지의 해전이 기본적으로 육상 전투의 연장선에 있었던 것처럼 이 전술도 육상 전투에서 차용한 전술이다. 필리포스나 알렉산더 대왕, 혹은 한니발 같은 고대의 전략가들이 즐겨 사용했던 망치와 모루 전술[96]을 응용한 전술인 것이다.

스페인의 초승달 대형에 대해 영국은 전혀 다른 전투대형을 보여주었다. 기함인 아크 로얄호를 선두로 곧장 적함을 향해 일렬로 달려들어

---

96 '모루'란 저지부대로서 주로 보병을 말하고 '망치'란 실질적 타격을 가하는 기병대를 의미한다. 현대전에서는 '조공'과 '주공'이라는 개념을 사용한다. 조공인 보병대가 적을 저지하는 동안 주공인 기병대가 측, 후방을 타격하는 전술이 모루 위에 철을 얹고 망치로 때리는 행위와 비슷하다 하여 이런 이름을 붙였다. 알렉산더의 가우가멜라 전투나 한니발의 칸나이 전투 등이 대표적이다.

서 집중 포화를 날린 후 적함이 다가오기 전에 도망치는 것이었다. 어찌 보면 유목민의 경기병들이 사용하던 전술과 유사해 보이는데 기동성과 사격에 자신이 있다는 점에서 비슷한 점이 있는지도 모르겠다. 아무튼 영국 함대의 포격이 시작되자 스페인 함대에 포탄이 날아들어 피해를 입히기 시작했다. 하지만 사상자나 부상자는 없었고 포탄으로 인한 피해도 금방 복구될 수 있을 정도로 사소한 것이었다. 영국 함대가 300야드나 떨어진 곳에서 포를 쏘고는 바로 도망가는 전술로 일관했기 때문이다. 스페인 함대에 큰 피해를 주기에는 너무 먼 거리였다. 그렇다고 쉽사리 근접전을 펼칠 수도 없었다. 섯불리 근접했다가는 스페인 보병이 던진 갈고리가 영국 함선에 걸릴 테고 적병이 넘어오면 말 그대로 끝장이 날게 뻔하기 때문이었다.

결국 첫날 전투는 일종의 탐색전으로 끝나고 말았다. 스페인 보병이 영국 함선에 넘어가기에는 당연히 너무 먼 거리였고 영국의 포탄이 스페인 배에 피해를 입히기에도 아직 거리가 멀었다. 영국 함대도 아직 새로운 전투 방식을 어떻게 적용하면 되는 지에 대해서 잘 알지 못하고 있었기 때문이다.

"무적함대와의 전투에서 영국은 배우고 있었습니다. 사실 영국은 바다에서 이런 전투를 치러본 적이 없었습니다. 영국은 계속 실험을 해왔을 뿐입니다. 스페인보다 더 빨리 습득했습니다. 제대로 된 도구를 가지고 사용법을 배운다면, 잘못된 도구를 구해 사용법을 배우는 것보다 훨씬 뛰어납니다."[97]

97 롭 라이스(미국 군사대학 교수) 인터뷰 중에서

첫 번째 전투 이후에도 몇 차례 충돌이 이어졌다. 스페인 군은 여전히 갈고리를 걸 기회만을 노렸고 영국군은 함포사격에 집중했다. 양측 모두 결정적인 기회를 잡지 못한 채 탐색전만이 계속 되었다. 하지만 여기까지의 전투만으로도 영국으로서는 선전했다고 할 수 있었다. 상대는 누구나 인정하는 세계 최강 스페인인 것이다. 결정적인 승기를 잡지는 못했다고 해도 패배한 것도 아니었다. 아니 전투는 영국이 주도하는 형국으로 진행되고 있었다. 그리고 그 선전을 뒷받침 한 것은 영국이 자랑하는 빠른 배와 스페인에 비해 몇 배나 많은 대포였다. 이 두 가지 중 배에 대해서는 앞에서 설명했으니 이번에는 대포에 대해 좀 더 알아보도록 하자.

대포와 보병

　레이스 빌트 갈레온에 대한 설명에서 이 배가 기존의 범선보다 많은 대포를 실을 수 있다는 점을 다시 기억해 주기 바란다. 많은 대포를 실을 수 있으면 당연히 포격전에서 우위를 점하게 된다. 하지만 여기에는 전제가 하나 더 필요하다. 대포를 많이 가지고 있어야 한다는 점이다. 최신형 레이스 빌트 갈레온에는 200문 이상의 대포가 장착되었다고 하니 전 함대를 제대로 무장하기 위해서는 엄청난 숫자의 대포가 필요했을 것이다. 그런데 대포를 많이 보유한다는게 그렇게 간단한 문제는 아니다. 우선 대포는 비싸다. 특히 당시에 보편적으로 사용되고 있던 청동대포는 특별히 비쌌다. 엘리자베스 여왕은 전시를 대비해서 청동을 다량으로 축적해 놓고 있었지만 영국함대의 대포 수요는 엄청나서 값비싼 청동대포로 이 수요를 충족시키는 것은 불가능했다. 그런데 이 부족한 부분을 보충하고도 남음이 있게 만들어준 무기가 있었다. 바로 주철대포였다. 16세기 당시 영국은 주철대포를 기반으로 유럽의 대포시장을 평정하고 있었다. 연간 400톤이 넘는 주철대포를 생산했는데 이것은 유럽 전체 대포 생산량의 70%에 이를 정도로 엄청난 양이었다.

그런데 처음부터 영국의 대포 산업이 이렇게 발달한 것은 아니었다. 아니 15세기까지만 해도 대포에 있어 영국은 후진국이었다. 대포 생산에 필수적인 청동이 영국에서는 거의 생산되지 않았기 때문이다. 앞서 언급한 것처럼 당시에는 청동으로 대포를 만드는 것이 일반적이었다. 청동은 다른 금속에 비해 대포로 만들기에 유리한 성질을 많이 가지고 있기 때문이다. 우선 쉽게 녹이 슬지 않는다. 유지관리가 용이하다는 이야기다. 더 중요한 점은 청동은 적당히 늘어나는 성질을 가지고 있다는 사실이다. 이 때문에 대포 발사시의 엄청난 압력에도 쉽게 파열되지 않았다. 이 부분이야말로 청동이 가진 최대의 강점이었다. 하지만 청동에는 결정적인 약점이 하나 있다. 생산량이 많지 않고 또 너무 비싸다는 것이다. 비싸고 귀한 금속이기 때문에 당연히 공급에 한계가 있었다. 그래도 영토 안에 양질의 청동이 생산되는 대륙 국가들은 청동을 기반으로 어느 정도 대포를 만들어 낼 수 있었다. 특히 광대한 영토를 가진 오스만제국은 청동 공급에 아무 어려움이 없어서 엄청나게 큰 청동대포들을 어려움 없이 만들어내곤 했다. 하지만 영국은 청동이 전혀 나지 않았다. 청동으로 대포를 만들고 싶어도 만들 재료가 없는 것이다. 왕실이 경제적으로 여유가 있으면 수입해서라도 만들 텐데 영국왕실은 가난했다. 또 청동이 나지 않으니 제련기술의 발달도 기대할 수 없었다. 이래저래 대포산업이 발달하기에는 최악의 조건이었던 셈이다.

엘리자베스 여왕의 아버지 헨리 8세는 어차피 청동대포를 원하는 대로 만들 수 없다면 좀 위험하더라도 주철대포를 만들어 보기로 작정했다. 주철은 좀 위험하긴 해도 무엇보다 값이 쌌다.[98] 이번에도 결핍이 혁신을 부추긴 셈이다. 다행히 영국에는 양질의 철광석이 많이 생산되고 있었다. 그는 떨어지는 기술을 따라잡기 위해 우선 프랑스의 대포 제조자들을 초대했다. 더불어 뛰어난 제철 장인인 랄프 호지를 고용했다. 서로 다른 분야에 종사하고 있던 사람들을 묶어서 새로운 기술 개발을 시도한 셈이다. 일종의 기술적 잡종 교배라고나 할까?

하지만 제대로 된 주철대포를 얻기까지 많은 시행착오를 거칠 수밖에 없었다. 주철은 청동이 가지고 있는 장점을 하나도 가지지 못했다. 우선 녹이 쉽게 슬어서 조금만 관리를 소홀히 해도 전투에서 사용할 수 없었다. 더군다나 주철은 강한 압력이 가해지면 늘어나는 대신 부서져 버리기 때문에 대포를 발사하다가 대포가 폭발해 버리는 일이 비일비재했다. 주철대포를 발사하기 위해서는 포병들이 목숨을 걸어야 했다. 또 철은 청동에 비해 녹는점이 두 배 이상 높았다. 따라서 철을 주조하기 위해서는 훨씬 높은 온도를 만들어 낼 수 있는 용광로가 필요했다. 실전에 사용할 만한 주철대포를 만들기 위해 해결해야 할 문제가 한두 가지가 아니었던 셈이다.

하지만 헨리 8세의 노력은 보상을 받았다. 1543년에 첫 번째 주철대포가 성공적으로 제작된 것이다. 성능은 기대 이상이었고 곧 대량생산이 시작되었다. 일단 대량생산이 가능해지자 영국산 주철대포는 유럽 대포시장을 휩쓸기 시작했다. 엄청난 가격 경쟁력 때문이었다. 영

---

98 스웨덴에 남아있는 기록에 따르면 1580년경 구리원광대 철광의 가격 비율은 1:9였으며 1600년 무렵엔 1:10이었다. 심지어 철근형태로 가공을 마친 철도 원석상태의 구리에 비해 1/5 정도의 가격으로 거래되었다.

| **주철대포** 영국 화약 박물관 소장

국은 청동을 구할 길이 없어서 상대적으로 구하기 쉽게 가격이 싼 주철
대포를 개발한 것이지만 바로 그 이유 때문에 대포 선진국이었던 이탈
리아나 독일 대포들이 따라올 수 없는 가격 경쟁력을 갖추게 된 것이
다. 당시 기준으로 주철대포는 동일한 구경의 청동대포에 비해 1/4 정
도의 가격이면 제조가 가능했다.[99] 지금도 개발도상국이 선진국을 따
라잡기 위해 가격 경쟁력으로 승부를 걸곤 하는데 당시엔 영국 대포가
그랬던 셈이다.

값싼 주철대포가 대량 생산되자 영국 선박들의 무장은 획기적으로
개선되기 시작했다. 왕실선박에는 그래도 비싸지만 성능이 뛰어난 청
동대포가 주로 사용되었지만 드레이크 같이 모험적 상인(혹은 해적?)의
배에는 주철대포들이 대량으로 실리기 시작한 것이다.

---

99 1632년 영국해군에서 소형전함에 실린 청동대포를 주철대포로 교체하는 방안을 건의했는
데 총 90톤의 청동대포를 제조하는데 1만 4,332파운드가 드는 반면 주철대포는 3,600파운드가
소요된다고 보고했다.

"이 시기에는 세 종류의 대포가 사용되었습니다. 우선, 오랜 중세시대의 대포로, 철봉을 단조하여 만든 연철대포가 있는데 매우 강력했지만, 사용에 한계가 있었습니다. 다음으로 청동대포가 있습니다. 최고의 대포라 할 수 있는데 더 큰 포탄이 들어갔기 때문에 파괴력이 더 컸고, 사거리도 더 길었습니다. 마지막으로 영국이 개발하고 있던 새로운 종류의 대포가 있습니다. 영국이 발명하진 않았지만 영국이 개발하던 대포로 주철대포입니다. 주철대포의 주조는 철의 녹는점이 청동의 녹는점보다 두 배 이상 높기 때문에 기술적으로 그 과정이 훨씬 어렵습니다. 하지만 결국 이 기술을 익히게 되고 대부분의 해군함선을 주철대포로 무장하게 됩니다. 1588년 일반 영국 범선들은 이미 소형 혹은 중형 주철대포로 무장하고 있었습니다. 여왕의 함대는 청동대포로만 무장하였는데, 철보다 훨씬 값이 많이 나갔습니다."[100]

이렇게 자신의 약점을 장점으로 바꾸는 혁신을 통해, 영국은 유럽에서 가장 강력한 화력과 기동성을 가진 해군을 보유하게 된 것이다. 토인비식으로 표현하자면 영국의 예는 도전이 대담하고 성공적인 응전을 만난 전형적인 경우라고 할 것이다. 그런데 영국이 이렇게 새로운 포를 만들어 화력을 이용한 전투를 준비하는 동안 초강대국 스페인은 무엇을 하고 있었을까? 왜 포에 대한 아무런 준비도 하지 않았을까?

결론부터 이야기하자면 스페인도 대포의 생산에 전혀 무관심했던 것은 아니다. 펠리페 2세가 그렇게까지 어리석은 군주는 아니었다. 펠리페 2세는 1574년 비스케이 지역에 주철대포 생산을 위한 기술을 도입하기로 결정하고 영국 출신의 대포 기술자들을 초청했다. 그런데 영

---

100   니콜라스 로저(옥스퍼드 대학교 해군사 석좌교수) 인터뷰 중에서

국의 대포 기술자들이 단 한 사람도 스페인으로 건너가지 않았다. 애국심 때문인가 하면 꼭 그런 것은 아니었다. 스페인 쪽에서 초청한 사람들은 영국 본토에 있는 대포 기술자들이 아니라 독일의 리에주에 넘어와서 일자리를 구하고 있던 사람들이기 때문이다. 이미 이국땅에서 돈벌이를 위해 대포 기술을 팔아먹고 있던 입장에서 스페인이라고 해서 거절할 이유는 없었다. 그들이 스페인으로 가지 않은 진정한 이유는 악명 높은 스페인의 종교재판 때문이었다. 영국의 엘리자베스 1세는 비록 신교도였지만 가톨릭교도에게도 종교적 탄압을 한 적이 없었다. 그녀에게 종교와 정치는 구분되어야 할 문제였기 때문이다. 하지만 펠리페 2세는 달랐다. 스페인제국은 반드시 가톨릭으로 통일되어야만 했다. 따라서 당시 스페인에는 종교재판과 마녀사냥, 화형과 고문이 횡행했다. 16세기에 대부분의 대포 기술자들은 신교도들이었기 때문에 이들이 제정신이라면 스페인으로 건너갈 이유가 없었던 셈이다. 펠리페 2세는 영국의 배 건조 기술의 발전을 등한시 한데 모자라 대포의 혁신마저 불가능한 상황을 자초한 것이다.

하지만 이런 상황에서도 펠리페 2세는 영국에 비해 대포의 무장이 부족하다는 점이 그리 큰 문제는 아니라고 생각했다. 무적함대의 사령관 메디나 시도니아에게 보내는 지시에서도 영국의 대포를 조심하라고 언급하기는 했지만 조심해서 대응하기만 하면 충분히 극복 가능한 문제라고 생각했다. 만약 정말로 이게 큰 문제라고 생각했다면 대포 기술자들을 끌어 들이기 위한 보다 적극적인 대책을 마련했을 것이다. 하지만 펠리페 2세는 그렇게 하지 않았다. 좀 심하게 말해서 너희들이 싫으면 말라는 식이었다. 믿고 있는 것이 있어서였다.

펠리페 2세가 철석같이 믿고 있던 것은 바로 '보병'이었다. 앞서 누차 설명한 것처럼 스페인 보병은 당시 세계 최강이었다. 1525년 파비야 전투에서는 역시 유럽 최강의 육군을 가지고 있던 프랑스 군대를 격파했다. 레판토 해전에서 이슬람의 챔피언 오스만제국을 대파한 것도 스페인 보병이 있어서 가능한 일이었다. 비록 신대륙을 발견하고, 유럽에서 가장 큰 함대를 보유하고 있었지만 스페인에게 배는 운송수단일 뿐이었다. 싸움은 당연히 보병의 몫이었다. 이렇게 강력한 보병이 있었기에 주철대포니 레이스 빌트 갈레온이니 하는 것들은 부차적인 존재일 뿐이었다. 아니 어쩌면 스페인 보병의 위력에 도전하는 이런 신기술들은 귀찮은 존재였는지도 모른다. 자신이 가장 자신 있는 분야 즉 보병을 활용하는 기존 전술에 오히려 위협이 되기 때문이다.

"펠리페 2세는 기존의 질서를 신뢰하는 사람이었습니다. 오랜 신앙이 옳다고 믿었기 때문에 신교를 반대했습니다. 그는 오랜 전투 방식이 옳다고 믿었습니다. 스페인이 지배하고 있는 오랜 권력 체계가 옳다고 믿었죠. 아버지인 황제 카를로스 1세(카를 5세)는 프랑스를 뺀 거의 유럽 전체를 지배했습니다. 유럽 근대사에서 가장 강력한 인물이죠. 그는 일생을 그의 제국을 얻기 위해 싸웠습니다. 힘이 아닌 신앙이 그를 무너뜨렸습니다. 신교가 나타나면서 독일과 네덜란드가 무너졌습니다. 합스부르크 왕가의 세력이 약화되었습니다. 필리페는 필사적으로 이 체계를 유지하려고 애썼습니다. 그에게는 아버지를 위한 의무가 있었습니다. 그의 하나님과 교회에 관한 의무도 있었습니다. 그는 기존의 질서가 그대로 유지되어야 한다고 믿었습니다. 그는 진보에 관심을 두지 않았습니다. 진보는 신교와 반역 그리고 달갑지 않은 새로운 것들과 관련이 있기 때문입니다. 영국이 여왕을 세운 것처럼 말이죠. 여왕이 나라를 지배한다는 말을 들어본 적 있나요? 특히 이단을 신봉하는 정통성 없는 여왕이라니!

펠리페는 근대성^{modernity}에는 관심이 없었습니다. 그는 안정과 질서에 관심을 가졌습니다. 이것이 그가 추구하는 바였습니다. 무적함대는 질서를 되돌리는 일이었습니다. 가톨릭으로 되돌리고, 영국을 예전 모습으로 돌려놓는 일이었습니다. 유럽을 합스부르크 왕가 통제 아래의 원래 자리로 돌려놓는 일이었습니다. 그 다음엔 프랑스를 치는 거죠. 변화와 아무 관련이 없는 심각한 의제를 가지고 있었습니다. 그는 안정과 기존 질서를 유지하고자 했습니다. 변화에 전혀 관심을 두지 않았습니다. 펠리페 2세에게 변화는 곧 악이었습니다. 아마도 그가 요즘 사람이라면 인터넷 같은 걸 즐기지 않았을 거예요. 인터넷을 종교재판에 세웠을 겁니다."[101]

그런데 보병의 장점을 살리기 위해 대포라는 혁신에 무관심했던 펠리페 2세의 선택은 사실 예외적인 것이 아니었다. 역사는 자신이 지금까지 잘해오던 것에 집착해서, 새로운 기술을 거부한 무수한 사례들로 가득하기 때문이다.

---

101 앤드류 램버트(런던 킹스 컬리지 전쟁학 교수) 인터뷰 중에서

불뿜는 도마뱀

그 한 가지 사례를 살펴보기 위해 시간을 조금 거슬러 올라서 1453년 콘스탄티노플 공방전으로 가보도록 하자. 당시 비잔틴 제국은 비록 과거에 비해 형편없이 쇠락하여 콘스탄티노플 부근을 겨우 영유하고 있을 정도로 약화되어 있었지만 콘스탄티노플의 성벽만은 유럽 전체를 통틀어도 비교할 상대가 없을 정도로 견고했다.

로마제국 말기 테오도시우스 황제에 의해 건설된 이 성벽은 콘스탄티노플 삼중 성벽이라는 이름으로 불렸다. 성벽 앞에는 유럽의 어느 성벽보다 깊고 넓은 해자가 있었고 해자 뒤에는 흉벽과 너비가 2m 높이가 5m인 외성벽, 너비 5m 높이 12m인 내성벽이 줄줄이 자리잡고 있었다. 흉벽과 외성벽, 내성벽을 포함해서 삼중 성벽이라고 불린다. 더구나 내성벽과 외성벽에는 각각 96개의 망루가 설치되어 있어 적을 감시하고 적의 공격을 저지할 수 있도록 되어 있었다. 외성벽과 해자는 이제 흔적을 찾기가 거의 어렵지만 폭이 5m나 되는 내성벽은 아직도 세월의 공격을 견뎌내고 이스탄불 시내 곳곳에 남아있다. 성벽의 위력은

| **콘스탄티노플 성벽**

말 그대로 막강해서 제국이 외세의 침략을 받아 수도 면전까지 영토가 유린되었다 해도 이 성벽을 넘어 수도를 점령할 수 있었던 군대는 15세기까지 거의 없었다.[102]

오스만 제국의 메메드 2세 역시 압도적인 병력으로도 쉽사리 성벽을 넘어설 수가 없었다. 하지만 이 이야기는 반대로 해석하면 일단 성벽만 넘어선다면 수적으로도 압도적일 뿐만 아니라 정예함에서도 당시 유럽에서 상대가 없었던 오스만 제국의 예니체리[103]가 순식간에 콘스탄티노플을 함락시킬 수 있다는 것을 의미했다. 결국 콘스탄티노플을 함락시킬 수 있느냐 없느냐는 오로지 견고한 콘스탄티노플의 성벽을 돌파

102　단 한 번의 예외가 1204년 4차 십자군이 엉뚱하게 기독교 국가인 비잔틴 제국을 공격하여 콘스탄티노플을 함락시킨 사건이다.

103　오스만제국 술탄 직속의 정예 보병. 원래 어린시절 기독교도의 가정에서 끌려온 소년을 철저하게 이슬람식으로 교육시켜 술탄에 대한 일방적인 충성심으로 가득한 엘리트 보병으로 육성한 부대이다. 말 그대로 맹목적인 충성심과 용맹으로 무장한 오스만 제국 최강의 부대였다.

할 수 있느냐 없느냐에 달려있는 셈이었다.

이렇게 성벽으로 인해 곤란을 겪고 있을 때 오스만 진영에 구세주가 나타났다. 역사는 이 사람의 이름을 우르반이라고 기록하고 있다. 헝가리 출신이라고 추정되는 우르반은 원래 비잔틴 황제에게 먼저 달려가 자신이 세상에서 가장 강력한 대포를 만들 수 있으니 이 기술을 사달라고 했다고 한다. 하지만 비잔틴 황제는 웬일인지 그를 물리쳤다. 그러자 이 대포 기술자는 자신의 기술을 사줄 사람을 찾아 오스만 진영으로 넘어온 것이다. 이 기록에 대해서는 역사학자들 사이에 진위여부를 놓고 의견이 분분하다. 콘스탄티노플 함락을 극적으로 포장하기 위해 가공된 이야기일 가능성이 높다는 것이다. 가공된 이야기일 수도 있겠지만 아마 실제 일어난 일이라고 해도 비잔틴 황제는 우르반의 제안을 거절했을 것이다. 비잔틴 입장에서는 이 대포가 아무 쓸모가 없었기 때문이다. 15세기까지 대포는 전적으로 성벽을 부수는 데만 사용되었다. 그러니 성벽을 부수는 게 아니라 지키는 게 목적인 비잔틴 제국의 입장에서 이 대포가 무슨 쓸모가 있겠는가? 비잔틴의 황제가 좀 더 냉혹한 사람이었다면 오히려 그를 죽여서 기술 자체를 말살하려고 했을 것이다. 하지만 오스만 제국의 술탄 메메드 2세는 입장이 달랐다. 그가 애타게 찾고 있던 것이 바로 성벽을 부수는 무기였기 때문이다. 메메드는 즉시 우르반에게 요구하는 금액의 2배를 주고 대포를 만들도록 했다.

이렇게 만들어진 대포는 실로 어마어마한 크기를 자랑했다. 정식으로는 '마호메타'라는 이름을 부여받았고 '불 뿜는 도마뱀'이라는 별명으로도 불린 이 대포는 포신의 길이만 8.2m, 무게는 19톤이 넘었다. 포탄으로는 돌덩어리를 사용했는데 500kg 이상의 돌덩어리를 깎아 만든 포

| **오스만투르크의 대포** 이스탄불 군사 박물관

탄을 최소 1.6km 이상 발사했다고 한다. 워낙 엄청난 크기를 자랑했기 때문에 대포를 운반하기 위해서는 사륜마차 30대와 소 60마리 그리고 무려 200명의 병사가 필요했다. 포가 한 번 터지면 거대한 굉음 때문에 19km 떨어진 임산부가 유산했다는 기록까지 있다. 메메드 2세는 만족했다. 곧 비슷한 크기의 대포들이 차례로 제작되어 성벽을 파괴하는데 동원되었다. 동원된 대포들은 부분적으로 너무 큰 크기 때문에 몇발 쏘지도 못하고 부서지곤 했지만 대부분은 성공적으로 성벽을 부수기 시작했다. 특히 대포가 발사될 때마다 발생하는 엄청난 폭음은 콘스탄티노플 방위군들을 공포로 몰아넣었다. 결국 콘스탄티노플 성벽은 버텨내지 못했고 1453년 5월 29일에 함락되었다.

이때부터 오스만 제국은 대포의 크기에 집착하기 시작했다. 여기에 더해 다행인지 불행인지 아나톨리아를 비롯한 오스만 제국의 영토에서는 양질의 청동을 쉽게 구할 수 있었다. 곧 어마어마한 크기의 대포들

| 콘스탄티노플 공방전

이 앞다투어 만들어지고 공성전에 사용되었다. 대포들이 너무 커서 전쟁터에 끌고 다니기가 어려웠기 때문에 오스만의 술탄들은 아예 전쟁터에다가 대포 제조공장을 세우고 그곳에서 직접 초대형 대포를 만들곤 했다. 이것도 풍부한 청동자원이 있었기에 가능한 일이었을 것이다. 지금도 이스탄불에 있는 군사박물관에 가보면 정말 거짓말처럼 엄청난 크기의 청동대포들이 전시되어 있는 것을 구경할 수 있다. 너무 커서 직

접 보면 솔직히 무섭다기 보다는 웃음이 나올 정도다.

　한동안은 이 거대한 대포들이 효과를 발휘했고 유럽인들을 공포에 떨게 하기도 했다. 하지만 시대는 변하기 마련이다. 대포의 발달과 함께 성벽도 변하기 시작했다. 돌이나 벽돌이 아닌 흙이 요새 축성의 주요 재료로 사용되자 성벽을 부수는 대포의 위력은 현저하게 떨어졌다. 무엇보다도 야전에서 이렇게 크기만 한 대포는 점점 쓸모가 없어졌다. 시대의 흐름은 오히려 야전에 쉽게 끌고 다닐 수 있는 소규모 야전포가 중시되고 있었다. 하지만 오스만제국은 대포의 크기에 대한 집착 때문에 이 거대한 대포가 시대에 뒤떨어졌다는 사실을 결코 인정하려 들지 않았다. 야포의 우위가 명백해진 18세기 말에도 오스만 제국은 거대한 대포에 대한 사랑을 멈추지 않았다. 당시 러시아와 전쟁 중이던 오스만 제국을 지원하기 위해 파견되었던 토트 남작은 "넓은 구경 때문에 겉보기에는 막강해 보이지만 막상 첫발을 발사하면 한참 지나야 작동 시킬 수 밖에 없어 두려워 할 까닭이 없다"고 기록하고 있다.

　오스만 제국의 대포가 어느 정도로 시대착오적인 괴물이 되었는지를 알기 위해 조금 길지만 토트 남작의 기록을 좀 더 살펴보도록 하자.

"투르크인들은 보스포러스 해협이 내려다보이는 성곽위에 500kg 짜리 돌덩어리를 날려 보낼 수 있는 엄청난 대포를 올려 놓았다. 무라드 치세治世 당시 청동으로 만들어진 이 대포는 나사못으로 연결된 두 부분으로 구성되어 있었다. 나는 파샤[104]에게 공격 시 한 발 이상 발사할 경우 재장전에 어려움이 있을 것이라고 말했다. 그는 내 의견에 동의하

104　오스만 제국의 장군, 총독 등에게 주어지던 칭호

면서도 처음 한발의 발사만으로도 적 함대를 날려버리는데 충분할 것이라고 말했다.

나는 시험발사를 제안했다. 그러자 내 제안에 주위사람들은 벌벌 떨었고 그 가운데 가장 늙은 사람은 이 대포가 아직까지 발사된 적이 없으나 만약 발사되면 이 성곽과 도시 전체를 뒤덮을 것이라는 전설이 전해 온다고 주장했다.

대포를 장전하기 위해 화약이 자그마치 150kg이나 소모되었다. 나는 수석 기술자에게 뇌관을 준비하라고 일렀다. 내 명령을 듣자 모두들 다가올 위험을 겁내며 자취를 감추었다. 파샤도 꽁무니를 빼려는 참이었지만 나는 성 한 모퉁이 작은 정자에서는 포탄의 효과를 안전하게 살펴볼 수 있을 것이라며 간신히 그를 설득하는데 성공했다.

파샤를 설득하는데 성공하자 이제 남은 일은 기술자에게 용기를 북돋아 주는 일 뿐이었다. 그는 도망가지 않고 남은 유일한 기술자였지만 이런저런 불평만을 늘어놓으며 확고한 결의를 보이지 않았다. 결국 나는 그를 북돋기 보다는 나도 그와 똑같은 위험을 감수하겠다고 약속함으로써 그가 군소리를 못하게 만들었다. 나는 대포 뒷쪽 보루에 자리 잡았고 땅이 뒤흔들리는 듯한 충격을 받았다. 550m 떨어진 거리에서 바윗덩어리가 세 조각으로 쪼개지더니 한 조각이 해협너머에서 바닷물 속으로 들어갔다가 반대편 산등성이로 도로 튕겨 나오는 것이 보였다."[105]

결국 오스만 제국은 콘스탄티노플의 승리에 자만함으로써 시대에 뒤떨어진 대포에 집착하게 되었고 17세기를 기점으로 유럽인들에게 군사적 우위를 내주게 된 것이다.

---

105 카를로 치폴라 저 ≪대포, 범선, 제국≫에서 재인용

그라벨린 전투

이제 다시 무적함대와 영국 함대의 대결로 돌아가 보자. 7월 31일 첫 번째 전투가 벌어진 이후 양측은 크고 작은 전투를 벌이며 동쪽으로 이동하고 있었다. 무적함대로서는 칼레에서 기다리고 있는 파르마공의 육군과 합류하는 것이 1차 목표였기 때문에 칼레를 향해 계속 동진을 한 것이고 영국측으로서는 역시 무적함대와 파르마의 합류를 저지하는 것이 1차 목표였기 때문에 무적함대의 동진을 가로막기 위해 무적함대를 따라가면서 전투를 계속하는 형국이 된 것이다. 전투는 대체로 영국이 주도하고 있었지만 첫 번째 전투와 유사하게 결정적인 전투 없이 탐색전만이 계속되고 있었다. 스페인 함대는 계속 갈고리를 걸고 적선으로 넘어갈 기회만 노린 반면 영국 함대는 우르르 몰려와서 포탄을 날리고는 적선이 가까이 오기전에 도망가 버리는 전술로 일관했기 때문이다. 스페인도 결정적인 기회를 잡지 못하고 있었지만 영국도 어느 정도 거리까지 접근해서 어떤 방식으로 포격을 해야 효과적인지 알지 못했다. 함포사격으로 승부를 보는 해전 방식이 새로운 것인 만큼 영국측도 아직 정확한 데이타가 없었기 때문이다. 하지만 좋은 배와 대포를 가지고 있는 만큼 조금씩 효과적인 방법이 무엇인지를 배워가고 있었다. 다만 조국의 운명이 걸린 전쟁인 만큼 배우는 것에서 끝나서는 곤란했다. 조만간 효과적인 방법을 찾아내지 못한다면 함포사격이라는 새로운 전술은 영국을 살리지 못할 것이다.

첫 전투 이후 일주일쯤 지난 8월 6일, 운명의 날이 시작되었다. 무적함대가 칼레 해변 부근에 도착한 것이다. 이제 이곳에서 파르마 공의 육군을 태우고 영국으로 건너가면 육군이 거의 존재하지 않는 영국의 상황에 비추어 볼때 전쟁은 끝나는 거나 마찬가지였다. 영국 해협을 통과하는 동안 메디나 시도니아는 파르마 공에게 이미 연락을 취한 상태였다. 따라서 시도니아는 함대가 칼레에 도착하자마자 파르마 공을 만날 수 있으리라고 기대했다. 하지만 16세기의 통신수단이란 것이 오늘날 만큼 정확한 것은 아니었다. 거친 바다와 영국의 감시를 뚫고 온갖 장애물을 헤쳐 가며 파르마 공에게 도착한 연락병은 답변을 가지고 다시 무적함대를 쫓아가야 했다. 그런데 전투를 계속하면서 움직이는 함대를 쫓아가는 일이 그리 쉬울 리 없었다. 결국 시도니아가 파르마의 답장을 받은 것은 8월 6일 칼레해변에 닻을 내린 날 저녁이었다. 파르마의 답변은 아직 준비가 안돼서 칼레에 갈 수가 없다는 것이었다. 파르마는 사실 미리 해안가에 가서 무적함대를 기다릴 생각이 전혀 없었다. 그는 시도니아의 연락이 온 후에야 군대에 이동 준비 명령을 내렸다. 무적함대는 일주일 이상 해안가에서 파르마의 군대를 기다려야 하는 상황이 된 것이다. 이건 시도니아로서는 전혀 예측하지 못한 상황이었다. 시시각각 다가오는 영국 함대를 견제하면서 적을 막을 만한 보호시설도 없는 칼레의 해안가에서 일주일 이상 버틴다는 것은 거의 불가능한 일이었다. 시도니아는 분통을 터트렸다. 하지만 파르마로서도 미리 와서 해변에서 대기할 수 없는 이유가 있었다.

"무적함대 사령관 메디나 시도니아와 연락을 주고받지 않은 게 파르마 공작의 문제였습니다. 무선 시스템이 없었죠. 그저 추측할 뿐이었습니다. 파르마는 열정적이지 않았습니다. 다른 분별력 있는 장군들처럼 파르마는 중무장한 영국 전함이 가득한 바다를 건너고 싶지 않았습니다. 그래서 그는 메디나 시도니아가 칼레 해안 근처인 그라벨린에 도착할 때까지 기다렸습니다. 시도니아가 도착해서 연락을 취했을 때 파르마는 짐을 꾸리고 있었습니다. 메디나 시도니아는 가까이에 영국군이 있었기 때문에 주둔지를 유지할 수 없었습니다. 파르마의 병력을 배울 태울 때까지 말이죠.

그리고 또 다른 문제가 있었습니다. 많은 사람이 이 점을 간과합니다. 벨기에 해안은 스페인의 통제 아래 있지 않았습니다. 네덜란드가 지배하고 있었죠. 네덜란드는 대포로 무장한 경흘수선[106] 전함을 보유하고 있었습니다. 이는 영국에 가기 위해 파르마가 전투를 치러야 한다는 걸 의미했습니다. 스페인 무적함대는 이를 상대하기에 너무 규모가 컸습니다. 배가 너무 무거웠거든요."[107]

파르마로서는 자신이 상대하고 있던 네덜란드 독립군이라는 변수를 고려해야만 했다. 파르마의 군대가 영국으로 건너가려고 한다면 스페

---

106   얕은 물에서 작전할 수 있는 소형선박
107   앤드류 램버트(런던 킹스 컬리지 전쟁학 교수) 인터뷰 중에서

인에게 저항하고 있던 네덜란드 독립군이 당연히 스페인 보병을 공격할 것이었다. 파르마의 군대는 무적함대의 전함이 아니라 별도로 준비된 상륙용 벌크선을 타고 해협을 건널 계획이었으므로 전투능력이 전혀 없는 이런 벌크선들은 네덜란드 전함의 밥이 될 수밖에 없었다. 더구나 네덜란드 독립군의 배는 대부분 작고 기동성이 뛰어난 소형 전함이었기 때문에 대형 전함 위주로 구성된 무적함대가 적절하게 상대하기도 어려웠다. 게릴라들을 정규군이 쉽사리 처리할 수 없는 것과 같은 이유에서였다. 따라서 네덜란드 전함들이 영국 해협에 대기하고 있는 상태에서 군대를 바다로 내보내는 것은 자신의 부하들을 사지로 몰아넣는 것과 마찬가지였다. 이런 점들 때문에 파르마는 처음에 펠리페 2세에게 작전 계획을 보고할 때 자신의 군대가 영국으로 건너가기 위해서는 최대한 비밀을 유지해서 네덜란드 독립군이 눈치채기 전에 해협을 건너야 한다고 주장했던 것이다. 그리고 스페인에서 오는 함대는 칼레에서 자신과 만나서 영국으로 가는 게 아니라 영국 함대와 네덜란드 함대의 주의를 최대한 끌어주는 양동작전을 요구했었다. 물론 모험이긴 하지만 그래도 실현가능성이 어느 정도 있는 모험이었다.

그런데 펠리페 2세가 무적함대의 단독 작전이라는 산타크루즈의 계획과 네덜란드 주둔군의 기습 상륙이라는 파르마의 계획을 절충해 버렸기 때문에 비밀리에 영국해협을 건넌다는 계획은 불가능한 것이 되어 버렸다. 영국해협 부근에서부터 전투를 벌이면서 오는 무적함대가 파르마의 군대와 칼레에서 만난다면 네덜란드 독립군이 이를 눈치채지 못할 리 없기 때문이다. 만약에 무적함대가 영국 함대를 괴멸시켜서 영국해협의 제해권을 확실하게 장악해주었다면 별 걱정 없이 함대와 합류했겠지만 무적함대가 기대한 역할을 해주지 못하고 있는 상태에서 칼레로 무작정 향하는 것은 너무 위험했다. 파르마로서는 최대한 신중하게 움직일 수 밖에 없었다.

무적함대와 파르마의 합류라는 계획이 이렇게 헝클어지면서 칼레 해변에서 기약 없이 기다려야 하는 무적함대의 지휘관들이 두려움에 떨게 되었다. 하지만 두려움에 사로잡힌 것은 영국 함대의 지휘관들도 마찬가지였다. 이들도 상황을 정확하게 파악하지 못하고 있었기 때문이다. 그들이 보기에 무적함대는 별다른 손실도 없이 영국 해협을 통과하는데 성공했고 이제 곧 파르마의 군대와 합류할 것처럼 보였다. 둘이 합류하는데 성공하면 영국은 끝장이다.

8월 7일 일요일 아침, 영국 함대의 기함인 아크 로얄호에서 작전회의가 열렸다. 이번에는 정말 끝장을 볼 각오를 해야 했다. 무엇보다 무적함대의 견고한 초승달 대형을 깨트릴 방법을 찾아야만 했다. 영국 측도 지금까지의 공격을 통해 좀 더 효과적인 포격을 위해서는 적선에 좀 더 가까이 다가가야 한다는 사실을 깨닫기 시작했다. 하지만 적의 견고한 대형을 무너뜨리지 않은 상태에서 적선에 가까이 접근하는 것은 너무 위험했다. 자칫 초승달 대형의 가운데로 들어가 적선에 둘러싸이면 적에게 갈고리를 걸 기회를 주게 되고 스페인 보병이 영국 함선에 건너오면 영국 함선은 끝장이 날 수밖에 없기 때문이다. 이날 회의에서 부사령관 드레이크가 새로운 제안을 내놓았다. '화공'이었다. 회의 결과 드레이크의 제안이 채택되었다. 영국은 곧 8척의 화공선 함대를 준비했다. 8척의 배에 타르 등 불에 잘 타는 물질을 가득 실었고 모든 포에는 화약과 포탄을 두 배로 장착했다. 불길이 도화선에 닿자마자 폭발하도록 해, 적의 공포심을 극대화시킬 작정이었다. 다만 바람과 조류가 화공선의 공격을 도와줄지가 걱정이었다.

그날 밤 공교롭게도 화공선을 이용해 공격하기에 최적의 순간이 다가왔다. 바람은 영국함대가 있는 쪽에서 무적함대가 정박하고 있던 해변 쪽으로 강하게 불었다. 강한 조류까지 해안 쪽으로 흐르고 있어서 배를 조종하던 사람이 내린 후에도 화공선들이 적선을 향해 돌격할 수 있도록 도와주었다. 완벽한 날씨였던 셈이다. 영국측 지휘관들은 신이 주신 기회라고 여겼다.

칠흑 같은 어둠을 뚫고 스페인 진영에서 작은 불빛이 관측되었다. 하지만 그것은 불빛이 아니라 시뻘건 화염에 휩싸인 배였다. 8척의 화공선이 강한 바람과, 거센 조류를 타고 무적함대 쪽으로 전력질주를 시작한 것이다. 뜨겁게 달궈진 대포들이 터지기 시작했고, 바다 위에 사방으로 포탄들이 떨어졌다. 불꽃들은 분수처럼 하늘높이 치솟았다가 배 안으로 떨어졌다. 스페인 함대에 비상경보가 울리기 시작했다. 공포가 스페인 진영을 지배하기 시작했다. 사실 영국이 준비한 화공선의 위력은 그리 대단한 것이 아니었다. 오래전부터 화공작전을 계획하고 장기간 준비한 것이 아니라 그날 아침에 결정된 내용에 따라 화공선을 급조한 것이기 때문에 준비가 부실했다. 실제로 8척의 화공선중 2척은 적 함대에 이르기도 전에 스페인 측 예인선에 의해 해안 쪽으로 끌려 나왔다. 아마 드레이크도 화공선이 적 함대를 끝장내리라고 기대하지는 않았을 것이다. 드레이크가 노리고 있던 것은 직접적인 타격이 아니었다.

"무적함대 작전의 중대한 순간은 스페인이 그라벨린에 닻을 내리던 밤이었습니다. 영국은 화공선을 이용해 스페인을 공격했습니다. 화공선은 프랑스에서 쉽게 살 수 있는 그저 작은 상선이었습니다. 화공선은 화약과 타르를 뒤집어쓰고 있었습니다. 불타면서 폭발하기도 했을 겁니다. 몇몇 선원이 승선해 스페인 선단 쪽으로 항해했습니다. 돛을 세우고 화선이 정확한 방향으로 가는지 확인하기 위해서였습니다. 그리고 배에서 내려 보트를 타고 노를 저어 돌아왔습니다. 스페인은 위협에 맞닥뜨렸습니다. 사실 화공선은 어떤 피해도 입히지 않았습니다. 하지만 스페인은 배의 밧줄을 자르고 도망쳤습니다. 이때 파르마의 군대와 접촉이 끊겼습니다. 단순히 영국측의 화공선 때문에 도망친 것은 아니었습니다. 일 년 전 스페인은 앤트워프를 포위했습니다. 이 날의 전투가 벌어진 장소와 멀지 않은 곳이죠. 그 때 네덜란드 반란군은 화선을 이용했습니다. 단순히 불타는 배가 아니었습니다. 이탈리아 기술자 지암벨리Giambelli가 설계했습니다. 이 배는 폭발하는 화공선이었습니다. 이 화공선은 셸트강을 따라 스페인이 만든 교량에 충돌하며 도시를 봉쇄했습니다. 이 폭발로 3천여 명이 사망했습니다.

당연하게도 스페인은 (화공선이 다가오자) 지옥이 목전에 왔다며 겁에 질렸습니다. 스페인은 지암벨리가 영국에서 살면서 영국을 위해 일한다는 걸 알고 있었습니다. 스페인은 이 배가 일반적인 화공선이 아니라며 두려움에 떨었습니다. 하지만 자기에게 처한 위험을 너무 과대평가했습니다. 선원들을 보내 화공선을 억류하고 멀리 보내는 것이 합리적인 조치일 겁니다. 하지만 아무도 행동에 옮기지 못했습니다. 그들은 화공선이 폭발할 거라고 생각했습니다. 화공선의 심리적 충격은 그 어떤 실제 피해보다도 더 대단했습니다."[108]

108 앤드류 램버트(런던 킹스 컬리지 전쟁학 교수) 인터뷰 중에서

드레이크와 영국 지휘관들이 노린 것은 바로 심리적 효과였다. 공포에 빠진 스페인 배들이 제 살길을 찾기 위해 밧줄을 자르고 바다로 도망치면 견고한 초승달 대형은 무너질 것이다. 대형이 무너진다면 마음 놓고 포격전을 벌이기에 좋은 거리까지 접근할 수 있었다. 실제로 그런 일이 벌어졌다. 스페인은 공황상태에 빠졌다. 어찌할 바를 몰랐고 기강이 무너졌다. 시도니아는 기강을 잡기 위해 선장 한 명을 교수형에 처해야 했을 정도였다. 하지만 초승달 대형이 무너지는 것을 막을 수는 없었다.

"모든 대형은 도주를 막습니다. 모든 배가 자기 자리에 있는 것을 보면, 나란히 이동하는 것을 보면 더 용감해집니다. 나를 지원할 준비가 돼 있습니다. 서로 지원할 준비가 돼 있습니다. 만약 영국이 내 배를 공격하면 나머지 선단이 나를 구할 것입니다. 질서를 유지하고 적을 대면해도 당황하지 않습니다. 무슨 일을 해야 할지 알고 똑똑하게 싸우게 됩니다. 대형이 흐트러지면 내 배를 내가 지켜야겠다고 생각하기 시작합니다. 다른 사람을 도울 수 없습니다. 끝장입니다. 영국이 보낸 화공선이 불타고 있습니다. 여기서 빠져나가야만 합니다. 스페인 선단은 사방으로 흩어졌습니다. 조직된 영국군이 공격을 감행한다는 의미입니다. 점점 대단해집니다. 깊은 바다에서 스페인 배들이 흩어졌기 때문입니다. 벨기에와 네덜란드는 작은 배를 보유하고 있었습니다. 이 배들이 나가 스페인 배를 침몰시켰습니다. 하나씩 약탈하기 위해서였죠. 이들은 스페인을 증오했습니다. 심지어 영국보다 더 오래 발포했습니다. 스페인 선단이 와해되자 약탈과 노략질의 표적이 되었습니다. 그렇게 와해됐습니다."[109]

109 롭 라이스(미국 군사대학 교수) 인터뷰 중에서

초승달 대형이 무너지자 영국 함대는 마음 놓고 가까운 거리까지 접근할 수 있었다. 그동안의 전투를 통해 영국은 적의 갈고리에는 걸리지 않으면서 효과적인 포격이 가능한, 말 그대로 너무 멀지도 너무 가깝지도 않은 적당한 거리를 찾아낸 상태였다.

"그 당시 대포는 약 2~3백 미터 거리에서 명중시킬 수 있었습니다. 숙련된 포병은 그 거리에서 배를 맞출 수 있었죠. 배는 계속 움직이니까요. 배가 동요할 때는 발포 시기를 정확히 아는 숙련된 포병이 필요합니다. 포가 발사되기 전에도 배는 계속 움직이기 때문입니다. 3백 야드(= 274m) 거리에서 적을 맞출 수도 있겠죠. 그 이상을 넘어서면 탄약을 낭비하게 됩니다. 그런데 확실히 적을 명중시키려면 훨씬 가까이 접근해야 합니다. 5십 미터 정도로요. 그라벨린Gravelines 전투는 이 정도 거리에서 치러졌습니다. 영국은 가까이 접근해 대포를 발사했습니다. 스페인에게 큰 피해를 입혔습니다. 매우 가까웠기 때문이죠. 스페인이 결정적으로 무너진 순간이었습니다. 스페인을 무너뜨린 것은 원거리 발포가 아니라 많은 대포의 근거리 집중사격이었습니다. 이때 실제로 스페인 함선 한 대가 침몰했습니다. 스페인은 커다란 피해를 입었습니다. 영국이 원하는 게 바로 이거였습니다."[110]

스페인 함대의 정박지는 아수라장이 되었다. 배들은 뿔뿔이 흩어지고 영국 함대에 의해 각개격파 되었다. 8월 8일 월요일, 동이 트자 메디나 시도니아는 기함 산 마르틴 호에서 자기 주변의 함대를 점검하기 시작했다. 찾을 수 있는 함선은 4척에 불과했다. 하지만 시도니아는 불

| **그라벨린 전투** The Battle of Gravelines, 1588, Hilliard, Nicholas

굴의 의지로 흩어진 함대를 부르고 전열을 정비하기 시작했다. 결국 시도니아는 칼레에서 10마일 정도 떨어진 그라벨린에서 겨우 함대를 추스를 수 있었다.

하지만 영국 함대도 스페인 함대가 다시 결집하는 것을 그대로 두고 볼 생각은 없었다. 먼저 드레이크가 자신의 배 리벤지를 타고 무적함대의 기함인 산 마르틴 호에 집중 포화를 날리기 시작했다. 빅토리아 호를 탄 사촌형 존 호킨스도 드레이크에게 합류해서 산 마르틴호에 거침 없는 포격을 날렸다. 이들로서는 실로 20년만의 복수전인 셈이다. 산 마르틴 호에는 200발이 넘는 포탄이 날아와 박혔다. 용감한 선원들이 목숨을 걸고 잠수해서 구멍이 뚫린 부분을 타르로 메워서 겨우 침몰을 면할 수 있었다.

산 마르틴 호 이외의 배에도 포탄이 날아들기는 마찬가지였다. 불과

50미터 거리까지 접근한 근접전이었기 때문에 서로의 말소리까지 들려올 정도였다. 그렇다고 갈고리를 걸기에는 아직 너무 멀었다. 영국군은 시종일관 적당한 거리를 유지하면서 무적함대에 엄청난 포격을 퍼부은 것이다. 스페인 병사들은 바로 코앞까지 와서 비겁하게도 포탄만 날려대는 영국 함대에게 울화통이 터졌을 것이다. 영국군 포에 속수무책으로 당하던 스페인의 산 펠리페 호의 톨레도선장은 쇠갈고리를 꺼내 들고는 영국 함선을 향해 소리쳤다.

"겁쟁이들아 가까이 와라."

하지만 영국군이 이 정도 도발에 넘어가서 스페인 배에 가까이 갈리는 없었다. 그들은 오히려 이렇게 받아쳤다.

"좋은 말할 때 순순히 항복하라."

시간이 지날수록 스페인 함대에게 상황이 불리해지고 있었다. 최악의 상황에서도 스페인군은 정말 용감하게 싸웠다. 육탄으로 함포사격을 이겨내려는 스페인군의 용기는 영국군들도 감탄하게 했다. 하지만 아무리 스페인군의 용기가 가상하다고 해도, 이런 용기와 배짱으로 화약과 포탄을 상대할 수는 없는 일이었다. 대포의 발달에 비판적이었던 스페인의 문호 세르반테스의 표현을 빌리자면 "대포라는 악마 같은 발명품 때문에 가장 용감한 사람이 가장 비열한 겁쟁이들 손에 목숨을 잃게 되었다." 하지만 분노만으로는 상황을 해결할 수 없었다. 적의 함포사격으로 배가 계속 파괴된다면 수영도 못하는 병사들은 싸워보지도 못한 채 앉아서 죽음을 맞이해야만 하는 것이다. 메디나 시도니아는 결국 북해로의 퇴각을 결정했다.

북해로의 퇴각 결정은 단지 일시적인 퇴각 명령이 아니다. 영국해협의 조류를 고려할 때 다시 남하해서 파르마의 육군을 영국으로 보내는 작전을 재개한다는 것은 불가능한 일이었다. 더군다나 영국 함대의 압도적인 화력을 경험한 다음에 다시 그 화력을 뚫고 제해권을 장악할 자신도 없었다. 다시 말해서 시도니아가 북해로의 퇴각을 명령한 것은 이번 작전을 포기하겠다는 결정이었다. 하지만 스페인 함대의 시련은 이것으로 끝난 게 아니었다. 더 큰 시련이 무적함대를 기다리고 있었다. 그리고 그 시련은 영국 함대가 무적함대에게 남긴 마지막 선물이었다.

"그라벨린에서 스페인 선단이 와해되자 무적함대는 더 이상 위협적인 존재가 아니었습니다. (영국 사령관인) 하워드는 모든 것을 원했습니다. 스페인은 산산조각 났습니다. 많은 사상자가 발생했습니다. 영국은 가능한 모든 피해를 줬습니다. 이후에는 상황이 더 나빠졌습니다. 스페인 배들이 황망히 도망치느라 닻에 달린 밧줄을 잘랐기 때문입니다. 닻이 있으면 암초 해안에서 풍랑이 거셀 때 암초에 부딪히는 침몰을 피할 수 있습니다. 이럴 때 닻을 내려야 하는데 스페인 배들은 이미 닻까지 잘라버린 것입니다. 스페인은 영국군이 공격준비를 마치고 기다리는 영국해협을 건너가지 않고 아일랜드 해안가로 항해했습니다. 스코틀랜드를 거쳐 아일랜드를 지났습니다. 그런데 아일랜드와 스코틀랜드 쪽으로 부는 거센 바람이 문제였습니다. 스페인은 설상가상으로 풍랑 속에서 닻이 없어서 난파된 배 때문에 사상자가 많았습니다."[III]

III 롭 라이스(미국 군사대학 교수) 인터뷰 중에서

1588년 9월 21일 무적함대의 기함 산타 마리아 호는 거우 8척의 배와 함께 스페인에 도착했다. 이날 귀항에 성공한 배를 포함해서 거우 60척의 배만이 고향인 스페인에 돌아올 수 있었다. 작전에 참여했던 2만 6천의 병력 중 돌아올 수 있었던 병력은 1만 4천명. 거의 절반에 이르는 병력이 북해의 바다 속으로 사라진 셈이었다. 이로써 펠리페 2세의 영국 침공계획은 좌절하고 말았다.

대영제국의 시대

칼레에서 벌어진 스페인과 영국의 대결에서 영국은 어떻게 승리했을까? 간단히 말해서 기술력에서 앞섰고 혁신을 빠르게 받아들였기 때문이다. 우선 영국의 배는 스페인의 배보다 빠르고 회전능력도 뛰어났다. 게다가 화포를 많이 실을 수 있었기 때문에 화력에서도 스페인 배를 압도했다. 그 위에 대포 산업에서도 영국은 스페인을 훨씬 앞지르고 있었다. 영국산 주철대포는 저렴한 가격에도 불구하고 청동대포를 대체할 만한 성능을 가지고 있었고 이 저렴한 대포를 대량 생산한 덕분에 스페인 배에 비해 몇 배나 많은 대포로 무장할 수 있었다.

해전에 대한 기본 개념도 스페인은 구태의연한 반면에 영국은 혁신적이었다. 스페인은 일단 해전이 벌어지면 첫 번째 대포를 발사한 후 곧바로 화승총이나 창을 잡고 갑판 위로 올라간다는 전술을 가지고 있었다. 적의 배로 건너가 육박전을 벌이기 위해서였다. 하지만 영국은 지금까지 살펴본 것처럼 첫발을 발사한 후에도 연속해서 포탄을 사격했다. 스페인군의 목적은 적을 죽이는 것이지만 영국군의 목적은 적의 배를 격침시키는 것이었기 때문이다. 어떤 전술이 새로운 시대에 적합한 것이었는가는 실제 전투에서 증명되었다.

그런데 재미있는 점은 이런 영국 해군의 혁신이 오히려 결핍으로부터 시작되었다는 점이다. 영국 해군에서 보병이 적함에 뛰어드는 전술을 적용하지 않고 포격전에 치중했던 것은 애초에 영국에 믿을 만한 보병이 없었기 때문이다. 주철대포를 개발한 것도 청동대포를 만들 만한 자원이 부족하고 재정도 풍족하지 못했기 때문이었다. 반면 스페인은 자신이 잘하는 분야에 대한 집착 때문에 혁신의 기회를 놓칠 수밖에 없었다. 세계 최강이라는 보병의 위력을 지키기 위해 포격전이라는 새로운 기술에 무관심했고 대포의 개발에도 덜 열성적이었다. 이렇게 혁신에 대한 무관심으로 인해 스페인 함대는 레판토 해전의 빛나는 승리이후 불과 17년 만에 낡은 유물로 전락해 버린 것이다. 자신이 이미 잘하고 있는 것에만 집착하는 인간의 낡은 사고를 비웃는 것처럼 혁신의 속도는 항상 인간의 예상을 뛰어 넘는 법이다.

스페인의 종교적 불관용이 미친 영향도 놓쳐서는 안 될 것이다. 스페인도 주철대포의 효용성에 주목하고 주철대포 기술을 도입하기 위해 노력했다. 하지만 스페인의 종교재판이 주는 공포 때문에 기술자들은 한 사람도 스페인으로 건너가지 않았다. 혈통과 종교의 순수성과 다양한 문화적 배경을 가진 새로운 기술의 결합이란 양립하기 어려운 법이다.

결국 칼레 해전은 해전의 역사를 완전히 바꾸어 놓았다. 영국이 새롭게 선보인 전술의 효과가 너무나도 명확했기 때문에 유럽 각국은 다투어 영국식 해전 기술을 받아들였다. 이제 낡은 지중해식 해전의 시대는 가고 근대적인 포격전의 시대가 시작된 것이다.

"이제 모두 이런 방식의 전투를 준비합니다. 1588년부터 1845년까지
이런 방식으로 싸웠습니다. 아무도 더 좋은 방법을 생각해내지 못했기
때문입니다. 적에 가까이 배를 댑니다. 대포 구멍을 열고 발포합니다.
상대방도 발포합니다. 더 강력한 배가 이깁니다. 나무와 돛을 이용한
배의 전투방식은 대개 비슷했습니다. 대포를 준비하고, 빠르게 발포해
서 적을 침몰시키고 멀어집니다."[112]

칼레 해전이 바꾼 것은 해전 방식만은 아니었다. 이 전쟁은 영국과
스페인의 미래도 바꾸어 놓았다. 스페인은 이 해전의 패배로 초강대국
의 위용에 그늘이 지게 되었다. 당장 초강대국 자리를 내놓은 것은 아
니지만 이제 쇠락은 숨길 수 없는 것이 되었다. 반면 영국은 이 전투를
통해 자신들의 미래가 바다에 있다는 것을 확신하게 되었다. 그리고 바
다를 통해 세상을 지배하는 대영제국의 신화가 만들어진다.

"어떤 면에서 무적함대 전투는 벌어지지 않는 변화를 상징합니다. 대
부분은 스페인의 능력이 영국을 정복하기 충분했었다고 말할 것입니
다. 정복을 통해 정점을 찍을 수 있었겠죠. 결정적으로 네덜란드 정권
에 맞선 신교 반란군을 제압했을 겁니다. 아마 효과적으로 프랑스를
지배할 수 있었겠죠. 프랑스에 신교와 가톨릭의 내전이 벌어지고 있
었기 때문입니다. 물론 스페인은 가톨릭 편에 섰습니다. 유럽 정치의
결정적인 전환점이 될 수 있었습니다. 그리고 오늘날까지의 유럽 역

---

112 롭 라이스(미국 군사대학 교수) 인터뷰 중에서

사를 바꿔놓을 수도 있었습니다. 하지만 그런 일은 벌어지지 않았습니다.

(무적함대 전투의) 결과로 영국이 강대국이 된 것은 아닙니다. 빅토리아 시대 사람들이 과거를 돌아보고 이 사건이 대영제국의 시작이었다고 생각했습니다. 여전히 약한 변방국가의 아슬아슬한 탈출에 불과했습니다. 하지만 매우 중요한 결과를 가져왔습니다. 심리적인 결과라고도 할 수 있습니다. 스페인이 난공불락이 아니라는 것을 보여줬습니다. 세계 곳곳에 있는 스페인의 적들은 자신감을 얻었습니다. 생각했던 것처럼 스페인이 그렇게 위대하지 않다는 것을 목격했기 때문이죠. 영국은 바다와 해외에 장래성이 있다는 것을 알아차렸습니다. 바다에서 무장하는 나라 영국의 국가적 신화를 창조했습니다. 바다에서 가톨릭 적군에 맞서 승리를 거뒀다고 생각하게 되었습니다.

다른 나라는 이런 식으로 생각합니다. 군사적 성공을 거두면 국가의 정체성은 육군의 승리와 밀접한 관계를 갖게 되죠. 영국의 국가적 정체성은 전함과 밀접한 관계가 있습니다. 심지어 꼭 영국 해군이 아니라 민간 전함의 개인 사업과 관계가 있습니다. 심리적 관점에서 매우 중요합니다. 전부 사실은 아니지만, 매우 강력한 신화입니다. 이 신화는 수백 년간 영국 지도자들을 인도했습니다. 영국의 운명은 바다에 있다고 생각하게 이끌었습니다. 대규모 육군을 원하지도 필요로 하지도 않았습니다. 대신 영국의 정치적, 종교적 자유를 보장해줄 배에 투자했습니다. 그리고 결국 국가적 번영을 이뤄냈습니다. 항상 국가적 기억은 후대에 만들어집니다. 하지만 강력한 국가적 기억은 실제 사건에 충분한 기반을 두고 있습니다. 1588년 이후 바로 대단한 변화가 있었다고 생각하지 않습니다. 스페인은 엘리자베스 여왕 시절에 세 번 더 침략을 시도합니다. 세 번 모두 아주 위험했죠. 하지만 영국은 과거

를 돌아보며 장기적으로 미래가 어디에 있는지 무엇이 중요한지 이해
하고 있었습니다."[113]

"(당시) 유럽에서는 많은 전쟁이 벌어지고 있었습니다. 훨씬 규모가 큰
전투가 치러지고 있었죠. 스페인과 네덜란드의 전쟁은 1567년부터
1652년까지 이어졌습니다. 그게 전쟁이죠. 그에 비해 영국과 스페인
의 전쟁은 아주 작죠. 하지만 결정적입니다. 네덜란드가 아니라 영국
이 스페인을 이겼기 때문입니다. 궁극적으로 강대국을 무너뜨렸기 때
문입니다. 완전한 독립 해상 국가의 확립이었습니다. 더 넓은 세계의
경제 자원을 이용할 수 있게 됩니다. 19세기에 세계에서 가장 위대한
제국을 창조하게 됩니다. 영국이 자신의 문화를 규정하는 원인으로 이
승리를 기념하는 것은 우연이 아닙니다.

　전투에서 이긴 에핑엄의 하워드 제독[114]은 12개의 거대한 태피스트
리[115]를 제작합니다. 영국 해협까지 무적함대의 진행과 전투 그리고 마
지막 승리를 묘사했습니다. 제임스 1세[116]가 이 태피스트리를 구입합
니다. 후에 호국경護國卿이었던 올리버 크롬웰이 소유하게 됩니다. 이
태피스트리는 상원의원 회의실에 전시되었습니다. 단순히 벽에 걸려
있었던 게 아니라 상원의원 회의실의 모든 벽을 덮고 있었습니다. 영
국의회 최고의 장소에서 누구든 발언을 하기 위해서는 스페인 무적함
대의 제패 앞에서 이를 바라보게 됩니다.

113　니콜라스 로저(옥스퍼드 대학교 해군사 석좌교수) 인터뷰 중에서
114　Charles Howard(1536~1624) 영국의 제독. 무적함대에 맞서싸운 영국 해군의 총사령관.
2대 에핑엄 남작이다.
115　여러 가지 색실로 그림을 짜 넣은 직물. 주로 벽면을 장식하는데 사용된다.
116　엘리자베스의 뒤를 이어 영국 왕위에 오른 스튜어트 왕가의 시조. 엘리자베스에게 사형당
한 메리 스튜어트의 아들이다.

| 상원의원 회의실의 태피스트리 Peter Tillemans

이는 영국의 아주 중요한 신화가 됩니다. 우리는 1588년 스페인을 이긴 나라입니다. 옛날 상원의원 건물은 1832년에 화재로 소실되었습니다. 하지만 1660년부터 1832년까지 영국인이 의회에서 전쟁이나 전투, 정치에 관해 발언할 때마다 무적함대를 이야기하게 됩니다. 이는 영국의 중요한 이야기가 됩니다. 영국의 정체성을 만드는 단 하나의

트라팔가 광장

가장 중요한 이야기가 됩니다. 유럽이 영국을 이해하지 못하고 영국이 유럽을 이해하지 못하는 이유입니다. 영국의 국가적 신화는 침략과 해군, 침입에서 나라를 방어하는 것이기 때문입니다. 위대한 영웅인 프란시스 드레이크는 최고의 승리를 영국에 안겨줬습니다. 그리고 시대를 바꿔 넬슨의 트라팔가 해전으로 국가적 신화가 교체됩니다. 지금 영국의 시 중심뿐만 아니라... 실제 모든 영어권 국가에 가면, '트라팔가' 광장이 있습니다. 이렇듯 이 이야기는 영국인들에게 자신감을 줍니다. 1588년 이후 영국은 위대하고 강력한 해상국가가 되었습니다. 실제로 그런 것은 아닙니다. 하지만 사람들은 이 이야기를 믿습니다. 백 년 동안 스스로에게 이 이야기를 반복해서 들려줍니다. 그리고 드디어 이야기가 현실이 됩니다. 1714년 영국은 매우 뛰어난 해군력을 갖게 됩니다. 1588년이 아닙니다. 해상을 장악하는 데 120년이 걸렸습니다. 스스로에게 계속 이야기했기 때문입니다. 계속 사실이라고 믿었기 때문입니다. 세계를 보는 방식을 만들었기 때문입니다. 실제로 영국은 이루어 냈습니다. 무적함대에 대한 승리는 영국이 위대한 해상 국가라는 것을 증명했습니다. 이는 사실이라기보다는 문화적 해석입니다. 궁극적으로 이는 신념입니다."[117]

---

117 앤드류 램버트(런던 킹스 컬리지 전쟁학 교수) 인터뷰 중에서

NETHER-
LANDS IV

가장 작은 제국
네덜란드

인구 200만에 크기는 겨우 경상도 정도에 불과한 소국
네덜란드는 어떻게 17세기 세계의 바다를 지배할 수 있
었을까?

네덜란드가 강대국이라고?

네덜란드는 지금도 무척이나 작은 나라다. 총 면적이 4만 1천 평방
킬로미터 정도니까 3만 2천 평방킬로미터인 경상도보다 조금 크다. 그
런데 네덜란드의 전체 국토 중 1/4은 바다보다 낮은 땅이다. 다시 말
해서 간척사업의 힘을 빌리지 않은 땅의 면적은 경상도보다도 작다는
것이다. 인구도 당연히 적다. 국토의 생산성이 무척 높아서 인구밀도
가 높은 편이지만 그래도 1,600만 명에 불과하다. 예전에는 당연히 이
것보다 훨씬 적었다. 17세기 기준으로 150만~200만 명 정도 되었다고
한다. 이 정도 규모의 나라를 부르는 명칭을 우리는 알고 있다. 바로
'소국小國'이다. 그래도 나름대로 잘살고 국제 경쟁력도 갖추고 있기 때
문에 우린 이 나라를 비교적 대우해줘서 '강소국強小國'이라고 부른다.

그 외에 우리가 네덜란드에 대해 알고 있는 사실들을 열거하자면 마
리화나와 매춘이 합법인 나라, 튤립이 아름다운 나라, 풍차와 운하가
유명한 나라 정도다. 여기에 더해서 축구를 좋아한다면 이 나라가 월
드컵 4강의 단골 멤버이자, 히딩크 감독의 조국이라는 사실 정도를 알

고 있을 것이다.

아무튼 우리가 네덜란드에 대해 알고 있는 이미지를 종합하면 이런 평가가 나온다.

"근면하고 성실하고 잘사는 유럽의 소국"

아마 스위스 비슷한 이미지가 아닐까?

그래서인지 다큐프라임 〈강대국의 비밀〉을 만들면서 어느 어느 나라를 할 거냐는 질문에 "로마, 몽골, 영국, 미국…"할 때까지는 고개를 주억거리던 사람들도 네덜란드라는 이름이 나오면 "네덜란드도 강대국이야?"하고 깜짝 놀라곤 했다.

하지만 네덜란드가 강대국이었던 것은 분명한 역사적 사실이다. 경상도만한 국토 크기와 200만 밖에 안되는 인구를 가지고도 17세기의 네덜란드는 세계의 바다를 지배했다. 17세기 중엽, 전 세계의 국제 무역선 중 3/4은 네덜란드 선박이었다는 기록도 있다. 무역의 거점도 전 세계를 감싸고 있었다. 지금은 뉴욕이라는 이름을 가지고 있는 도시도 17세기에는 뉴암스테르담이라는 이름으로 불렸다.[118] 당연히 네덜란드의 무역거점이었다. 브라질에도 네덜란드의 무역거점이 있었고 남아프리카의 케이프타운도 네덜란드인들이 건설한 곳이었다. 심지어 에도막부 시절의 일본에도 네덜란드 거점이 있었는데 나가사키에 건설된 데지마出島라는 이름의 인공 섬이 바로 그곳이다. 이 무역거점들을

---

118   지금도 뉴욕에는 네덜란드 시대의 흔적이 몇 가지 남아있는데 대표적인 것이 흑인 빈민층의 집단 거주지로 유명한 할렘이다. 이곳의 지명은 1658년 뉴네덜란드의 총독 페터 스토이베트산트가 네덜란드의 도시 하를렘을 따서 이름을 지어 정착지를 설립한 데서 비롯되었다.

| **데지마 인공 섬** 데지마는 1636년 기독교의 포교 금지 후, 네덜란드와의 교역을 목적으로 만든 부채 모양의 인공 섬이다.

중심으로 네덜란드는 바다를 통제하고 세계무역을 컨트롤 했다. 17세기 네덜란드는 알면 알수록 더 대단하다고 느껴지는 작은 거인이었다.

"17세기는 네덜란드의 황금기였습니다. 당시 네덜란드는 유럽에서 가장 부유하고 강력한 국가였습니다. 그냥 강국이 아닌 초강대국이었다고 할 수 있습니다. 네덜란드는 작은 국가였기 때문에 더욱 놀랍죠. 오늘날 우리는 풍부한 천연 자원과 많은 인구를 가진 거대한 국가들만을 강대국으로 보려는 경향이 있습니다. 하지만 과거엔 그렇지 않았습니다. 강대국의 지위를 구성하는 요소는 다양합니다. 예를 들어, 한 국가가 라이벌 국가에 군사적으로 뒤쳐진다면 우리는 그 국가를 강대국으로 보지 않습니다. 하지만 네덜란드는 군사적인 차이를 극복하고 16세기의 강대국이었던 스페인을 물리쳤습니다. 또한 네덜란드군은 기술적으로 크게 진보한 상태였습니다. 유럽 각지에서 온 사람들은 네덜란드 군대에서 복무하며 그들의 방식을 습득하였습니다. 네덜란드는 강한 지상병력뿐만 아니라 강한 해군력도 가진 국가였습니다. 공해에선 최소 15년간 제해권을 가지고 있었습니다. 강대국 지위를 구성하는 또 다른 요소로 부富를 들 수 있습니다. 경제적 자원 및 능력을 가지고 군대를 유지시키는 등에 필요한 부를 가지고 있어야 합니다. 네덜란드는 육군과 해군 병력을 유지시키기 위해 필요한 부를 창출하는 방법을 아주 잘 알고 있었습니다. 이는 네덜란드가 강력한 병력을 가질 수 있게 해준 핵심적인 요소였습니다. 네덜란드는 17세기 유럽에서 가장 부유한 국가임과 동시에 가장 도시화되고 교양 있는 사회를 갖추고 있었습니다. 네덜란드의 노동자들은 가장 높은 수준의 임금을 받았습니다. 또한 네덜란드는 유럽을 포함한 전 세계와 밀접한 관계를 맺고, 이를 통해 큰 이득을 보았습니다. 오늘날을 보면, 개발도상국들은 그들이 가진 원자재와 천연자원 등을 대량으로 수출하면서 부를 창출하기도 합니다. 하지만 이는 경제사슬의 첫 번째 단계일 뿐이지요. 사슬의 다음 단계로 점차 넘어가면서 더 큰 부가 창출됩니다. 황금기 네덜란드가 했던 것이 정확히 이것입니다. 우리는 과거 네덜란드 사람들이 생각할 때 방직기를 돌리던 모습을 떠올리곤 합니다. 하지만 그런 모습은 황금기에선 볼 수 없지요. 물론 큰 규모의 섬유산업을 자랑하였으나, 네덜란드는 염색이나 표백 등 가공처리에 주력하였지요. 가공되지 않은 섬유를 높은 이윤을 얻을 수 있는 고가의 제품으로 생산하는 분야가 전문적으로 활성화되었습니다. 다양한 제품들이 이런 방식으로 생산되고 판매되었습니다. 네덜란드는 여러 나라에 상품을 팔며 이러한 생산 및 판매 방식을 통해 큰 이득을 볼 수 있었습니다."[119]

---

[119] 벤 카플란(런던대학교 네덜란드사 교수) 인터뷰 중에서

그런데 도대체 어떻게 그런 일이 가능했을까? 아무리 양보다 질이라지만 효율성으로 승부한다고 해도 분명히 한계가 있기 마련이다. 17대 1의 맞짱대결 같은 전설은 소설 속에서나 가능한 일이고 실제로는 거의 불가능하다는 걸 누구나 아는 것처럼 작은 나라의 국민들이 아무리 뛰어나다고 해도 결국 인구수에서 압도적으로 밀리면 어쩔 수 없다. 그런데 네덜란드는 그 한계를 넘어섰던 것이다. 실로 불가사의한 일일 수밖에 없다. 하지만 그 불가사의한 17세기 네덜란드의 힘에도 분명한 이유가 있을 것이다. 그리고 그 이유를 알아내는 것은 어쩌면 네덜란드 처럼 작은 땅과 적은 인구라는 숙명 속에 살아야 하는 우리나라로서는 가장 흥미롭고 가치 있는 일일 수도 있을 것이다.

펠리페와 빌럼

1555년 10월 25일. 브뤼셀에서는 반세기 동안 유럽을 지배했던 한 황제의 퇴위식이 열리고 있었다. 그의 이름은 카를 5세.[120] 앞서 스페인 식으로는 카를로스 1세라고 불린 사람이다. 합스부르크 왕가의 패권을 위해 유럽 전역을 돌며 전쟁에 몰두했던 그도, 이젠 지팡이에 기댄 노인에 불과했다. 카를 5세는 자신이 가장 총애하는 신하였던 22살의 젊은이 오라녜 공[121] 빌럼의 부축을 받으며 왕좌로 향했다. 그리고 후계자 펠리페 2세가 카를 5세의 뒤를 따랐다.

이 브뤼셀이라는 도시에 대해서는 약간의 설명이 필요할 것 같다. 다들 알다시피 브뤼셀은 현재 벨기에의 수도이다. 그리고 벨기에는 당연

---

120 카를 5세 혹은 카를로스 1세를 어떻게 불러야 하는가는 그가 다스린 합스부르크 제국의 복잡성 때문에 약간 어려운 문제이다. 아들인 펠리페 2세가 온전히 스페인 국왕이라는 느낌이 강한 반면 카를 5세(혹은 카를로스 1세)는 현재의 독일인 신성로마제국의 황제이기도 하기 때문이다. 이번 편에서는 네덜란드가 무대의 중심이므로 카를이라는 호칭을 사용하도록 하겠다.
121 빌럼의 가문인 오라녜가는 독립 이후 네덜란드의 새로운 왕실로 자리잡았다. 현재의 왕실도 이 오라녜가다. 네덜란드의 상징색이 오렌지색이고 네덜란드 축구 대표팀을 오렌지 군단이라고 부르는 이유도 네덜란드 왕실인 오라녜가문이 영어로 발음하면 오렌지이기 때문이다.

| **카를 5세** 합스부르크가(家)의 독일(신성로마)·스페인 국왕(1500~1558)

히 네덜란드와 다른 나라이다. 하지만 16세기에는 상황이 좀 달랐다. 우선 지금의 벨기에와 네덜란드는 사실상 하나의 나라로서 부르고뉴 공국에 속해 있었다. 그런데 부르고뉴 공국에 대한 상속권은 앞서 대영제국 편에서 설명한 복잡한 혼인동맹으로 인해 합스부르크가로 넘어간 상태였다. 그래서 합스부르크 왕가의 군주인 카를 5세가 브뤼셀의 궁정을 중심으로 현재의 벨기에와 네덜란드를 합친 저지대 국가The Low Countries[122] 전체를 다스렸던 것이다.

　카를 5세의 퇴위는 당시 유럽을 강타하고 있던 종교전쟁과 관련이 있었다. 유럽의 거의 절반을 지배하고 있던 그는 애초에 루터 등의 종교개혁자들을 대수롭지 않게 여겼다. 자신의 권위로 간단히 제압할 수 있다고 생각한 것이다. 하지만 신교 진영은 그의 재위기간 내내 확대되기만 했다. 결국 적극적인 개입으로 정책을 바꾸어 1546년 뮐베르크 전투에서 신교 진영에 승리를 거두기도 했지만 승전에도 불구하고 신교 진영의 제후들은 좀처럼 굴복할 기미를 보이지 않았다. 신교 진영에서 합스부르크가의 숙적인 프랑스까지 끌어들여 카를 5세에게 대항하자 상황은 더욱 악화되었다. 결국 신교 진영에게 결정적인 양보를 해야 하는 처지에 몰린 카를 5세는 굴욕감을 참지 못하고 퇴위를 결정한 것이다. 퇴위하면서 그는 신성로마제국 황제의 지위와 오스트리아에 대한 상속권은 동생인 페르디난트 1세에게 물려주었고 나머지 영지에 대한 상속권은 아들 펠리페에게 양도하였다. 따라서 당시 28살이었던 펠리페 2세는 스페인 국왕이면서 동시에 합스부르크가의 영지인 네덜란드와 벨기에

---

[122]　바다보다 낮은 땅을 가지고 있어 그렇게 불렸다. 대체로 벨기에와 네덜란드 지역을 포괄한다. 네덜란드라는 명칭도 저지대 국가라는 뜻이다.

에 대한 통치권도 물려받은 셈이다.

퇴위식에서 카를 5세의 곁을 지켰던 또 한 사람인 오라녜 공 빌럼은 어린 시절부터 카를 5세의 궁정에서 자란 총신寵臣이었다. 카를의 궁정에서 자랐다는 사실은 이중의 의미를 가지고 있다. 대영주의 아들이었던 만큼 우선 인질이라는 의미를 가지고 있었을 것이다. 하지만 이런 관계가 그저 인질로만 끝나는 것은 아니다. 어린 시절부터 군주의 궁전에서

| **오라녜 공 빌럼** 네덜란드 연방공화국의 초대 총독(1533~1584).

자라는 것은 군주에게 일종의 가족 같은 친밀감을 가지게 만드는 효과가 있다. 따라서 이런 인질들은 성장하면서 어린 시절부터 친밀감을 느껴온 군주의 가문에 자연스럽게 충성심을 가지게 된다. 군주는 이 이중의 효과를 노리고 대영주의 자식들을 궁정에서 키우는 것이다.

카를 5세의 퇴위 당시 빌럼의 나이는 22살. 펠리페보다 6살 연하였다. 아마도 카를 5세의 바램은 빌럼이 같은 세대인 아들 펠리페의 통치 기간을 보좌해줄 믿을 만한 재상감으로 성장하는 것이었으리라. 당연히 빌럼도 카를 5세의 기대를 잘 알고 있었다. 그리고 그 기대에 부응할 각오도 충분했다. 카를 5세의 퇴위와 함께 펠리페 2세의 치세가 시작되자 빌럼은 펠리페에게 네덜란드 귀족을 대표해서 충성을 맹세한다. 펠리페의 옆에서 펠리페의 치세를 돕는 자신의 역할에 대해 빌럼은 추호의 의심도 품지 않았던 것이다. 이후 이어지는 격동의 시기가 오지 않았다면

아마 빌럼은 펠리페의 충성스런 신하로 평생을 마쳤을 것이다. 하지만 운명은 둘의 사이를 그렇게 놔두지 않았다. 네덜란드 독립전쟁이 시작된 것이다.

그런데 독립전쟁이라는 이름을 가지고 있다 보니 사람들은 이 전쟁이 일종의 민족해방 전쟁일 것이라는 선입견을 가지게 된다. 보통 역사적 사건을 이해할 때 쉽게 저지르는 오류 중의 하나가 그 당시에 살았던 사람들의 사고방식이 아니라 우리가 현재 가지고 있는 사고방식으로 사건을 바라보는 것이다. 현재의 우리는 19세기 이래 무수한 민족주의 운동을 경험했기 때문에 독립이라는 단어를 곧바로 민족주의에 결부시키는 선입견을 가지게 되었다. 하지만 16세기는 아직 민족주의의 시대가 아니다. 앞장에서 설명한 합스부르크 제국의 성립과정을 참조해 보면 이 제국이 결코 어느 민족이 다른 민족을 정복함으로써 성립한 제국이 아니라는 사실을 이해할 수 있을 것이다. 오히려 각각의 독립적인 국가가 하나의 군주를 중심으로 결합된 형태에 가까운 것이다. 이를 동군연합同君聯合[123]이라고 부르는데 이 연합체는 그 안의 어느 한쪽 국가가 다른 국가에 대해 (최소한 형식적으로는) 우위에 있지는 않다. 따라서 당시 기준으로 볼 때 네덜란드는 스페인의 식민지가 아니었다. 한일 강제병합 이후의 한국과는 상황이 완전히 다른 것이다. 오히려 오라녜공 빌럼이 자신을 카를 5세나 필레페 2세의 충성스러운 신하로 생각한 것처럼 네덜란드인들도 합스부르크 왕가를 자신들의 왕가로 받아들였

123　동군연합(同君聯合)은 군주국 간에 이루어지는 국가결합 형태로 복수의 국가가 조약에 의하여 군주를 함께함과 동시에, 군주의 동일성을 기반으로 하여 통치기구의 일부가 공통의 기관에 의하여 처리되는 국가를 말한다. 가장 가까운 예로 1차 대전으로 해체된 '오스트리아-헝가리 2중 군주국'을 들 수 있다.

고 자랑스럽게 생각하고 있었다.

민족주의의 문제가 아니라면 네덜란드인들은 도대체 왜 독립전쟁을 일으킨 것일까? 네덜란드가 스페인의 식민지가 아니었다는 사실에 중요한 포인트가 있다. 네덜란드는 스페인에 대해서 봉기한 게 아니라 펠리페 2세에게 봉기한 것이다. 물론 나중에 네덜란드의 독립군을 진압하기 위해 펠리페 2세의 근거지라고 할 수 있는 스페인 군대가 동원되었으므로 스페인에 대한 저항이라는 형태도 띄게 되지만 애초에 봉기한 원인은 스페인이 아니라 펠리페 2세였던 것이다. 그리고 그 배경에는 종교적 갈등이 자리 잡고 있었다.

"펠리페 2세가 즉위하게 된 시점에 종교개혁으로 인해 기독교 분파들이 성행하고 있었습니다. 그 시기 종교분파들의 직접적인 영향을 받아 가톨릭교를 믿는 사람들과 신교를 믿는 사람들 간에 널리 갈등이 일게 되었습니다. 펠리페 2세는 신교를 용납하지 않겠다는 자세를 보였습니다. 또한 그는 지도자로서의 권력을 부여받은 자로서, 이단을 억압하고 가톨릭을 전파하는데 그의 권력을 사용하지 않는 것은 독실한 신자의 종교적 의무에 위배되는 것이라고 믿었습니다."[124]

펠리페 2세는 말 그대로 가톨릭의 수호자를 자처하고 있었다. 특히 아버지를 굴욕적으로 퇴위하도록 만든 신교 진영에 대한 증오심은 강렬했다. 문제는 이런 펠리페 2세의 신념에도 불구하고 당시 네덜란드에서 프랑스의 종교개혁자 칼뱅에 의해 창시된 칼뱅주의가 급속도

---

124 벤 카플란(런던대학교 네덜란드사 교수) 인터뷰 중에서

로 확산되고 있었다는 점이다. 이전 세기 그러니까 15세기까지 유럽 상업의 맹주 역할을 하던 이탈리아 상인들을 물리치고 새롭게 부상하고 있었던 네덜란드 상인들 사이에서 칼뱅주의가 큰 인기를 얻고 있었기 때문이다. 왜 인기가 있었을까? 그것은 칼뱅의 주장이 네덜란드 상인들의 이해를 잘 보호해 줄 수 있는 교리를 가지고 있었기 때문이다. 이른바 소명의식과 운명예정론이다. 자세한 설명은 이 책의 범위를 넘는 것이

| **칼뱅** 개신교의 장로교회를 창설한 프랑스 출신의 종교개혁가이자 신학자이다.

지만 당시 상황에 대한 이해를 위해 간단히 설명하자면 이런 식이다.

우선 라틴어로 소명을 뜻하는 보카티오*vocatio*는 동시에 직업이라는 의미도 가지고 있다. 소명이란 신이 인간에게 준 임무이기 때문에 당연히 직업도 신이 주신 것이 된다. 따라서 상인들의 영리추구행위도 신이 주신 소명이므로 정당한 것이라는 논리가 가능해지는 것이다. 이렇게 되면 중세 때 유대인들이나 하는 더러운 직업이라고 천시되던 대부업도 금융업이라는 당당한 직업으로 재탄생하게 된다. 상인들로서는 당연히 대환영이었을 것이다. 그런데 상인들에게 칼뱅주의가 환영받은 이유는 이것만이 아니었다. 전통적인 지역공동체를 벗어나 개인적으로 모험에 나서야만 하는 상인들의 기질에도 칼뱅주의가 잘 맞았기 때문이다.

"신교 없이도 자본주의 기업이 발전하는 곳이 전 세계에 많습니다. 하지만 저지대 국가(네덜란드)의 경우 신교 개혁이 핵심적인 역할을 했다고 생각합니다. 이는 자기 훈련 때문이 아니라 하나님과 개인적 관계에 대한 강조 때문입니다. 이들에게는 공동체나 교회가 필요하지 않습니다. 당연하게도 상인들은 스스로 일합니다. 스스로 거래합니다. 아주 독립적인 생활입니다. 저지대 국가에서 신교의 확산을 추적해보면 주로 도시에서 빠르게 퍼지는 경향이 있습니다. 도시는 정확하게 상인들이 모여 있는 곳이죠. 그리고 무역로를 따라가는 경향이 있습니다. 예를 들면 초기 영국의 신교는 정확히 항구 도시에서 시작되었습니다. 네덜란드처럼 항구 도시는 거래가 일어나는 곳입니다. 프랑스에서 신교의 영향이 강력한 지역은 대체로 항구 도시입니다. 라로셸La Rochelle, 보르도 Bordeaux 같은 곳이죠. 무역과 연관이 있는 곳입니다. 일례로 무역로를 따라 신교 개혁 운동을 추적해 볼 수도 있습니다. 16세기 신교와 무역에 종사하는 사람들 사이에 깊은 관련성이 있습니다."[125]

하지만 네덜란드 상인들 사이에서 칼뱅주의가 급속도로 확산되는 것은 가톨릭의 수호자를 자처하던 펠리페로서는 결코 묵과할 수 없는 상황이었다. 강력한 탄압이 뒤따랐다. 탄압의 구체적인 형태는 네덜란드 전역의 종교문제를 총괄할 주교직을 신설하는 것으로 시작되었다. 비교적 자유롭던 네덜란드의 종교상황에서 중앙집권적인 주교직을 신설하는 것은 신교진영을 말살하고 각 개인의 종교생활에 간섭하겠다는 의사표시나 마찬가지였다. 탄압이 시작되자 네덜란드의 상인들도 생각을 달리할 수 밖에 없었다. 물론 이때 생각을 달리한다는 것은 다시 가

125　스티븐 핀쿠스(예일대학교 역사학과 교수) 인터뷰 중에서

톨릭으로 개종한다는 게 아니라 왕에 대한 충성을 달리 생각한다는 뜻
이다. 더군다나 이들은 펠리페 2세의 아버지인 카를 5세 치하에서 비교
적 관대한 대우를 받았던 기억이 있었기에 펠리페의 강경책에 더욱 분
노할 수밖에 없었다.

"카를 5세와 그의 아들 사이에는 문화적 차이가 존재합니다. 카를 5세
는 저지대 국가에서 태어났습니다. 먼저 그는 자신을 부르고뉴 사람이
라고 생각했습니다. 즉 저지대 사람이라는 말이죠. 거대한 독일 영토
와 스페인 왕조를 물려받고서도 그는 항상 자신을 부르고뉴 왕조라고
생각했습니다. 실제로 그는 유럽의 맹주가 되고 싶었습니다. 펠리페 2
세도 같은 포부를 갖고 있었습니다. 하지만 펠리페 2세는 자신을 스페
인 사람이라고 여겼습니다. 자신이 스페인 왕조의 우두머리라고 생각
하고 그렇게 믿었습니다.

또한 카를 5세의 출생 시대와 펠리페 2세가 성년이 된 시기에 큰 차
이점이 있습니다. 트리엔트 공의회Council of Trent[126]가 열렸고 가톨릭
종교개혁이 일어났습니다. 신교 종교개혁은 종교에 관해서 가톨릭과
다른 개념을 주장했습니다. 가톨릭 종교 개혁은 이에 대한 가톨릭의
응답과 이유입니다. 보편적 가톨릭 교회의 통일성이 필요하다고 주장
했습니다. 하지만 카를 5세는 교회를 바라보는 관점이 약간 달랐습니
다. 카를 5세는 스페인 혹은 독일의 가톨릭 신앙생활과 네덜란드의 신
앙생활이 다르다는 것을 문제 삼지 않았습니다.

이에 비해 펠리페 2세는 단일한 보편적 교회의 통일성을 중요시하

---

[126]　1545년부터 1563년까지 18년 동안 이탈리아 북부의 트리엔트에서 개최된 종교회의로서
종교개혁에 맞서 가톨릭의 교리와 체계를 재정비하였다.

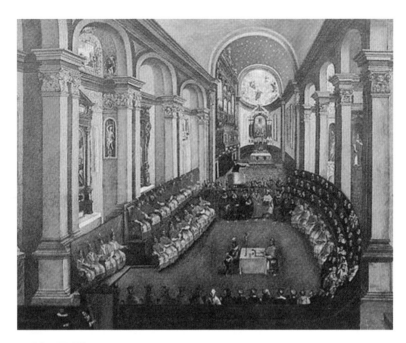

| **트리엔트 공의회** 1545년부터 1563년까지 18년 동안 이탈리아 북부의 트리엔트에서 개최된 종교 회의로서 종교개혁에 맞서 가톨릭의 교리와 체계를 재정비하였다.

는 가톨릭 종교개혁에 깊은 영향을 받았습니다. 그가 네덜란드에 주교 직 설립을 강력히 주장했던 이유입니다. 새로운 주교가 가톨릭 권위 의 새로운 중심이 되어 단일한 보편적 교회의 통일성을 이끌 것이기 때 문입니다. 이런 면에서 카를 5세는 그의 아들과 매우 달랐습니다."[127]

하지만 탄압은 오히려 더욱 강력한 반발을 불러 일으켰다. 종교적 억 압에 맞서 신교도들이 가톨릭교회와 성상을 파괴하기 시작한 것이다.

"네덜란드와 종교개혁을 연관시켜 봤을 때 중요한 현상 중 하나는 1566

127　스티븐 핀쿠스(예일대학교 역사학과 교수) 인터뷰 중에서

년의 성상파괴운동입니다. 개신교들은 가톨릭교회의 회화작품이나 동상, 다른 종교적 의미를 지닌 물건들을 파괴하기 시작하였습니다. 네덜란드어로 Beeldenstorm이라 불리는 성상파괴운동은 스페인의 통합정책을 반대하고, 가톨릭교를 직접적으로 겨냥한 사건으로 펠리페 2세에게 모욕적인 일이었습니다."[128]

이때의 성상파괴운동은 물론 반 스페인 독립운동으로까지는 나가지 않았다. 사실 이 사건으로 인해 네덜란드의 독립이라는 결과가 오리라고는 아무도 생각하지 못했다. 종교적 탄압과 함께 합스부르크 왕가에 대한 충성심이 흔들리기 시작한 건 사실이지만 네덜란드인들은 여전히 왕실을 사랑했다. 이 시점에서는 아무도 펠리페 2세에게 반란을 일으킬 생각은 없었던 것이다. 그들은 그저 자신이 믿는 종교를 그대로 믿을 수 있다면 만족이었다. 문제는 펠리페 2세가 그것을 용납할 생각이 전혀 없었다는 것이다. 펠리페 2세는 자신의 종교인 가톨릭에 대한 도전은 곧 자신에 대한 도전이라고 생각하고 있었다. 그런 펠리페 2세에게 반 가톨릭운동은 동시에 반역일 수밖에 없다. 펠리페의 왕궁인 엘 에스코레알로부터 강경한 진압명령이 계속 하달되기 시작했다.

그런데 펠리페의 이런 지시에 네덜란드 대귀족의 대표였던 빌럼이 반기를 들었다. 빌럼이 반기를 든 것은 빌럼이 꼭 신교도여서는 아니었다. 가톨릭에 대항해서 신교국가를 건설하는 것은 전혀 그의 목표가 아니었다. 그는 종교적 관용이야말로 네덜란드의 문제를 해결할 수 있는 가장 현명한 해결책이라고 생각했기 때문에 펠리페 2세에게 반기를 든

128   루이스 식킹(레이덴대학교 역사학과 교수) 인터뷰 중에서

| 성상파괴운동 Atlas Van Stolk, Rotterdam

것이다. 사실 여러 종파가 공존하고 있던 당시 네덜란드 사회를 반영
하는 것처럼 빌럼 자신도 다양한 종교적 배경을 지닌 독특한 존재였다.

"그는 (카를 5세의 궁정에서) 가톨릭 교육을 받으며 자랐습니다. 또한
네덜란드뿐 아니라 스페인과 나머지 유럽인들처럼 에라스무스Erasmus
의 사상에 깊은 영향을 받았습니다. 성장한 후에는 신교인 칼뱅주의
와 관련 있는 집안과 혼인했습니다. 그는 가톨릭과 신교, 양측과 이야
기를 나눌 수 있는 사람이었습니다. 그는 양쪽 종교를 가진 이들의 친

구였습니다. 그의 귀족 친구들은 다양한 종교를 갖고 있었습니다."[129]

"빌럼 1세는 카를 5세의 궁전이었던 브뤼셀늉에서 자랐습니다. 그는 펠리페 2세의 통치 초기였던 1559년에 이미 홀란드와 젤란트의 총독이라는 주요 임무를 맡게 되었습니다. 빌럼 1세는 특히 펠리페 2세가 스페인으로 떠나고 파르마의 마르가레테[130]가 섭정을 하던 시기에 핵심적인 인물이었습니다. 그리고 그 정도를 파악할 수는 없지만 인문주의에도 영향을 받았던 것이 틀림없습니다. 설사 금지되어 있더라도 사람들은 활발하게 개신교 교회에 나갔는데, 빌럼 1세는 사상과 종교 때문에 사람들이 처벌받아선 안 된다고 믿었던 인물이었습니다. 그래서 그는 1564년 국가최고자문위원회 연설을 통해 종교와 사상이 보장되어야 한다고 청원하였습니다. 그는 중도를 지켰던 인물로 여겨졌는데, 네덜란드 봉기가 진행되면서 좀 더 진보적인 성향을 띠었습니다.

빌럼 1세는 언제나 종교적 자유를 추구하던 사람이었습니다. 그는 저지대국가 전 지역에서 종교적 자유가 보장되도록 노력하였지만, 그의 시도는 끝내 성공하지 못했습니다."[131]

루터파 집안에서 태어나 가톨릭으로 교육받고 칼뱅파 여인과 결혼했던 사람인만큼 빌럼은 종교적 편견이 없었다. 또 종교적 편견이 없기 때문에 오히려 현실적인 안목도 가질 수 있었다. 그가 보기에 애초

---

129 스티븐 핀쿠스(예일대학교 역사학과 교수) 인터뷰 중에서
130 카를 5세의 서녀. 펠리페 2세의 이복누이이다. 1559년에 네덜란드의 섭정으로 지명되어 네덜란드를 다스렸다. 하지만 성상파괴운동으로 네덜란드 정국이 불안해지자 펠리페 2세와 불화하고 총독직에서 해임되었다. 그녀의 아들이 후일 네덜란드 독립군과 대결하고 펠리페 2세의 영국침공계획에서 육군의 역할을 맡은 파르마공 알렉산데로다.
131 루이스 식킹(레이덴대학교 역사학과 교수) 인터뷰 중에서

에 서로 멀리 떨어진 다양한 민족과 종교적 전통을 끌어안고 있었던 당시 합스부르크 제국의 현실에서 단일한 종교적 관점을 강요하는 것은 오히려 비현실적인 선택이었다. 빌럼은 펠리페 2세에게 종교적 관용을 인정해달라고 청원서를 보내기 시작했다. 심지어 탄압이 계속될 경우 자신은 내각에서 사퇴할 것이라는 위협도 불사했다. 하지만 빌럼의 청원은 아무런 효과가 없었다. 펠리페 2세는 오히려 '지옥의 사자'라고 불리는 잔혹한 군인, 알바 공작을 네덜란드 대총독으로 임명하는 것으로 빌럼의 청원에 대답한 것이다.

종교재판소

성상파괴운동이 번져가던 1567년 펠리페 2세는 네덜란드의 정국 수습을 위해 심복이었던 알바 공작을 네덜란드 대총독에 임명했다. 이 임명은 펠리페 2세가 성상파괴운동에 참여한 네덜란드 신교도들을 자신의 백성이 아니라 말살해야 할 적으로 인식했다는 것을 시사한다. 알바 공작이 행정관료가 아니라 말그대로 철두철미한 군인이었기 때문이다. 그리고 군인답게 알바공작은 네덜란드에 부임하자마자 반도들에 대한 소탕작전을 시작했다.

"알바 공작Duke of Alba은 펠리페 2세의 최측근 자문이자 매우 성공적인 군사 지도자였습니다. 네덜란드 독립전쟁이 시작되자 펠리페 2세는 질서를 바로잡기 위해 알바 공작을 브뤼셀Brussels로 파견합니다. 알바 공작은 신교를 없애고 엄하게 다스렸습니다. 많은 사람을 처형하고 강제로 이주시켰습니다. 그는 대단히 억압적인 권력을 행사했습니다. 벨기에 화가 브라흐Bruegel의 '죄 없는 자의 대량학살Massacre of the Innocents'

알바 공작 네덜란드 대총독. '지옥의 사자'라고 불리는 잔혹한 군인이었다.

이라는 유명한 작품이 있습니다. 성경 이야기가 배경이지만 이 작품을 본 사람은 누구나 병사들이 성서 시대의 로마 군인이 아닌 스페인 군대 제복을 입고 있다는 것을 알아차렸습니다. 사람들은 작품 속에서 알바 공작처럼 보이는 사람을 확인할 수 있었습니다. 신앙 때문에 거리에서 무고한 사람들을 학살하는 사람의 모습이었습니다.

　신교도와 반란군을 대대적으로 박해하는 것이 알바 공작이 추구하는 정책이었습니다. 그는 독립전쟁의 주요 인물을 많이 처형했습니다. 초창기에는 성공을 거두는 것처럼 보였습니다. 많은 사람들이 네덜란드를 떠났습니다."[132]

132　스티븐 핀쿠스(예일대학교 역사학과 교수) 인터뷰 중에서

| **죄 없는 자의 대량학살** 벨기에 화가 브라흐

　알바 공작이 신교도들을 탄압하기 위해 준비한 방식은 전시 군법회의 같은 특별법정을 세우고 이 법정을 통해 네덜란드의 지도자들과 신교도들을 합법적으로 말살하는 것이었다. 네덜란드인들은 이 법정을 '피의 법정'이라고 부르며 두려움에 떨었다. '피의 법정'에서는 불과 2년 동안 네덜란드 사람 1만 2천 명이 재판을 받았고, 1천 명 이상이 처형되었으며 9,000명이 궐석재판에서 사형을 언도받았다. '피의 법정'은 단지 신교도들만 겨냥한 것이 아니었다. 가톨릭교도라고 해도 신교도들에게 관용을 주장하는 자들은 가차없이 처형했다. 특히 빌럼과 함께 네덜란드를 대표했던 에그몬트 백작과 흄 백작의 처형은 네덜란드인들을 충격에 빠뜨렸다. 그들은 평생 펠리페 2세에게 충성을 바친 가

| 피의 법정

톨릭교도였지만 신교도들에 대한 관용을 주장했다는 이유로 형장의 이
슬이 되어야 했다.

"알바 공작은 네덜란드로 부임하여 펠리페 2세의 정책에 반대하는 모
든 사람들을 척결하고자 하였습니다. 에그몬트와 홈 백작이 브뤼셀의
한 모임에 초청을 받았을 때 사실 빌럼도 초청을 받았습니다. 하지만
그는 낌새를 눈치채고 도망쳤지요. 에그몬트와 홈은 모임에 나가 체포
되고 결국 브뤼셀 그랑플라스에서 참수형을 당하게 되었습니다. 이 사
건은 오늘날까지도 벨기에의 역사에 중요한 사건으로 인식되며, 에그
몬트와 홈 백작은 네덜란드 봉기의 순교자로 여겨지고 있습니다."[133]

133   루이스 식킹(레이덴대학교 역사학과 교수) 인터뷰 중에서

가톨릭 이외의 어떠한 종교도 인정하지 않는 펠리페의 정책에 반대하는 사람들은 에그몬트나 흄처럼 처형되거나 빌럼처럼 도망쳐야만 했다. 기록에 의하면 네덜란드 전체인구의 2%가 고향을 떠나 외국으로 망명했다고 한다. 2%라면 그리 많은 숫자가 아닌 것처럼 보이지만 대부분 귀족이나 상인처럼 사회적으로 영향력이 있는 사람들이었으므로 네덜란드의 신교도 지도층과 종교문제에 대해 온건한 귀족들은 네덜란드에서 거의 사라진 셈이었다. 곧이어 종교문제에 대해 비교적 관용적인 땅이었던 네덜란드에도 스페인식 종교재판소가 설립될 것이라는 풍문이 파다하게 퍼지기 시작했다.

보통 마녀사냥이나 종교재판이라고 하면 우리는 중세 유럽 그러니까 14세기 이전에 주로 횡행했을 것이라고 생각하기 쉽지만 실상은 그렇지 않다. 오히려 근대국가가 성립한 15세기 이후에 더욱 기승을 부린 것이 바로 종교재판이다. 이유는 간단하다. 중세는 가톨릭이라는 단일한 이념이 지배하고 있었기 때문에 사실 사냥감을 찾기가 더 어려웠다. 하지만 15세기 이후 유럽이 확장을 시작하면서 유럽 내부에 이질적인 분자들 그러니까 무슬림이나 유대인 등이 늘어가자 오히려 순수성을 지키기 위해 사냥해야 할 이질 분자들을 쉽게 표적으로 삼을 수 있게 되었다.

"종교재판은 분명 인종청소ethnic cleansing와 종교적 불관용religious intoler-ance, 다양한 인구 정화purification의 일환입니다. 너무 학문적이고 세세한 것을 제외하고 13세기 이단에 맞서 교황이 시작한 종교재판과 15세기 말인 1478년 스페인이 시작한 스페인 종교재판을 구분하는 게 중요하다고 생각합니다. 스페인 종교재판은 소위 유대교나 이슬람교에서 기독교로 개종했지만 진심으로 바뀌지 않았다고 생각되는 사람들을 조사하기 위해 만들어졌습니다. 스페인 종교재판이 악명 높은 이유입니다. 사람들을 고문하거나 고문한다고 위협하는 많은 정보원들이 효율적으로 일했습니다. 일반적인 법적 절차 없이 진행될 수 있었습니다."[134]

"종교재판소의 역할은 단순히 유대인과 그리스도교로 개종한 유대인 후손들의 행동을 조사하는 것으로 그치지 않았습니다. 오늘날과 비교하자면 일종의 정치적 경찰의 역할을 하여 사람들의 행동과 사상, 심지어는 생각까지도 통제하였습니다. 종교재판소가 스페인에 설립된 이유 중 하나는 국민 모두가 가톨릭 신자여야 한다는 이유 때문이었습니다. 따라서 정통이 아닌 것은 적으로 간주되었습니다. 여기에는 여러 가지가 포함되는데 그 중 가장 위험한 존재로 여겨졌던 것은 거짓 유대인 개종자들이었습니다. 물론 종교재판소는 다른 종류의 행동과 사상에 대해서도 경찰의 역할을 하였습니다. 예를 들면 이중혼, 동성애, 동성애적 행동, 마녀, 마녀술, 신성모독 등을 들 수 있습니다. 가톨릭교회의 교리에 반하는 의견은 신성모독으로 비춰졌습니다. 이런 행위들과 이단은 종교적 범죄행위로 간주되었고, 종교재판소에 의하여 처벌받았습니다. 종교재판소는 1836년 폐쇄되었는데, 그 전까지 매우 정치적인 성향을 띠었으며, 정치적인 의견들을 공격대상으로 삼았습니다. 따라서 종교재판소는 무시무시한 존재였지요.

가장 잔혹했던 형벌은 틀에 묶여 그대로 불태워지는 화형입니다. 불

---

134 폴 프리드먼(예일대학교 역사학과 교수) 인터뷰 중에서

| 종교재판

에 타면서 처형당하는 것으로 화형이 가장 잔혹한 형벌이었습니다. 초기에는 화형이 자주 일어났을 것입니다. 하지만 이후에는 드물었는데 약 10퍼센트 정도였습니다. 화형을 당했던 사람들은 과거에도 종교재판소의 심문 등의 과정을 한 번 거쳤던 사람들이었습니다. 혹은 종교재판소가 알고 있는 사실들에 대해 자백하기를 거부한 사람이었지요. 그런데 중요한 것은 공개적으로 시민들 앞에 서야 한다는 행위가 굉장히 수치스럽고 모멸감을 느끼는 경험이라는 것입니다. 종종 사람들 앞에서 조롱거리가 된다는 것 자체로도 충분히 수치스러운 처벌이 되기도 했습니다. 이 외에도 사람들 앞에서 수치심을 느끼게 하는 다른 방식도 있었습니다. 예를 들어 마녀로 체포된 여성들의 경우, 나체로 당나귀에 올려져 마을을 돌아야 하는 형벌을 받았습니다. 마을 사람들은 그들이 누구인지 이미 알고 있었고, 그들에게 야유를 퍼부었습니다. 종교재판소는 모든 재산을 압수하기도 하였습니다. 가장 기본적인 처벌이었지요. 부유한 사람이 체포가 되는 경우도 있었는데, 모든 재산을 압수당하고 바로 거지로 전락하게 되죠. 이것 역시 (사람들이 종교재판소를 두려워했던) 또 다른 이유입니다. 다음으로 징역형을 들 수 있습니다. 체포된 사람들은 종교재판소가 당신이 교화되었고 앞으로는 행실을 똑바로 할 것이라고 납득할 때까지 수감되었습니다. 수감생활은 절대 쉬운 것이 아니었습니다. 처벌의 또 다른 예로 추방을 들 수 있습니다. 체포된 사람들은 종교재판소가 배정하는 곳으로 가족과 일을 모두 버려두고 멀리 떠나가야만 했습니다. 마지막으로 특히 개종한 유대인들에게 가해졌던 것으로, 그들은 해안가나 국경지역으로 가는 것이 금지되었습니다. 이는 개종한 유대인들이 탈출하여 런던이나 네덜란드, 독일, 이탈리아 등에 있던 스페인이나 포르투갈의 유대인 집단에 합류하는 것을 막기 위한 것이었습니다. 종교재판소는 매우 잔혹했다고 할 수 있습니다."[135]

스페인식 종교재판소는 이후 스페인의 영향력이 확대됨에 따라 이웃국가로 번져가기 시작했다. 대표적인 예가 포르투갈인데 스페인 국왕이었던 펠리페 2세가 포르투갈 국왕을 겸하게 되자 포르투갈에도 스페인식 종교재판소가 설치되어 유대인들과 다른 이질분자들을 사냥하기 시작했다. 따라서 네덜란드에도 스페인식 종교재판소가 상륙할 것이라는 소문은 충분한 근거를 가진 것이었고 당연히 네덜란드인들을 공포로 몰아넣을 만한 소식이었다.

135   마이클 알퍼트(웨스트민스터 대학교 역사학과 교수) 인터뷰 중에서

알폰소 10세와 중세 스페인

여기까지 이야기해놓고 보면 스페인이란 나라가 뭔가 정말로 음험하고 괴팍한 나라인 것처럼 느껴지지만 사실 애초부터 스페인이 그렇게 종교적 광신에 물든 불관용의 나라였던 것은 아니다. 오히려 중세의 스페인은 스페인의 찬란한 태양이 너무나 잘 어울리는 풍요와 관용의 땅이었다. 스페인의 풍요에 대한 이야기가 나온 김에 스페인이라는 땅에 대한 재미있는 이슬람 전설을 하나 소개해 보겠다.

신이 처음에 세상을 창조하셨을 때 신은 모든 땅의 인간에게 5가지 소원을 들어주셨다고 한다. 알 안달루스[136]의 차례가 되자 안달루스인들은 '찬란한 태양, 풍요로운 땅, 좋은 날씨, 불쌍한 여인들'을 요구했다. 네 번째의 불쌍한 여인들을 요구한 걸 보면 신은 아마 남자들에게만 소원을 물어본 모양이다. 아무튼 네 가지 소원을 들어주고 나서 신이 마지막 다섯 번째 소원을 묻자 그들은 여기에 '공정한 통치'를 더했다. 그러자 신은 그것까지 들어주면 천국을 지상으로 옮겨오는 것이므

136 스페인 지역을 부르는 이슬람식 명칭

로 그것만은 들어줄 수 없다고 거절했다고 한다.

이 전설이 이슬람 전설인 것에서 알 수 있듯이 중세 스페인은 우선 이슬람의 땅이었다. 로마제국이 멸망한 이후 서고트 왕국에 의해 다스려지고 있던 스페인에 이슬람이 진출한 것은 예언자 마호메트가 포교를 시작한지 채 100년도 지나지 않은 710년이었다. 잉크가 번지는 것처럼 순식간에 중동과 아프리카를 집어삼킨 이슬람의 진출에 스페인의 고트족들은 속수무책이었다. 732년 프랑스로 넘어가던 이슬람 세력이 투르-푸아티에 전투[137]에서 저지당할 때까지 이슬람군은 스페인을 파죽지세로 점령해 나갔다.

| 투르-푸아티에 전투

[137]　732년 프랑크 왕국 메로빙거 왕조의 궁재인 카알 마르텔이 프랑스 투르와 푸아티에에서 우마이야 왕조의 이슬람군을 무찌른 전투로 이 전투의 승리로 이슬람 세력의 서유럽 확장은 한풀 꺾였다.

이슬람의 확장이 저지되자 이번엔 기독교 국가들이 반격에 나섰다. 이른바 '레콘키스타'(재정복운동)이다. 이후 일진 일퇴를 거듭하던 이베리아 반도 안의 기독교 세력과 이슬람 세력은 1492년에 재정복 운동이 마무리 될 때까지 공존할 수밖에 없었다. 그런데 이슬람 국가와 기독교 국가의 공존이라는 이 특수한 상황이 스페인의 종교적 상황에 많은 영향을 미치게 된다.

애초에 스페인을 점령했던 이슬람 국가에서는 이슬람교도와 기독교도들이 뒤섞여 살고 있었다. 한편 이베리아 반도 안의 기독교 국가들인 카스티야나 아라곤 역시 재정복을 통해 이슬람 세력을 점차 밀어내고는 있었지만 오랜기간 이슬람으로 살아온 사람들이 쉽게 없어질 수는 없었으므로 이들 기독교 국가 안에도 상당수의 이슬람교도들이 공존하게 되었다. 아라곤 왕국의 경우 전체 인구의 35% 정도가 이슬람교도였다고 한다. 이 정도 숫자가 되면 사실 말살한다는 것이 쉬운 일이 아니다. 더구나 남쪽의 이슬람 국가와 경쟁하고 있는 상태에서 섣불리 이슬람교도를 탄압했다가는 본전도 못 찾을 가능성이 농후했다. 이슬람교도들이 고향을 등지고 떠나버리면 기독교 국가의 영토는 텅비어버리고 경작지는 메말라버릴 것이기 때문이다. 여기에다 더해 경쟁상대인 이슬람 국가들은 애초부터 기독교 국가들에 비해 이교도에 대해 관용적인 자세를 가지고 있었기 때문에 섣부른 이교도 탄압은 자멸로 이어질 가능성이 농후했다.[138]

---

138 중세 내내 이슬람 국가들은 기독교 국가에 비해 이교도들에 대해 관용적이었다. 물론 이 관용이 현대적 의미의 존중을 뜻하지는 않는다. 다만 이슬람 국가에서는 고율의 세금만 내면(대체로 50%에 근접했다) 기독교도나 유대인들도 생명의 위험은 받지 않고 살 수 있었다. 여차하면 화형대로 끌려가야 하는 유럽의 기독교 국가들에 비해서는 그래도 관용적으로 느껴졌을 것이다.

따라서 어차피 이교도들과의 공존을 받아들여야 한다면 적극적으로 받아들이는 게 차라리 낫겠다는 생각이 드는 것도 당연했다. 특히 현왕賢王이라고 불린 알폰소 10세[139]같은 경우에는 당시 기준으로 볼 때 파격적으로 자신의 궁정에 이교도들을 받아 들였다.

현왕이라는 별칭에서 알 수 있듯이 학문적인 조예가 깊고 문화 사업에 열성적이었던 그는 유대인 학자들과 이슬람 학자들을 대거 그의 궁정에 초대했다. 중세에 체계적인 학문연구를 하려면 사실 이들에게 의존할 수밖에 없었다. 이 학자들은 주로 아랍어로 된 과학 서적이나 의학서들을 대중이 이해할 수 있는 쉬운 스페인어로 번역하였는데 이들이 번역한 서적들

| 알폰소 10세

139　카스티야의 알폰소 10세(Alfonso X de Castilla, 1221년~1284년)는 부르고뉴 왕가에 속하는 인물로, 카스티야 왕국과 레온 왕국의 왕이었다. 알폰소 10세 현왕(Alfonso X el Sabio)이라는 별칭으로도 불린다. 번역원을 설립하여, 이베리아 반도의 역사, 법률부터 일반적인 과학, 시학, 음악 등 다방면의 지식을 쉬운 구어체 중세 스페인어를 비롯한 대중이 이해할 수 있는 당대 이베리아어로 정리하도록 하였다. 이로 인해 지식의 대중화가 가속되고 스페인 속어 문학이 중흥기를 맞았다. 그 자신이 중세 스페인어로 속어 문학을 쓰기도 했다. 한편 고전어 방면 또한 소홀히 하지 않아, 아랍어, 라틴어, 히브리어로 기록된 문헌을 연구할 수 있는 학자의 양성에도 힘을 쏟았다. 마드리드 국립 도서관에 가면 계단 중앙을 장식하고 있는 그의 동상을 볼 수 있는데 스페인 문화에서 그가 차지하는 위상을 확인할 수 있다.

중에는 당시 이단으로 취급받던 아리스토텔레스의 저작 같은 고대 철학은 물론이거니와 유대인들의 탈무드나 이슬람 경전인 코란까지 있었다고 한다.

"알폰소 10세는 많은 유대인을 자문으로 삼았습니다. 또 당시 스페인에는 유대인 거리와 유대인 지역이 있습니다. 통치자는 유대인들을 보호했습니다. 통치자들이 유대인의 지식과 무역 네트워크로 이득을 보기 때문이었습니다. 유대인의 과학 때문이었죠. 과학자가 많았습니다. 예를 들면 아주 유명한 천문학자가 있었어요. 세계의 다른 지역에 대한 관심이 늘어가는 시기였습니다. 다른 나라를 발견하고자 했죠. 옳은 방향으로 항해하기 위한 장비가 필요했습니다. 과학이 항해를 돕는 데 필요한 장비를 발전시켰습니다. 많은 유대인이 여기에 참여했죠. 알폰소 10세는 자신의 왕국을 다스리는데 많은 유대인의 도움을 받았습니다."[140]

"그는 독실한 기독교인이었습니다. 하지만 학자들에게서 배울 수 있다고 생각했습니다. 천문학과 의학, 보석에 매우 관심이 많았습니다. 미래를 맞추지는 못하더라도 가능성을 알아보고자 했습니다. 역사에 관심이 있었습니다. 그는 학자입니다. 문서를 번역하고 글을 쓰는 노력을 지원했습니다. 예를 들면 천문학 기구와 현상은 유대인과 무슬림의 지식을 사용했습니다. 그는 여러 연구소의 후원자 같은 사람이었습니다. 활용할 지식을 가진 사람들을 지원했습니다. 연구소에는 유대인과 아랍인이 대부분이었습니다. 그는 자신을 세 종교의 황제emperor of 3 religions라 불렀습니다. 그의 묘비에도 히브리어와 아랍어, 라틴어가 함

---

140 헤티 베르그(암스테르담 유대인 역사박물관 연구원) 인터뷰 중에서

께 새겨져 있습니다."[141]

장기와 유사한 서양인들의 놀이인 체스에 관한 유럽 최초의 서적이 나온 것도, 종이가 유럽에 소개된 것도 바로 알폰소 10세 치세에서였고 아라비아 숫자가 유럽에 수입된 것도, 아라비안나이트 같은 이슬람 문학이 유럽에 소개된 것 역시 알폰소 10세가 다스리던 스페인에서 시작되었다.

종교적 관용과 경제적 기회의 보장은 유럽 각지로부터 유대인들을 끌어들였다. 툭하면 유대인과 이교도에 대한 집단 학살이 벌어지곤 하던 중세 유럽에서 스페인은 서유럽의 이교도들이 거주하면서 번영을 누릴 수 있었던 가장 좋은 곳이었고, 때로는 유일한 곳이었기 때문이다. 기록에 의하면 당시 스페인 인구가 700만 명 정도였는데 이 가운데 유대인 인구가 50만 명이나 되었다고 한다. 특히 톨레도 같은 주요도시에는 유대인 인구가 1/3을 넘기는 경우도 적지 않았다. 당시 톨레도는 지금의 뉴욕처럼 유대인의 인구밀도가 세계에서 가장 높은 지역이었던 셈이다. 이렇게 유대인들과 이슬람인들이 몰려들자 왕국의 경제력도 함께 향상되기 시작했다. 인재와 기술이 있는 곳에 경제적 번영이 함께 하는 것은 자연스러운 현상이기 때문이다. 결국 이교도에 대한 관용은 톨레도를 정치, 문화, 산업의 중심지로 만들었다.

"중세시대 스페인은 유대인들이 살기 좋은 나라였습니다. 아주 긍정적인 분위기였어요. 스페인에는 유대인들이 무역할 다양한 기회가 있었

---

141 폴 프리드먼(예일대학교 역사학과 교수) 인터뷰 중에서

습니다. 과학 분야에서 큰 역할을 했습니다. 개척에도 참여했습니다. 당시는 아메리카 대륙의 발견이 시작되는 시기였습니다. 유대인은 유명한 천문학자였습니다. 또한 유대인 스스로도 아주 긍정적이었습니다. 유대인들이 부유하고 건강한 삶을 누릴 수 있는 분위기였습니다.

예를 들면 같은 시기 독일 국가에서는 불가능했습니다. 유대인들은 박해를 받았습니다. 만약 큰 병이 발생하면 독일인은 유대인의 잘못이라며 유대인을 추방했습니다. 기독교 국가에서 유대인은 예수의 살인자 취급을 받았습니다. 중세 시대에는 이런 이유로 처벌을 받았습니다. 스페인은 유대인에 대해 이런 태도를 보이지 않았습니다. 유대인을 환영했죠. 유대인이 가져온 무역거래 때문이었습니다. 과학과 예술, 문화에 대한 유대인들의 공헌 때문이었습니다."[142]

유대인과 이슬람인 그리고 스페인 모두에게 이로웠던 이러한 공생 관계는 중세 스페인을 유럽에서 가장 부유하고 역동적인 지역으로 만들어 주었다. 최소한 운명의 1492년이 오기까지는 이들의 생산적인 관계는 계속 유지되었다.

142 헤티 베르그(암스테르담 유대인 역사박물관 연구원) 인터뷰 중에서

알함브라 칙령

1492년은 아마 스페인 역사에서 가장 중요한 해일 것이다. 이 해에 세상 사람들이 다 아는 중요한 사건 두 가지와 세상 사람들이 잘 알지 못하는 사건 한 가지가 일어났기 때문이다. 그리고 이 세 사건은 이후 스페인의 역사를 결정지었다.

첫 번째 사건은 크리스토퍼 콜롬버스에 의한 아메리카 대륙의 발견이다. 아마 이 사건이 가장 유명한 사건일 것이다. 중세의 끝이자 근대의 시작이 된 사건이라고 평가받는 이 발견은 스페인에겐 엄청난 노다지를 안겨주었다. 본국의 수십 배에 달하는 크기의 이 식민지에서는 이후 그때까지 유럽이 가지고 있던 모든 금과 은을 합한 양보다 더 많은 금과 은이 스페인으로 실려왔다. 이 엄청난 귀금속들은 이후 스페인 왕실이 유럽의 패권을 쥐기 위해 벌이는 모든 전쟁의 재원이 되어 주었다.

두 번째 사건은 그라나다의 함락으로 이베리아 반도 안의 이슬람 세력을 완전히 몰아낸 것이다. 이른바 레콘키스타(재정복)의 완성이다. 이 마지막 정복전쟁은 1469년 아라곤 왕국의 왕위 후계자 페르난도와 카

| **콜롬버스에 의한 아메리카 대륙의 발견(위)** | **레콘키스타(아래)** 그라나다 나스르 왕국의
1492, painting by John Vanderlyn. | 항복, 1492, painting by Francisco Pradilla Ortiz

스티야 왕국의 왕위 계승 후계자 이사벨이 결혼했을 때 이미 예견된 일

이었는지도 모른다. 두 나라가 통합함으로써 그라나다의 작은 이슬람

왕조를 압도할 만한 막강한 국가가 탄생했기 때문이다. 이후 스페인으

로 이름을 바꾼 공동왕국은 1492년 1월 2일, 무슬림의 마지막 보루이던 그라나다를 정복하여 레콘키스타를 완성하게 되었다. 스페인에서 781년간의 이슬람 통치가 종식되는 순간이었다. 물론 전 유럽은 환호성을 올렸다. 하지만 이 축제의 와중에 유대인들과 이슬람교도들에게 날벼락이 떨어졌다. 레콘키스타의 완성으로 고양된 종교적 분위기 속에 1492년 3월 31일, 알함브라 칙령이 발표된 것이다.

이 알함브라 칙령이 바로 1492년에 있었던 세 번째 사건이다. 앞의 두 사건에 비해 사람들의 관심은 덜 받고 있지만 어쩌면 스페인 역사에서 앞의 두 사건보다 더 큰 영향을 미친 사건일지도 모른다. 칙령에서 명시한 유대인들의 죄는 '신성한 가톨릭 교리를 무너뜨리고 신앙 깊은 교도들을 무너뜨리려 시도' 했다는 것이다.[143] 칙령은 계속해서 선언했다.

> "유대인들은 … 모두 떠나라. 우리는 유대인의 모든 재산권을 인정하고 보호하며, 동산과 부동산을 자유롭게 처분해 국외로 반출할 권리를 부여할 것이다. 그러나 금과 은, 화폐와 국가가 정하는 품목의 반출은 금지된다."

얼핏 보면 최소한의 재산권은 보호해주는 것 같지만 실제로는 기만적인 구절일 뿐이다. 4개월이라는 짧은 기간 내에 떠나야 했기 때문에

---

143 칙령을 작성한 이는 종교재판소장인 토마스 데 토르케마다였다. 부유한 유대인 금융가이자 학자인 아이작 아브라바넬이 페르난도에게 60만 크라운이라는 뇌물을 주며 칙령을 철회해 달라고 요청하자, 토르케마다는 왕과 여왕 앞에 십자가를 내던지며 유다처럼 돈 때문에 주님을 배반할 셈이냐고 물었다는 일화가 있다. 아브라바넬은 스페인에서 도피해야 했던 수많은 유대인 중 하나였다. 그는 기진맥진하고 돈 한 푼 없는 신세가 되어 1608년 베네치아에서 죽었다.

알함브라 칙령 스페인 왕실
은 1492년 3월 31일 알함브라
칙령(Alhambra Decree)을 발표
하여, 스페인에서 무어인과 유
대인들을 추방할 것을 명령하
였다.

당연히 제값을 받는 건 불가능했다. 더구나 금, 은, 화폐 등으로는 바꿀 수 없으니 정당한 거래는 애초에 불가능했다. 집을 팔아 기껏해야 당나귀 한 필을 받았고, 농장을 팔아 옷 몇 벌을 얻는 게 고작이었다. 앞서 언급한 것처럼 그때까지는 스페인이 유럽 전역에서 유대인들이 가장 살만한 곳이었기 때문에 스페인의 유대인 인구는 50만 명이나 되었는데 이들 중 개종하지 않고 추방을 선택한 사람들이 총 17만 명이었다. 17만 명이 4개월 내로 떠나야 했으므로 혼란은 엄청난 것이었다. 급하게 이루어진 추방 행렬 가운데 2만 명 정도가 아사하거나 병사했다. 당연히 유대인들은 스페인을 떠나면서 이를 갈았을 것이다. 당시 민족의 이산을 지켜본 어느 유대인 저술가는 다음과 같은 반박문을 남겼다.

"우리가 낭신늘에게 해를 끼쳤는가? 당신들을 돕고 거들었을 뿐이다. …… 그렇다. 왕과 여왕은 실수하는 것이다. 우리는 비록 떠나도 영혼만큼은 결코 짓밟히지 않을 것이다. 부당한 박해를 받았다는 역사적 사실도 지워지지 않을 것이다. …… 우리는 떠난다. 그러나 이 날을 잊지 않을 것이다. 결코."

훗날 유대인들의 복수는 피가 아니라 돈으로 실현된다. 1492년 8월 2일 세비야 근처 항구에서 마지막으로 추방되는 유대인들을 실은 배가 출항을 준비하고 있는 동안 옆에서 세 척의 범선이 역시 먼 항해를 준비하고 있었다. 그 범선의 목적지는 인도였고 선단의 지휘자는 콜롬버스였다. 이렇게 한 장소에서 스페인의 명암이 교차하고 있었다. 스페인에서 빈털터리로 쫓겨난 17만 명 중 가장 많은 수인 6만여 명의 유대인들은 포르투갈에 이주했다. 하지만 포르투갈의 유대인들도 그 곳에 오래 머무를 수는 없었다. 얼마 지나지 않아 포르투갈이 스페인에 병합되자 포르투갈에서 다시 추방당한 것이다.

고향을 포기할 수 없었던 유대인들은 개종을 선택했다. 가톨릭으로 제국의 종교를 통일하는 것이 칙령의 목적이므로 일단 개종만 하면 추방은 면할 수 있었기 때문이다. 하지만 개종을 선택한 유대인들을 기다리고 있던 운명은 더 가혹한 것이었다.

"기독교인이 이슬람교와 맞서 전쟁에서 이기던 세상에서 기독교인들은 유대인과 무슬림 인구의 중요성을 인정했습니다. 13세기 알폰소 10세의 3문화의 세상인 스페인에서 어떻게 모두를 기독교인으로 바꾸려는 스페인으로 바뀌었을까요? 상대적으로 관용적인 사회에서 어떻게 완전히 불관용적인 사회로 바뀌었을까요? 어느 정도는 분명 국토회복전쟁reconquista, 레콘키스타의 승리와 관련이 있습니다. 마침내 스페인은 이슬람교에 맞서 승리를 거뒀습니다. 1492년 무슬림의 마지막 저항지였던 그라나다Granada를 기독교인들이 정복한 일과 스페인에서 유대인을 추방한 일이 같이 일어난 것은 우연이 아닙니다. 스페인을 통일된 기독교 왕국으로 만들려는 욕망이 있었습니다.

가장 중요한 것은 강제 개종입니다. 일단 개종하라고 강요하고 나서 진심인지 의심하기 시작했습니다. 이것이 바로 종교재판입니다. 종교재판은 유대인에게 관심이 없었습니다. 사람들이 유대인이라고 인정하고 유대인이라고 말하는 사람은 1492년 이후 스페인에 살 수 없었습니다. 추방당했습니다. 종교재판 대상은 자신이 기독교인이라 말하는 사람들입니다. 하지만 여전히 유대인이라는 의심을 받는 사람들이죠. 여기서 이른바 예전부터 기독교 가문이었던 사람을 지칭하는 구기독교인old christian이라는 표현이 생깁니다. 유대인의 피가 흐르는 신기독교인new christian은 의심을 받았습니다. 모든 행동 하나하나가 종교재판에 보고될 수 있습니다. 음식에 관한 흥미로운 사실이 있습니다. 돼지고기를 먹지 않는다는 것이 전부는 아닙니다. 유대 종교법은 돼지고기를 금하고 있습니다. 그뿐 아니라 금요일과 토요일 그들의 오븐은 작동하지 않습니다. 토요일에 유대인들은 찬 음식을 먹습니다. 혹은 금요일 어둡기 전에 요리하고 남은 음식을 먹습니다. 따라서 토요일에 굴뚝에서 연기가 나지 않습니다. 이 모든 것은 그들이 아직도 비밀리에 유대인이라는 것을 보여줍니다. 바로 종교재판이 노리는 바였습니다. 내부적 전복에 대한 의혹이 일었습니다. 이것이 종교재판을 더 강력하고 두렵게 만들었습니다."[144]

이슬람을 몰아냈다는 종교적 승리에 취한 스페인 왕실은 점점 더 광신적으로 변해갔다. 개종한 유대인들을 콘베르소스conversos라고 불렀는데 스페인은 거짓으로 개종한 이단자들을 색출한다는 명분하에 콘베르소스를 학살하기 시작한 것이다. 발렌시아에서는 1494년부터 1530년까지 1,000명의 콘베르소스들이 몰래 유대교를 믿고 있었다는 죄목으로 처형되었다. 비슷한 시기에 세비아에서는 4,000명의 콘베르소스들이 말뚝에 묶인 채 화형대에 세워졌다. 그때까지 유대인들에게 가장 살만한 안식처를 제공해주던 스페인이 이젠 유대인들에게 가장 살기 어려운 땅으로 변한 것이다.

결국 남아있던 유대인들이나 무슬림들도 살아남기 위해 다시 스페인을 떠나야만 했다. 스페인 왕실이 원하는 대로 스페인은 점차 순수한 가톨릭교도만이 사는 땅이 되어갔다.

144 폴 프리드먼(예일대학교 역사학과 교수) 인터뷰 중에서

네덜란드 독립전쟁

　이렇게 만들어진 순수한 가톨릭의 나라 스페인의 군주로서 펠리페 2세는 네덜란드에서도 스페인과 같은 종교적 통일을 요구한 것이다. 거부하는 자에겐 오직 죽음만이 기다리고 있었다. 가톨릭을 거부하는 것뿐 아니라 신교도에게 관용을 주장하는 것 역시 반역으로 간주되었다. 처음에 네덜란드인들이 바란 것은 단지 종교적 자유뿐이었다. 그런데 펠리페 2세는 잔인한 공포정치를 통해 네덜란드의 신교도를 강제 굴복시키려고 했다. 설상가상으로 종교적 이단 심판까지 도입하려 하고 있었다. 하지만 탄압은 오히려 더욱 강력한 저항을 불러 일으켰다. 펠리페 2세에게 대항하는 옥외집회가 일어나고 성상파괴가 더욱 확산되었다. 드디어 스페인에 대한 무장투쟁으로 바뀐 것이다. 1568년, 펠리페 2세와의 대결을 결심한 오라네 공 빌럼은 망명지인 독일에서 군대를 일으킨다. 네덜란드 독립전쟁이 시작된 것이다.

　"결국 빌럼 1세는 네덜란드 봉기에서 중도적인 입장을 지킬 수 없는 상황을 맞이하게 되었습니다. 단순히 스페인에 남을지 말지를 선택하는 문제가 아니었습니다. 펠리페 2세의 정부를 따르지 않는다면 봉기에 가담할 수밖에 없었던 상황이었습니다. 가톨릭 중도파 모두가 네덜란드 봉기 초기부터 개신교에 대한 탄압에 반대했던 것은 아니었습니다. 하지만 시간이 지남에 따라 상황은 급진적으로 바뀌게 됩니다."[145]

"다른 박해가 그렇듯이 (펠리페 2세와 알바 공작의) 탄압은 다른 결과를 낳았습니다. 처형당한 사람들을 본보기로 삼아 네덜란드 독립에 헌신하는 사람이 늘어났습니다. 알바 공작이 이런 고문을 저지른 후에 네덜란드의 유일한 해결책은 카를 5세 때처럼 느슨한 통제로 돌아가는 것이 아니라 완전한 독립이라고 생각하는 사람이 증가했습니다. 알바 공의 탄압은 독립전쟁을 더 과격하게 만들었습니다."[146]

네덜란드에서 가장 영향력있는 인물이었던 빌럼의 봉기는 네덜란드 독립전쟁의 전환점이 되었다. 이제 자연발생적인 봉기는 스페인 왕실과의 투쟁으로 변했고 네덜란드의 분리독립은 투쟁의 목표가 된 것이다. 하지만 빌럼의 봉기와 함께 무장투쟁이 시작되었다고는 하나 전쟁은 지지부진하게 진행되었다. 앞선 세 편에 등장한 전쟁들 그러니까 로마의 2차 포에니 전쟁이나 몽골의 유럽 침공, 영국의 칼레 해전이 일목요연하게 추적이 가능한데 반해 네덜란드 독립전쟁은 일목요연한 추적이 불가능하다. 일단 전쟁 자체가 정규군대 정규군의 대규모 회전으로 결판나지 않았다. 스페인 군은 당시 유럽 최강의 실력을 가지고 있

---

145 루이스 식킹(레이덴대학교 역사학과 교수) 인터뷰 중에서
146 스티븐 핀쿠스(예일대학교 역사학과 교수) 인터뷰 중에서

없는데 반해 네덜란드 독립군의 초기 무장상태는 한마디로 형편없는
상태였다. 따라서 독립군은 초기에 몇 차례 전투에서 완패한 이후 전
술을 바꾸었다. 이에 따라 전쟁은 어디가 전선이고 어디가 후방인지를
알 수 없는 게릴라전으로 진행되었고 민중의 저항과 스페인군의 잔인
한 진압이 교차하는 것이 전쟁의 주요 양상이 될 수 밖에 없었다. 이런
상황에서 네덜란드의 저항을 지속시킨 힘은 자유를 향한 네덜란드 민
중의 의지였다.

　지금도 매년 10월이 되면 네덜란드 레이덴에서는 대규모 축제가 열
린다. 평화롭고 흥겨운 축제지만 이 축제가 기념하고 있는 사건은 사실

| 레이덴 공방전　3 October 1574. Otto van Veen.

평화롭지도 흉겹지도 않았던 레이덴 공방전이다.

전쟁 초기 독립군의 근거지는 네덜란드의 북부지역인 홀란드와 질란트였다. 이들 지역은 물에 잠기기 쉬운 소택지와 견고한 방어시설로 둘러싸인 도시들이 밀집해 있는 곳으로 한번 빼앗기면 탈환하기 힘든 곳이었다. 알바 공작은 북부의 독립군을 분쇄하기 위해 암스테르담에 진영을 구축했다. 암스테르담은 이때 네덜란드 북부에서 스페인 측에 남아있는 유일한 도시였다. 나르덴Naarden과 하를렘Haarlem의 시민들에 대한 알바 공작의 가혹한 처분은 이미 네덜란드 전역에 그 악명을 떨친 바 있었다. 따라서 반란군들은 알바 공작이 자신들에게 절대로 자비를 베풀지 않을 것이라는 것을 알고 있었다. 알바 공작은 우선 북쪽의 알크마르Alkmaar를 공략하려 하였으나 시민들은 장기간 저항을 계속하였고, 결국 공략에 실패했다. 이에 알바 공작은 반란군 세력의 주요 거점인 남쪽을 공략하기로 결심하고 레이덴을 표적으로 삼았다.

1573년에 시작된 1차 포위전은 알바 공작의 의도대로 되지 않았다. 레이덴의 방어시설이 견고한 데다 독립전쟁을 이끌던 빌럼이 레이덴을 구원하기 위해 지원군을 이끌고 레이덴으로 진격하고 있었기 때문이다. 결국 알바 공작은 포위 6개월만에 빌럼의 지원군을 먼저 격퇴하기 위해 물러났다. 하지만 빌럼의 지원군과 스페인군 간의 전투가 시작되자 알바 공작은 정치적으로는 미숙할지 몰라도 장군으로서는 자신이 최고라는 것을 입증했다. 1574년 4월에 벌어진 무케르헤이데 전투에서 빌럼군에 대해 압승을 거둔 것이다.

빌럼이 후퇴하자 알바의 군대는 1574년 6월 공성전을 재개하기 위해 레이덴을 다시 포위했다. 빌럼의 군대가 패배한 시점에서 레이덴의 상황은 사실 가망이 없어 보였다. 외부의 지원이 더 이상 없을 것이라는 것은 명백했고 1년 가까이 지속된 포위로 식량은 바닥나 있었다. 전설에 의하면 당시 레이덴 시장이던 반 데르 베르프van der Werff는 자신의 팔을 잘라 식량으로 내 놓았다고 한다. 하지만 수천 명이 기아로 사망하는 이런 절망적인 상황에서도 시민들은 저항을 멈추지 않았다. 1574년 9월 레이덴은 자신들의 생명과도 같은 제방을 파괴함으로써 평야에 바닷물을 끌어들여 스페인군을 몰아내려고 시도한다. 스페인에게 굴복하느니 대서양 바닷물에 잠겨 죽겠다는 뜻이었다. 결국 레이덴 시민들의 강렬한 저항 의지는 보답 받았다.

10월 2일과 3일에 폭풍이 불어 엄청난 바닷물이 스페인 군을 덮쳤다. 불굴의 알바 공작도 더 이상은 버틸 수 없었다. 스페인군은 포위를 풀었다. 곧이어 고이센Geugen[147] 함대가 굶주린 시민들을 기아로부터 건져내기 위해 청어와 흰 빵을 수송했다. 시민들은 저녁에 '후츠포트Hutspot'(당근과 양파로 만든 스튜)를 먹을 수 있었다. 전설에 따르면 요펜스준Joppenszoon이라는 이름의 고아 소년이 바닷물이 불어나서 더이상 버티지 못하고 퇴각한 스페인군의 진영에서 후츠포트가 가득한 요리용 냄비를 발견했다고 한다. 지금도 레이덴 축제에서는 그날의 승리를 기념하여 참가자들에게 절인 청어와 흰빵을 무료로 나누어 준다.

"당시 스페인과 네덜란드가 전쟁을 치르고 있었습니다. 스페인으로부

---

147 〈거지〉를 뜻하는 네덜란드어로 네덜란드 독립 전쟁 당시의 네덜란드 신교도 및 그들 동맹에 붙여진 명칭이다. 처음에는 스페인 진영에서 경멸의 의미로 붙인 이름이지만 독립전쟁이 진전되면서 독립군들도 스스로를 고이센이라고 부르게 되었다. 특히 제고이센(바다의 거지단)은 해상에서 스페인 함대에 대한 게릴라전을 전개하여 독립에 결정적인 역할을 했다.

터 독립을 원했죠. 스페인에 맞선 네덜란드의 전쟁이었습니다. 당시 우리는 자유를 원했습니다. 레이덴은 원하는 바를 반드시 이뤄냅니다. 마침내 자유를 얻었죠. 모두가 축제를 기념하며 즐거워합니다. 이맘때가 되면 모두 하나가 됩니다. 사무실에 일하는 사람, 공장에서 일하는 사람, 모두 나와 10월 3일을 기념합니다. 정말 멋진 일이죠.”[148]

레이덴의 승리에도 불구하고 전쟁은 쉽게 끝나지 않았다. 스페인의 군사적 우위는 레이덴 공방전 이후에도 여전했기 때문에 전선에서 이탈하는 지역도 나오기 시작했다. 처음에 북부와 보조를 같이하던 남부 10개주가 스페인과 타협하여 전선에서 이탈한 것이다.[149] 하지만 북부 7개주의 독립의지는 강렬했다. 1579년 1월 29일. 네덜란드 북부 7개주는 신앙의 자유와 권리를 지키기 위해 '생명·피·물자를 바쳐 권리와 자유를 지킴에 있어서 마치 한 주가 된 것처럼 결합할 것'을 결의하였다.

역사상 위트레흐트 동맹Treaties of utrecht이라고 불리우는 이 동맹은 사실상 독립 네덜란드의 모태가 된다. 따라서 이 동맹의 창립헌장은 그들이 왜 싸우고 있는지를 밝히는 네덜란드의 독립선언서나 마찬가지 역할을 했다. 그런데 이 헌장에서 동맹이 내세운 핵심적 가치 중 하나가 바로 종교적 관용이었다. 창립헌장은 “누구나 종교의 자유를 가지며, 어느 누구도 종교를 이유로 심문을 받거나 박해를 받아서는 안된다”고 선포한 것이다. 이는 한 나라에 오직 하나의 종교만이 허용되던 당시의

---

[148] 죠 슈반(레이덴 축제 준비위원회 대표) 인터뷰 중에서
[149] 이때 스페인과 타협하여 독립전쟁에서 이탈한 남부 10개주가 후일 벨기에가 된다.

기준으로 볼 때 말 그대로 획기적인 조치였다.

"1579년 독립전쟁에 참여하는 여러 지방 지도자들이 모여 군사적 동맹을 체결합니다. 스페인에 맞서 싸우기 위해 군사 동맹을 맺습니다. 하지만 이는 여러 지역에 다른 신도 비율을 가진 지방이 모여서 맺은 군사 동맹입니다. 예를 들면 위트레흐트Utrecht 지역은 거의 가톨릭과 신교가 반반입니다. 암스테르담이 있는 홀랜드Holland 지방은 당시 주로 신교도들이 많았습니다. 하지만 가톨릭이 더 많은 지방도 있었습니다. 위트레흐트 동맹Union of Utrecht에서 군사 지도자들은 단일 종교를 강요하지 않을 것과 종교적 관용 그리고 종교 다원주의에 동의했습니다. 매우 숭고한 조치였습니다.

이는 전 유럽에서 종교적 박해를 받던 사람들이 네덜란드로 이주하는 신호탄이 됩니다. 독립전쟁 초기부터 독립하는 1648년까지의 네덜란드 역사는 매우 흥미롭습니다. 전 유럽에서 엄청난 이민자들이 몰려와 네덜란드 북부의 인구가 폭발적으로 증가합니다. 독립전쟁 초기의 네덜란드 지리는 지금 우리가 아는 장소와 매우 다릅니다. 특히 지금의 벨기에와 비교해 보면 상대적으로 인구가 희박했습니다. 지금도 그렇지만 네덜란드 대부분은 해수면 아래 있습니다. 16~17세기에는 경작할 땅을 만들기 위해 물을 퍼냈습니다. 다양한 것을 재배하는 농업을 발전시키기 위해서였죠. 15~16세기의 다른 저지대 국가, 벨기에와 비교해보세요. 북부 네덜란드는 네덜란드 공화국이 되었고 비교적 인구가 적었습니다. 하지만 (이민자들의 증가에 의해) 독립전쟁 말기에는 전 유럽에서 가장 인구가 밀집한 지역이 되었습니다."[150]

150 스티븐 핀쿠스(예일대학교 역사학과 교수) 인터뷰 중에서

종교적 관용을 독립의 명분으로 삼자 유럽 전역에서 박해받던 소수자들이 네덜란드로 몰려들었다. 특히 유대인들이 대거 북부 네덜란드로 몰려들기 시작했다. 앞서 설명한 것처럼 원래 유럽의 부유한 유대인들은 대부분 스페인에서 살고 있었다. 하지만 알함브라 칙령으로 스페인에서 쫓겨나게 되었고 이들 중 상당수는 포르투갈로 이주했다. 그런데 포르투갈에까지 스페인 종교재판의 마수가 뻗어오자 결국 포르투갈조차 떠난 유대인들은 새롭게 부상하는 상업의 중심지이자 상대적으로 종교적 문제에 관대했던 저지대국가로 옮겨갔다. 그중에서도 암스테르담에 앞서 무역의 중심지 역할을 하던 앤트워프에는 경제력과 기술력을 함께 갖춘 유대인들이 대거 거주하고 있었다. 그런데 펠리페 2세의 종교탄압이 시작되자 앤트워프도 더이상 유대인들에게 안전한 곳이 아니었다. 특히 1576년에 벌어진 스페인군의 앤트워프 약탈[151] 사건은 저지대국가의 남부지역이 더이상 안전한 곳이 아니라는 사실을 확인시켰다. 이들에게 남은 선택은 종교적 관용을 내건 네덜란드 북부 7개 주뿐이었다. 당연히 대규모 이주가 시작되었다. 유대인뿐 아니라 탄압을 두려워한 신교도들 역시 북부 네덜란드로의 이주대열에 합류했다.

결국 1560년대부터 1589년까지 스페인이 장악하고 있던 네덜란드 남부지역 인구는 급격히 감소한다. 앤트워프의 경우 8만 5천 명에서 4만 2천 명으로 줄어들었다. 공업 중심지였던 겐트와 브뤼주 또한 인구

---

151   1576년 대서양 무역의 중심으로 번영하고 있던 앤트워프에 스페인군이 난입하여 약탈한 사건. 당시 스페인 군은 장기간 봉급을 받지 못하고 불만에 쌓여 있었다. 하지만 펠리페 2세는 각지에서 벌어지는 전쟁으로 인해 엄청난 재정난을 겪고 있었고 군인들에게 제때 봉급을 지급할 수 없었다. 결국 자신의 힘으로 봉급을 확보해야겠다고 생각한 스페인 병사들은 부유한 도시 앤트워프를 습격했다.

| **앤트워프 약탈 사건** Rijksmuseum Amsterdam

가 절반으로 줄어든다. 반대로 네덜란드 북부의 암스테르담과 레이덴
혹은 하를렘의 인구는 폭발적으로 증가했다. 종교적 자유가 이민자들
을 네덜란드 북부로 이끈 것이다. 1570년부터 1670년 사이 자유의 땅
암스테르담의 인구는 3만 명에서 20만 명으로 늘어났다. 레이덴 인구
역시 1만 5천 명에서 7만 2천 명으로 증가한다.

네덜란드의 황금시대

전쟁은 어느 쪽도 결정적인 승리를 얻지 못한 채 지속되었지만 대체로 빌럼이 죽고 그의 아들인 마우리츠가 네덜란드 대원수로 등장한 1587년 이후로 네덜란드는 사실상의 독립을 획득하게 된다. 마우리츠는 아버지보다 뛰어난 군사적 능력을 보여주면서 현재 네덜란드의 국경선 밖으로 스페인군을 축출하는데 성공한다. 물론 1648년 베스트팔렌 조약이 체결될 때까지 형식적으로는 전쟁이 계속되지만 마우리츠에 의한 일련의 군사작전이 성공한 이후 사실상 네덜란드는 독립국이었다.

네덜란드의 독립에 따라 종교적 관용이 불관용에 승리를 거두었고 네덜란드는 자유의 땅으로 재탄생했다. 독립으로 안전이 보장되자 종교적 망명객들의 이주는 더욱 촉진되었다. 1650년의 한 통계에 의하면 암스테르담에 거주하는 사람 가운데 3분의 1이 외국계 혈통이거나 그의 후손이었다.

"앤트워프Antwerp와 겐트Ghent, 브뤼셀Brussels 같은 지금의 벨기에 지역

사람들이 네덜란드로 왔습니다. 그리고 프랑스에서는 위그노^{huguenot} 신자들이 왔습니다. 프랑스 종교 전쟁에서 박해받던 위그노 신교도들은 네덜란드에서 종교적 자유가 가능하다고 생각했습니다. 또한 메노나이트^{Mennonite} 같은 독일 종파와 다양한 사람들이 독일에서 네덜란드로 이주했습니다. 신교를 허용하지 않는 독일 여러 지역에 있던 칼뱅주의자들이 모였습니다. 다양한 사람들의 무리가 있었습니다. 그리고 스페인과 포르투갈에서 유대인이 대거 이주했습니다. 1492년 국토회복운동^{reconquista} 이후 불법으로 살던 이들이 네덜란드의 암스테르담 같은 곳에 옮겨왔습니다. 암스테르담은 16~17세기에 유대교의 중심지가 되었습니다. 유대인이 이주했고 다양한 종파가 모여들었습니다. 심지어 신교 국가에서 종교적 소수인 급진적 신교도들도 찾아왔습니다. 예를 들면 독일 뮌스터^{Münster}에서 쫓겨난 재세례파가^{anabaptist} 이주했습니다. 이들은 루터교 원칙에서 받아들일 수 없는 급진적 신교도였습니다. 이들은 종교적 자유가 허용되는 곳이기에 네덜란드로 이주했습니다.

그런데 이주할 수 있었던 사람 대부분이 상인이거나 특별한 기술을 가진 장인^{artisan}이었습니다. 이에 관한 주목할 만한 이야기가 있습니다. 일례로 네덜란드에 매우 정교한 양모 제조산업이 있었습니다. 네덜란드에는 양이 많지 않기 때문에 영문을 모를 일입니다. 양모를 수입해야만 했습니다. 예전에 양을 기르고 양모를 생산한 경험이 있는 사람들이 전 유럽에서 모였기 때문입니다. 양모 산업은 네덜란드 발전의 중심으로 성장합니다. 기술을 가진 이들이 모여들었기 때문에 네덜란드는 매우 탄탄한 제조업 분야를 갖게 됩니다."¹⁵²

---

152 스티븐 핀쿠스(예일대학교 역사학과 교수) 인터뷰 중에서

각국에서 몰려온 이민자 혹은 이단자들을 빠르게 포용하면서 17세기 네덜란드의 황금시대가 열린다. 단지 종교적 자유를 보장하는 것만으로 네덜란드는 세계 최고의 경쟁력을 손에 쥘 수 있었던 것이다.

네덜란드의 번영은 우선 바다에서 시작되었다. 조선업과 해운업이 먼저 네덜란드의 번영을 이끌기 시작했다. 엄청난 경쟁력을 바탕으로 유럽 해운시장을 사실상 독점하다시피 했기 때문에 17세기 네덜란드인들은 '바다의 마부'라는 별칭을 얻었다. 네덜란드인들은 이주민들과 함께 새로 유입된 선박건조기술을 활용해 당시로서는 파격적인 범선을 만들어 냈다. 경제적이고, 속도가 빠른 '플류트선'이다.

"플류트선은 네덜란드에서 개발되었습니다. 외형상 혁신적인 형태로 보이지는 않지만, 항해하는데 많은 인원이 필요하지 않다는데 강점이 있습니다. 상당히 큰배도 항해에 필요한 인원은 약 20명 정도입니다. 따라서 선원 임금을 지불을 하는데 큰 비용이 들지 않았지요. 많은 선원이 필요하지 않았습니다. 그리고 플류트선 내부에는 많은 양의 화물을 적재할 수 있습니다. 플류트선의 가장 큰 특징은 다른 선박들이 보통 사각형태를 띠었던 것과는 달리 좀 더 둥근 형태를 가졌다는데 있습니다. 둥근 형태는 배의 내부가 좀 더 넓고, 배의 위쪽인 갑판은 더 좁다는 것을 의미합니다. 이 형태가 장점으로 작용하는 이유는, 유럽의 특정지역에서는 항해를 할 때(갑판의 크기에 비례해서) 배에

| 플류트선

세금을 부과했기 때문입니다. 갑판이 넓을수록 더 많은 비용이 부과되었습니다. 따라서 다른 종류의 선박을 타고 발트해를 항해하는 경우에는 비용이 더 들었습니다. 플류트선에는 교통수단으로 봐도, 필요 선원의 수를 보더라도, 그리고 세금 측면에서도 저렴한 비용이 수반되었습니다."[153]

플류트선은 여기에 더해 건조비까지 쌌다. 최신기술을 활용한 덕분에 경쟁국에 비해 적은 비용으로 선박을 만들 수 있었기 때문이다. 가장 강력한 해운업 경쟁국이었던 영국에서 동일한 크기의 소형 쾌속선을 제작할 때 1,300파운드가 든다면 네덜란드에서는 800파운드면 만들 수 있었다. 좀 더 대형의 배들이라면 그 차이는 1,400파운드에서 2,400파운드까지 벌어졌다.

이런 여러 장점 때문에 네덜란드의 화물운송비는 경쟁국들의 1/3에 불과했다. 당연히 경쟁국들은 네덜란드와 상대가 될 수 없었다. 네덜란드는 세계 해운업을 평정했다. 17세기 유럽의 선박 톤수에 대한 정확한 통계는 없지만 영국의 통계학자 윌리엄 페티의 추산에 의하면 유럽선박의 총 톤수가 200만 톤 정도였을 때 네덜란드 선박의 톤수가 약 90만 톤 정도였다. 2위였던 영국의 톤수가 50만 톤을 넘지 못했으므로 네덜란드는 그야말로 압도적인 우위를 자랑했던 셈이다.

"1650년 유럽의 한 곳에서 다른 곳으로 물건을 옮기고자 할 때는 항상 네덜란드 배가 물건을 운송했습니다. 네덜란드 배는 싸고 성능이 좋았

153 로날드 발더(암스테르담 해양박물관 연구원) 인터뷰 중에서

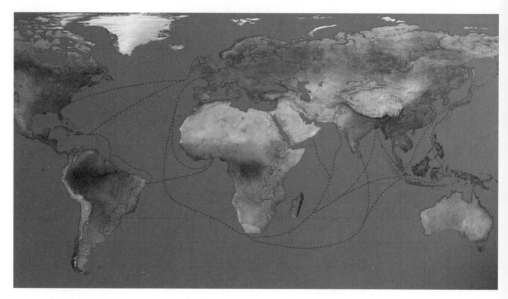

| 네덜란드의 무역로

습니다. 해운업에서 압도적으로 우세했습니다. 이는 생산이 아닌 한 곳에서 다른 곳으로 옮기는 단순한 운송입니다. 17세기에 거의 네덜란드가 독점했습니다. 단순히 물건을 옮겨주면서 엄청난 이윤을 거뒀습니다. 스페인이 경제적으로 네덜란드를 이기기 아주 어려워졌습니다. 모두 물건을 옮길 때 네덜란드 배를 쓰고자 했기 때문이죠. 스페인이 계속 네덜란드를 시장에 받아들이지 않더라도 모두가 네덜란드에 경제적인 요청을 했고 여기서 수익이 발생했습니다. 네덜란드는 계속 독립전쟁을 이어갈 수 있었죠."[154]

무역 강국 네덜란드는 이민자들과 함께 새로 유입된 첨단 기술 덕분에 산업생산에서도 선도적인 위치를 지킬 수 있었다. 특히 설탕 산업이

154   스티븐 핀쿠스(예일대학교 역사학과 교수) 인터뷰 중에서

나 다이아몬드 산업의 경우를 살펴보면 당시 네덜란드가 가진 경쟁력의 비밀을 알 수 있다. 애초에 설탕 산업의 중심지는 저지대국가 남부의 앤트워프였다. 하지만 16세기 후반 종교적 자유를 찾아 이동하는 많은 인력들과 함께 설탕 산업 자체도 암스테르담으로 넘어왔다. 대부분 신교도였던 이 기술자들의 이동으로 인해 암스테르담은 앤트워프를 대신해 브라질, 카나리아제도 등지에서 온 원당의 집산지가 되었다. 설탕 산업의 발달로 당시 기준으로는 엄청난 사치품이었던 설탕이 네덜란드에서는 중산층도 일상적으로 사용하는 대중적인 기호품이 될 정도였다고 한다.

다이아몬드 산업도 설탕과 동일한 경로로 네덜란드에 정착했다. 지금은 다이아몬드 하면 남아프리카 공화국이 연상되지만 17~18세기에는 아직 남아프리카에서 다이아몬드가 발견되지 않았다. 그때까지 전 세계의 모든 다이아몬드는 오직 인도에서만 채굴되었다. 그리고 그 원석을 가져다가 찬란한 빛을 뿜는 보석으로 가공하는 것은 유대인들이었다. 왜 유대인이 다이아몬드 산업에 종사하게 되었는가는 역사적 연원을 약간 살펴볼 필요가 있다. 중세 유대인들은 종사할 수 있는 직업이 매우 제한되어 있었다. 그중에서도 대부업에 많은 유대인들이 종사하고 있었는데 경제 감각이 탁월한 유대인들의 성정에도 잘 맞는 직업이었을 것이다. 그런데 대부업에 종사하다보면 당연히 담보물로 나오는 보석류를 다루는 기술에도 관심을 가질 수밖에 없다. 따라서 유대인들은 다이아몬드를 세공하고 판매하는 기술도 가지게 되었다. 이것이 유대인 집단 거주지역이 동시에 다이아몬드 산업의 중심지가 된 이유이다. 당연히 알함브라 칙령 이전에는 스페인이었고 이후에는 포르투갈의 리스본이나 앤트워프였다. 하지만 곧 스페인 종교재판소가 이들을 쫓아왔다. 1540년 리스본에도 종교재판소가 생겼다. 1550년대에는 앤트워프에서도 유대인 추방이 시작되었다. 유대인들은 오직 네덜란드에서만 종교의 자유와 삶의 터전을 함께 구할 수 있었다. 결국 17세기가 되면 암스테르담은 유럽 다이아몬드 산업의 새로운 중심지가 된다.

"세계 최초 다이아몬드는 지금으로부터 약 3,000년 전인 기원전 1800년경 인도에서 발견되었습니다. 그 후 오랜 기간 다이아몬드는 인도에서만 발견되었습니다. 두 번째 다이아몬드는 1725년에 이르러서야 브라질에서 발견됩니다. 그리고 19세기 말이 되어서야 아프리카가 다이아몬드 사업에 동참하게 되었습니다. 암스테르담의 다이아몬드 역사는 1586년으로 거슬러 올라가는데, 결혼증명서에 처음으로 다이아몬드 세공이라는 직업이 기록되면서 시작되었습니다. 이후 유대인들이 스페인 점령지역에서 암스테르담으로 이주하면서 암스테르담의 다이아몬드 거래가 활발해졌습니다. 이들은 제빵사나 목수와 같은 일반적인 직업을 가질 수 없었습니다. 이들이 택할 수 있는 직업 중 하나는 다이아몬드 세공이었지요. 당시 앤트워프와는 달리 암스테르담에는 종교적 자유가 있었습니다. 그게 (유대인들이 이주한) 주요 이유였지요."[155]

유대인들과 함께 다이아몬드 산업이 넘어왔으니 당연히 그들의 주업이었던 금융업도 암스테르담으로 넘어왔다. 그리고 유대인의 선진적인 금융기법이 들어오면서 현대 자본주의 금융시스템의 기본골격이 네

---

155   로버트 타마라(암스테르담 다이아몬드 박물관장) 인터뷰 중에서

덜란드에서 만들어지게 된다.

원래 네덜란드의 상인들은 개별적으로 모험적인 아시아무역에 종사하고 있었다. 하지만 성공만 하면 막대한 이윤을 보장하던 아시아 무역은 기본적으로 위험부담이 너무 높았다. 성공하면 대박이지만 중간에 폭풍이라도 만나면 말 그대로 쪽박이 날 수 밖에 없는 구조를 가지고 있기 때문이다. 더구나 진취적인 네덜란드 상인들이 너도 나도 아시아 무역에 나섬에 따

| **올덴바르네벨트** by Michiel Jansz van Mierevelt

라 과도한 경쟁이 시작되었고 이윤의 감소가 눈에 띄게 늘어났다. 결국 네덜란드 의회는 당시 의장이었던 올덴바르네벨트[156] 주도하에 여러 무역회사들을 하나의 거대한 회사로 합병하는 작업을 추진했다. 정부 주도하에 일종의 구조조정을 한 셈인데 이렇게 탄생한 회사가 바로 '동인도회사VOC, Vereenigde Oost Indische Compagnie'다. 직역하면 '하나로 통합된 동인도회사' 정도의 의미를 가진다. 문제는 자금이었다. 막대한 비용이 드는 데다 위험부담까지 높았던 아시아무역을 위한 자금을 모으는 일은 독립한지 얼마 되지 않은 네덜란드로서는 결코 쉬운 일이 아니었다. 그때 사업에 참여했던 유대인들이 '주식회사'라는 새로운 아

---

156 Johan von Oldenbarnevelt(1547~1619) 네덜란드 독립운동의 지도자이자 독립이후 네덜란드 의회를 이끈 정치가. 독립 네덜란드를 구성한 7개 주 중 가장 강력한 홀란드 주의 대표였으며 정치적으로 종교적 관용을 추구했다.

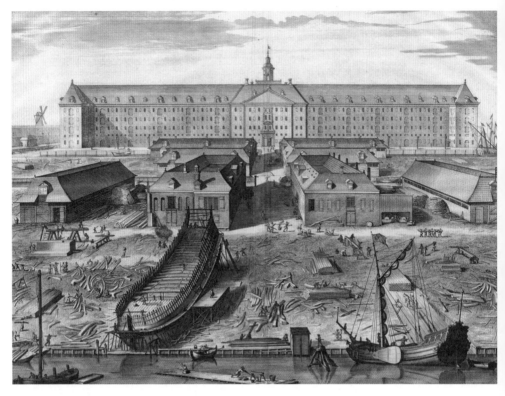

| **동인도회사** 1726 engraving by Joseph Mulder.

이디어를 제시했다. 이들의 제안에 따라 동인도회사 설립에 필요한 자금은 해상무역에 종사하던 81명의 선주들이 공동 출자하는 형태로 마련했다. 이렇게 모인 설립자금이 황금 64톤이었다. 엄청난 돈이었다. 풍부한 자금을 바탕으로 동인도회사는 스페인, 영국 등과의 경쟁에서 앞서나가기 시작한다.

그런데 재미있는 점은 동인도회사에 출자한 81인의 선주 중 반수 이상이 스페인에서 추방당한 유대인 가문 출신이었다는 것이다. 또 최고 의결 기관이었던 17인 주주 위원회의 구성원을 살펴보면 그 중 8명이 암스테르담에 거주하고 있던 유대인이었다. 결국 네덜란드의 동방무역을 위한 자금은 스페인에서 나온 셈이다.

"네덜란드 동인도회사는 최초의 근대 기업입니다. 근대 기업이라 함은 시장에서 거래되는 주식이 있고, 회사에는 자본투자가 이뤄졌으며, 투자금이 회수되어 전부 주주들에게 배당되지 않았다는 것을 의미합니다. 영구적으로 존속하는 기업으로, 초기의 설립 목적과는 달리 단기간 동안만 동업자들에 의해 운영되는 기업이 아니었습니다. 네덜란드 동인도회사는 1602년 설립되면서 10년 운영을 목표로 하였습니다. 그리고 기간이 만료되면 벌어들인 수익을 주주들에게 배당하고 해체하는 것이 초기 목적이었습니다. 하지만 동인도회사는 아시아 진출을 통해 확장되면서 10년이 지난 시점에 수익이 전혀 없었습니다. 그들이 10년 후 수익을 낼 수 없었던 이유는 아시아에 진출하는데 있어 선박 등에 어마어마한 투자를 해야 했기 때문입니다. 또한 네덜란드 동인도회사는 이미 선점해 있는 포르투갈을 몰아내고, 요새와 공장을 장악해야 했고 또한 기반시설을 설치해야 했습니다. 따라서 배당금을 마련할 수 없었고 그러한 이유로 회사 운영기간은 다시 10년 연장되었습니다. 하지만 여전히 많은 금액의 투자금이 필요했고, 심지어 1621년과 1622년에는 배당금을 현금 대신 후추 등 향신료의 형태로 제공해야만 했습니다. 물론 현금으로 배당을 받지 못한 주주들은 이에 대해 만족하지 못하였습니다. 이후 동인도회사는 투자금의 전액을 돌려받지 못하는 형태로 전향되었습니다. 대신 투자증권의 거래가 가능하고 큰 시세차액을 노릴 수 있는 형태로 바뀌었습니다. 바로 주식회사입니다."[157]

---

157 벤 카플란(런던대학교 네덜란드사 교수) 인터뷰 중에서

동인도회사는 세계최초의 주식회사였던 것이다. 근대 자본주의 의 꽃이라 불리는 주식회사는 이렇게 네덜란드에서 시작되었다. 주식회사 라는 시스템이 도입되자 당연히 주식거래를 위한 시장도 만들어졌다. 그리고 이전에는 불가능했던 소규모 투자도 주식시장에서는 가능했기 때문에 네덜란드의 주식회사들은 더 많은 자본을 효율적으로 동원할 수 있었다. 예를 들어 주식회사가 등장하기 이전에는 배 한척에 당연 히 한 명의 선주가 있었지만 주식회사가 출범하자 지분을 나누는 것이 가능해져서 선박 한 척을 256분의 1로 나눈 지분도 거래가 가능했다.

1608년에는 세계최초의 증권거래소가 암스테르담에 등장한다. 주 식보유자들은 언제든지 이곳에서 자신의 주식을 현금으로 교환할 수 있게 되었다. 17세기에 이미 1,000명 이상의 펀드 매니저가 이곳에서 활동하고 있었고 선물거래나 옵션거래 같은 첨단 금융기법들까지 등장 했다. 특히 스페인과 앤트워프 등지에서 이주한 유대인들은 이런 선물 거래나 옵션거래에서 뛰어난 재능을 발휘했다.

"동인도회사를 설립할 때 10년간 상인들의 돈을 투자한다는 것은 새 로운 발상이었습니다. 그전까지 이런 일은 없었습니다. 항상 1년이나 2~3년 정도였죠. 투자자들에게 확신을 주기 위해 원치 않을 때 자신의 지분share, 주식을 팔 수 있게 했습니다. 1602년 지분을 거래할 수 있는 규정을 만들었습니다. 상인들은 즉시 이해했습니다. 어떤 이들은 전 망이 밝다고 여겼고 전망이 좋지 않다고 생각하는 이들도 있었습니다. 그래서 사람들의 거래가 시작되었습니다. 수익성이 있다고 생각하는 사람도 있고 그 반대로 예상한 사람들도 있었기 때문입니다. 이렇게 거래가 성립되었습니다. 아시아에서 전쟁이 일어나자 확신을 잃어버린 상인들이 있었습니다. 그래서 지분을 팔기 시작합니다. 미래를 예상하는 투기가 시작됩니다. 요즘에는 파생상품derivatives이라고 하죠. 가격 하락이나 상승을 예상하고 거래합니다. 서로 다른 예상치 때문에 동인도회사가 설립된 지 10년 후 파생상품 시장이 번창합니다."[158]

이 정도로 선진적인 금융시장이 마련되면 당연한 일이지만 전 유럽의 자금이 암스테르담으로 몰려들었다. 엄청난 자금이 몰려드는 만큼 돈을 빌려주는 가격이라고 할 수 있는 이자율은 떨어질 수밖에 없다. 당시 암스테르담의 이자율은 3% 수준이었다. 그냥 3%라고 하면 요즘 선진국들의 이자율과 비슷하니까 뭐 그런가 보다 싶을지 모르지만 17세기 기준으로는 정말 말도 안되는 이자율이었다. 왜냐하면 당시 유럽에서 가장 부자이자 최강의 군주였던 펠리페 2세가 이탈리아의 금융업자에게 대출받을 때 적용받던 금리가 40%였기 때문이다.

158 오스카 겔더블룸(위트레흐트 대학 경제사 교수) 인터뷰 중에서

펠리페 2세의 파산

펠리페 2세 이야기가 나온 만큼 이제 스페인의 상황으로 돌아가볼 때가 된 것 같다. 유대인과 이슬람교도들, 그리고 신교도들을 자신의 제국에서 추방함으로써 스페인은 과연 무엇을 얻었을까? 자신들이 그토록 원하던 '순수한 혈통'의 제국을 얻은 것만은 우선 확실하다.

"분명 스페인은 불관용의 면에서 성공적이었습니다. 1492년 유대인을 추방했습니다. 1520년까지 무슬림을 강제로 개종시켰습니다. 17세기인 1610년 무슬림 혈통을 가진 기독교인이라 말하는 모든 사람을 추방했습니다. 인종주의의 기원인 혈통의 순수성을 볼 수 있습니다. 예를 들어 16~17세기에는 대학 교수나 정부 관료가 되기 위해서는 혈통의 순수성Limpieza de Sangre, 피의 순수성을 증명해야만 했습니다. 가장 독실한 기독교인이 될 수는 있지만 만약 할아버지가 유대인이라면 당연히 의심을 받았습니다."[159]

---

159 폴 프리드먼(예일대학교 역사학과 교수) 인터뷰 중에서

하지만 이 미심쩍기만 한 '순수한 혈통'의 댓가는 가혹했다. 무엇보다 유대인들과 무슬림들이 빠져나간 자리는 산업의 공동화라는 댓가로 돌아왔다. 바르셀로나는 유대인 추방령 이후 유대인들의 주무대였던 금융기관들의 대규모 파산을 겪어야 했다. 또 전성기에 300개를 헤아렸던 바르셀로나의 면직물 공장도 16세기가 되면 10개 남짓만이 남아있었다. 바르셀로나를 포함해서 유대인 인구가 많았던 옛 아라곤 왕국의 피해는 말 그대로 참혹했다. 금융업과 상업이 몰락하다시피 한 것이다. 빠져나간 유대인들 뿐 아니라 개종하고 스페인에 남아있던 유대인들도 종교재판을 피하기 위해 유대인 티를 안내려고 노력했기 때문에 그들이 재능을 발휘하던 금융업이나 상업을 기피했고 따라서 한번 붕괴하기 시작한 금융업과 상업은 적당한 인재를 찾지 못한 채 몰락을 거듭할 뿐이었다. 금융업과 상업이 붕괴했기 때문에 신대륙으로부터 들어오는 막대한 부도 운용할 사람이 없는 상태에 빠졌다. 1492년 이전에 스페인 왕실의 재산을 관리해 주던 사람들은 대부분 왕실과 밀접한 관련을 맺고 있던 유대인이었기 때문이다. 결국 스페인 왕실은 신대륙으로부터 들어오는 황금을 담보로 외국의 금융업자들에게 돈을 빌려야 하는 처지에 빠졌다. 아라곤 지역의 유대인을 대신해서 제노바와 독일의 금융업자들이 스페인 왕실에 자금을 빌려주고 높은 금리의 이자를 받기 시작했다. 앞에서 말한 40%의 이자다.

이렇게 높은 이자를 치러야 했는데도 불구하고 스페인 왕실은 제국을 유지하기 위해 유럽 전역에서 전쟁에 휩싸렸다. 독일에선 신교도 제후들과 전쟁을 벌였고, 네덜란드에서는 독립군과 전쟁을 했으며, 지중해에서는 오스만 제국을 상대했고, 대서양에서는 영국을 무찌르기 위해 무적함대를 만들었다. 전쟁과 높은 이자의 악순환은 결국 펠리페 2세를 파산으로 내몰았다. 1557년의 첫 번째 파산을 시작으로 1560년, 1575년, 1596년에도 연속적으로 파산을 선언해야 했다. 신대륙으로부터 유럽 전체의 금보다 더 많은 금이 스페인 왕실로 들어와도 그 대부분은 금고로 들어가기도 전에 이자로 지불되었다. 결국 암스테르담이 세계 금융의 중심지로 번영하고 있던 그 순간에 펠리페 2세와 그의 제국은 착실하게 몰락의 길을 걸어가고 있었던 셈이다.

스페인의 몰락이 확실해져 가던 펠리페 2세의 통치 말기에 대신 디에고 드 시스네로스는 펠리페 2세에게 다음과 같이 탄식했다. "네덜란드의 반란군들은 머리를 치켜든 채 힘을 키우고 있고, 유대인들은 전쟁, 정복, 그리고 협상 등에서 그들을 지원하고, 폐하의 영토 안에서 반란군들의 첩자 노릇을 하며 스페인과 포르투갈로부터 부의 정수를 뽑아내고 있습니다."

하지만 스페인은 16세기의 패배로부터 아무것도 배우지 못했다.

"중세시대 유대인들이 담당했던 역할 중 하나는 돈의 관리였습니다. 유대인들은 세금을 징수하고 대부업과 군수품을 제공하는 데 특출한 능력을 보였습니다. 유대인들이 떠나고, 대제국이 된 스페인은 당시 필요했던 돈을 모으고, 대출 받고, 지출을 관리하는데 큰 어려움을 겪었습니다. 아메리카 대륙에서 유입된 다량의 은이 낭비되었습니다. 능력있는 사람들의 부재가 이것의 부분적인 원인이었습니다. 스페인의 재정난은 굉장히 흥미로운 주제인데, 스페인의 상황은 17세기 초 펠리페 3세와 펠리페 4세가 통치하던 시기에 더욱 심각해집니다. 네덜란드에서 독립군을 진압하기 위한 전쟁을 포함하여 유럽 내에서 강한 군사력을 유지하기에 재정적으로 큰 어려움을 겪게 되지요. 펠리페 2세는 무적함대를 만들었고, 아메리카 대륙에서의 스페인의 영향력을 유지시키는 것 또한 절대 쉬운 일이 아니었습니다.

1620년대 아주 흥미로운 일이 있었는데, 스페인 총리와 동급 지위를 가졌다고 할 수 있는 올리바레스 백작[160]이 재정난 해소를 위해 추방된 유대인들의 스페인 입국과 거주가 허용되어야 한다는 주장을 한 것입니다. 또한 흥미로웠던 점은 당시 스페인의 재무부가 빚 때문에 이탈리아 제노바나 피렌체의 자본가들로부터 더 이상 대출을 받을 수 없었다는 것입니다. 그래서 스페인은 돈을 구하기 위해 포르투갈을 찾습니다. 포르투갈에서 새로운 그리스도교라고 불리던 사람들을 찾아가지요. 이들은 개종한 유대인들의 자손으로 일부는 비밀리에 유대교를 따랐으나 대부분은 그리스도교도였습니다. 스페인은 이들로부터 돈을 조달했습니다. 이들 중 일부는 매우 부유했고, 어마어마한 양의 돈을 이용해 스페인의 재정난 해소에 도움을 주었습니다. 물론 당시 기록을 보면 그로 인한 압박이 있었다는 사실을 발견할 수 있습니다. 올리바레스 백작은 이들에겐 좀 더 관대한 대우를 해주고 종교재판소가 이들에게 간섭할 수 없도록 해주자고 주장했지요. 하지만 이런 노력이 성공하지는 못하였습니다. 스페인 정부에게 이 어마어마한 양의 돈이 필요하다는 사실을 억누를 정도로 종교재판소의 힘이 커졌기 때문입니다. 결국 스페인은 파산하게 되었습니다."[161]

160　Duque de Olivares(1587~1645) 펠리페 4세 시절인 1623년부터 20년간 스페인의 총리 역할을 맡았다. 왕의 지원을 바탕으로 강력한 중앙집권정책을 추진했지만 결국 반란에 직면하고 실각했다.
161　마이클 알퍼트(웨스트민스터대학교 역사학과 교수) 인터뷰 중에서

유대인과 이슬람교도에게 물들지 않은 '순수한 혈통'에 집착하던 스페인은 미심쩍기만 한 '순수한 혈통'을 얻은 대신에 제국을 잃어야만 했다. 스페인이 다시 외국의 이민자들을 받아들이고 경제적 활력을 회복하기 위해서는 18세기말 카를로스 3세의 등장을 기다려야만 했다.

관용의 제국

예일 대학교 교수이자 네덜란드사의 권위자인 스티븐 핀쿠스 교수
는 17세기 네덜란드를 다음과 같이 설명한다.

"두 가지 방법을 통해 초강대국의 지위를 얻을 수 있습니다. 한 가지는
순수한 군사적 지위입니다. 몽골의 칭기즈칸은 순수한 군사적 이유로
초강대국이었습니다. 군사적 패권military hegemony을 통해 초강대국의
지위를 노리는 경우입니다. 초강대국이 되는 다른 방법도 있습니다.
경제적 패권economic hegemony입니다. 다시 말해 가장 강력하고 활발한
경제를 뜻합니다. 17~18세기에 강력한 군사력을 갖고 있긴 했지만 네
덜란드는 절대적으로 우세하지는 않았습니다. 16세기부터 18세기까
지 항상 프랑스가 더 군사적으로 강력했습니다. 스페인이나 오토만 제
국이 더 군사적으로 강력했다고 주장하는 이들도 있습니다.

최고의 역동적인 경제dynamic economies는 네덜란드를 매우 강력하게
만들었습니다. 돈을 벌고 싶거나 많은 물건을 구하는 사람들은 네덜란
드에 와야 했습니다. 이는 곧 네덜란드가 원하는 것을 듣지 않을 수 없

었다는 뜻입니다. 아마 네덜란드는 최초의 경제적 초강대국 사례일 겁니다. 경제력으로 초강대국의 지위가 결정되었습니다. 물론 이 경제 범위가 세계적입니다. 네덜란드는 인구밀도는 높지만 지리적으로 매우 작은 나라입니다. 17세기 중반 카리브해 브라질과 인도네시아 자카르타가 네덜란드의 경제 기반이었습니다. 일본에 무역 근거지를 만들고 일본과 거래했습니다. 물론 영국령 북아메리카에도 중요한 기반이 있었습니다. 뉴욕은 초창기에 뉴암스테르담이라는 네덜란드 도시였습니다. 경제를 통해 이런 일을 했습니다.

어떻게 경제적으로 강력해질 수 있었을까 하는 의문이 생깁니다. 지리적 이점 때문이 아닙니다. 종교적 관용 때문입니다. 사람들은 쉽게 네덜란드로 이주했습니다. 다양한 문화와 다양한 경제적 기량skill을 가진 여러 사람이 모여 네덜란드가 경제적 초강대국이 되게 만들었습니다. 원자재가 없는데도 제조업의 중심지가 되었습니다. 유럽에서 제일가는 항구가 없는 데도 운송업의 중심지가 되었습니다. 일종의 다문화주의 multiculturalism입니다. 대단한 기술을 가진 사람들이 함께 모인 다문화주의가 17세기 네덜란드가 진정한 초강대국이 되게 만들었습니다. 다음 세대의 유명한 사상가가 이 교훈을 받아들입니다. 일례로 위대한 영국 사상가 존 로크John Locke는 이민에 관한 조약을 작성했습니다. 종교에 상관없이 영국에 오려는 모든 이들을 받아들여야 한다고 주장했습니다. 이들이 모든 기술을 가지고 오기 때문입니다. 어떻게 아냐구요? 네덜란드가 강력해진 이유이기 때문입니다. 네덜란드는 모델이 되었습니다."162

이렇게 역사상 최초로 경제적 헤게모니를 이용해 초강대국의 지위

---

162   스티븐 핀쿠스(예일대학교 역사학과 교수) 인터뷰 중에서

에 오른 네덜란드의 번영은 단지 경제적 번영에 머물지 않았다. 17세기 황금시대가 개화하면서 암스테르담은 금융과 상업뿐 아니라 문화와 예술의 중심지가 되었다. 말하자면 지금의 뉴욕과 같은 도시가 된 것이다. 하긴 뉴욕의 원래 이름은 뉴암스테르담이었다. 위대한 예술가와 철학자들이 암스테르담으로 몰려들었다. 물론 경제적 기회를 잡기 위해 몰려든 것은 아니었다. 암스테르담이 당시 세계에서 가장 자유로운 땅이었기에 암스테르담으로 몰려든 것이었다. 네덜란드의 종교적 관용은 사상적 관용으로까지 나아간 것이다.

당시 암스테르담에서 사상의 자유를 만끽하며 저술활동을 하던 철학자들 중 대표적인 사람이 "나는 생각한다. 고로 존재한다"라는 명제로 유명한 근대 철학의 아버지 데카르트다. 그는
원래 프랑스 사람이었지만 30년 넘게 암스테르담에서 자유롭게 그의 사상을 꽃피웠다. 그가 프랑스에서 암스테르담으로 온 이유는 그의 사상이 당시 기준으로 볼 때 매우 불온한 것이었기 때문이다. 엄격했던 프랑스 사회에서 가톨릭 진영에서는 그를 칼뱅주의자라고 여겼고 칼뱅주의자들은 그를 무신론자라고 여겼다. 사상 탄압을 피해 그가 머무를 수 있는 유일한 곳이 바로 네덜란드였다.

| **데카르트** 프랑스의 철학자, 수학자, 물리학자, 생리학자. '근대철학의 아버지'라 불리우며, 합리주의 철학의 길을 열었다.

"데카르트는 프랑스 출신의 철학자이자 학자였습니다. 데카르트가 네 덜란드로 온 이유는 네덜란드에서 모든 일이 가능했기 때문입니다. 우 선 그는 네덜란드에서 지적 교류를 나눌 수 있는 동료들을 만났습니 다. 그리고 네덜란드에서 사상과 출판의 자유를 얻었지요. 데카르트 와 같은 인물들은 네덜란드를 찾아 정착하고, 책을 낼 수 있었지요. 영 국이나 스웨덴, 독일 학자들 역시 자유로운 환경을 찾아 네덜란드로 왔습니다. 당시의 네덜란드는 예를 들면 오늘날의 런던과 유사한 환경 을 제공했습니다."[163]

또 다른 근대철학의 아버지 스피노자의 경우는 더 흥미롭다. 유대인 이었던 스피노자 가문의 역사는 네덜란드와 스페인의 역사와 밀접한 연관을 맺고 있기 때문이다. 이 정도 이야기하면 눈치 빠른 독자들은 이 미 알아챘겠지만 스피노자 가문의 원래 고향은 이베리아 반도였다. 스 피노자의 할아버지와 아버지는 전형적인 세르파딤 유대인[164]으로 포 르투갈의 리스본에서 살고 있었다. 하지만 펠리페 2세의 박해를 피해 네덜란드로 이주했고 이곳에서 스피노자가 태어난 것이다. 유대인 박 해가 없었다면 근대철학의 아버지 스피노자는 네덜란드 사람이 아니라 스페인이나 포르투갈 사람이었을 것이다. 아니 네덜란드가 아니었다면 투철한 비판정신으로 무장한 스피노자는 아마 화형대에서 생을 마감했 을 것이다. 생각의 옳고 그름을 떠나서 모든 인간이 원하는 대로 생각 하고, 생각한 것을 표현할 자유가 조건 없이 주어져야 한다는 것이 스 피노자의 주장이었는데 이런 사고방식을 받아들일 수 있는 나라는 당

163 케스 잔트블리트(암스테르담 박물관 큐레이터) 인터뷰 중에서
164 스페인과 포르투갈 출신 유대인

시로서는 오직 네덜란드뿐이었기 때문이다. 역
으로 스피노자에게 이단적이고 급진적인 사
상을 키워준 장본인도 어쩌면 암스테르담
그 자체였을지도 모른다.

때문에 스피노자는 자신에게 사상적
자유를 허용해준 암스테르담을 사랑했
다. 그는 "이 번영의 나라에는 귀족이 없
으며, 어떠한 계급과 종교를 가지고 있더
라도 함께 공존하면서 살아간다"라고 네덜
란드를 찬양했다.

| **스피노자** 네덜란드의 철학자

"네덜란드에서는 글을 쓰고 강연을 할 기회가 있었습니다. 다른 나라
에서는 그럴 수 없었습니다. 황금시대에는 스피노자 외에 다른 철학
자들도 네덜란드에서 활동했기 때문이죠. 작품을 출간하기 위해서였
죠. 이곳에서는 용인되었거든요. 데카르트^{René Descartes}가 가장 유명한
인물입니다. 좋은 풍토가 형성되어 있었습니다. 이곳은 더 급진적이
고 사상이 자유로웠습니다. 자유로운 사상가들의 모임이 있었습니다.
(당시로서는) 논란이 될 만한 아이디어가 많았죠. 스피노자는 황금시대
네덜란드에서 이야기를 나눌 지인들이 있었습니다. 그리고 이들과 어
울렸습니다."[165]

네덜란드의 자유는 미술에서도 거장을 탄생시켰다. 빛의 화가라 불
리는 렘브란트가 바로 그 사람이다. 종교분쟁에 휩싸여 사상과 행동을

---

[165] 다비드 베르트하임(므나쎄 벤 이스라엘 연구소 대표) 인터뷰 중에서

제약했던 다른 나라와 달리 네덜란드에서는 그림을 그리는데 아무런 제약이 없었다. 이러한 자유로움 때문에 화가들은 상상력과 재능을 마음껏 발휘할 수 있었다.

"당시 암스테르담은 최고의 도시였습니다. 전 세계의 선박이 정박했습니다. 동양 물건과 향신료, 다양한 사람들이 모였습니다. 렘브란트는 항상 이를 관찰하고 그림을 그렸습니다. 그의 작품에 극적인 사건과 표현을 덧붙였습니다. 이런 식으로 당시의 환경이 그에게 영향을 줬습니다. 일례로 (렘브란트의 집이었던) 이곳은 유대인 지역입니다. 전 세계 유대인이 암스테르담에 모여들었습니다. 종교의 자유가 있었기 때문이죠. 그래서 암스테르담에서는 다양한 사람들과 교류할 수 있었습니다. 이런 점이 렘브란트에게 영감을 주었다고 생각합니다. 사람들을 묘사하는 게 그의 재능이었으니까요. 서로 어울리며 감정을 표현하

| 렘브란트의 바닝 코크 대장의 민병대(야간순찰)

는 모습을 특별한 방식으로 그려냈습니다."[166]

여기 현대 네덜란드의 헌법 1조가 있다.

"네덜란드의 모든 국민은 평등한 환경에서 평등한 대우를 받아야 한다. 종교, 신념, 정치적 의견, 인종 또는 성별 등의 어떠한 배경에 바탕을 둔 차별도 금지되어야 한다."

헌법 1조는 그 나라 헌법이 지향하는 가장 중요한 가치를 드러낸다. 그런 점에서 네덜란드 헌법은 실로 독특한 1조를 가지고 있는 셈이다. 다른 어떤 가치보다도 '관용'을 제1의 가치로 내세우기 때문이다. 아마도 17세기뿐 아니라 지금 이 순간에도 네덜란드인들에게는 관용이 그 어떠한 가치보다도 중요한 가치로 인정받고 있기 때문일 것이다.

그리고 그들이 황금시대를 구가했던 17세기 네덜란드는, 관용이 만들어낸 역사상 가장 작은 제국이었다.

---

166 레슬리 슈왈츠(암스테르담 램브란트박물관 연구원) 인터뷰 중에서

USA
UNITED STATES OF AMERICA
V

1964년 미국,
미시시피 자유여름

세계 모든 나라로부터 인재를 빨아들이는 미국의 진정한
힘은 무엇일까? 그리고 60년대 민권운동은 초강대국 미국
의 오늘에 무엇을 남겼을까?

미시시피 버닝

알란 파커 감독이 1988년에 제작한 〈미시시피 버닝〉이라는 영화가 있다. 1964년에 미시시피에서 실제로 벌어진 민권운동가들의 실종사건을 모티브로 한 영화인데 이 영화의 도입부에 매우 상징적인 화면이 나온다. 먼저 두 개의 수도꼭지가 한 화면 안에 잡힌다. 한쪽에는 "White" 다른 한쪽에는 "Colored". 그리고 건장한 백인과 흑인 소년이 차례로 등장해서 각자의 수도꼭지에서 물을 마신다. 누구나 마실 수 있는 길거리의 수도꼭지조차 인종이 분리되어 있는 깃이다. 남아프리카 공화국에서 맹위를 떨친 '아파르트헤이트Apartheid'[167]는 60년대 미국에서도 실제 벌어지고 있던 현실이었다.

그리고 이 현실에 맞서 싸우던 사람들이 있었다. 그들이 이번 편의 주인공들이다. 얼핏 이 책의 주제와는 전혀 상관없어 보이는 민권운동

---

167 남아프리카 공화국 백인정권에 의하여 1948년에 법률로 공식화된 인종분리정책, 즉 남아프리카 공화국 백인정권의 유색인종에 대한 차별정책. 민주적 선거에 의해 남아프리카 공화국 대통령으로 당선된 넬슨 만델라가 1994년 4월 27일 완전 폐지를 선언했다. 아파르트헤이트는 모든 사람을 인종등급으로 나누어 인종별로 거주지분리, 통혼금지, 출입구역 분리 등을 시행했다.

| 영화 〈미시시피 버닝〉 한쪽에는 "White" 다른 한쪽에는 "Colored"라고 적혀있는 수도꼭지 화면

이야기가 이번 편의 중심인 것이다. 이렇게 된 이유는 민권운동 이야기 속에 20세기 미국이 안고 있던 고민과 저력이 동시에 들어있기 때문이다. 그리고 그 고민과 저력을 따라가다 보면 우리는 자연스럽게 미국이라는 나라의 진짜 얼굴을 만날 수 있을 것이다.

〈미시시피 버닝〉의 모티브가 된 실제 사건이 일어난 것은 1964년 6월 21일이었다. 미시시피 지역에서 활동하던 민권운동가 3명이 돌연 실종된 것이다. 뉴욕 출신의 백인 민권 운동가 마이클 슈워너와 앤드류 굿맨 그리고 미시시피 메르디안 출신의 흑인 청년 제임스 체니였다. 이들은 원래 '시온산 교회'라는 흑인마을의 교회가 KKK단[168]에 의해 불

168 백인 인종차별주의자들의 단체. 어원은 원(circle)—Ku Klux(그리스어로 키클로스 kuklos (κύκλος)과 집단(clan)—Klan의 합성어에서 유래되었다. 흰색 천으로 온 몸을 감싸는데 이는 자신들이 백인임을 과시하고 상대방을 주눅 들게 만들기 위함이라고 한다. 남북 전쟁이 끝난 후인 1865년 미국 테네시주 펄래스키에서 여섯 명의 은퇴한 남부군 장교들에 의해 설립되었다. 주요 활동은 흑인들과 그에 동조하는 세력, 즉 자신들의 이해관계에 반대되는 자들을 테러, 폭력과 협박 등의 수단을 사용하여 위협하는 것이다.

타버린 사건을 조사하고 있었다. 그런데 속도위반을 이유로 지역 경찰에 체포되었고 밤 10시에 풀려났다. 그리곤 실종되고 만 것이다. 사건은 의혹투성이였다. 체포된 이유도 석연치 않을 뿐더러 풀려난 시간인 밤 10시도 도저히 정상적인 시간이라고는 할 수 없었다.

흑인 청년만 실종된 것이라면 금방 잊혀졌겠지만 동부 명문대 출신의 백인 청년 두 사람까지 사라졌기

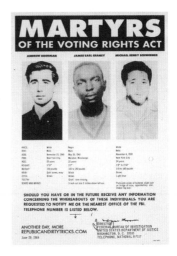

│ 영화 〈미시시피 버닝〉의 실제 실종자들
그들을 찾는 전단지

때문에 곧 전국적인 관심을 모았고 FBI까지 동원된 대대적인 수색이 벌어졌다. 수색 끝에 불타버린 차량이 발견되었다. 하지만 좀처럼 차에 탔던 사람들의 행적을 찾을 수 없었다. 실종자의 가족들은 절망에 휩싸였다.

> "마이클 슈워너의 부인 리타는 오리엔테이션에 참여하고 있었습니다. 실종 소식을 듣고 리타는 단상에 올라갔습니다. 모든 사람에게 지역구 의원에게 편지를 쓰고 전화를 해달라고 부탁했습니다. 이들을 찾기 위해 법무부와 백악관에 압력을 넣어달라고 부탁했습니다. 뭔가 해야 한다고 말이죠. 그리고 리타는 직접 호소하기 위해 워싱턴으로 떠났습니다."[169]

169 밥 모제스(미시시피 자유여름운동 지도자. 민권운동가) 인터뷰 중에서

하지만 미시시피 백인사회의 반응은 전혀 달랐다. KKK단의 잡지인 '클란 렛저'는 이 사건이 '공산주의자들에 의한 자작극일 가능성이 매우 높다'고 주장하기도 했다. 일반적인 백인 사회의 반응도 크게 다르지 않았다. '북부에서 온 빨갱이들이 쓸데없는 분란을 일으키고 다니다가 일어난 사건일 뿐'이라는 것이 현지 백인들의 일반적인 반응이었다.

사건에 대한 상반된 반응은 당시 미시시피의 인종갈등을 반영하는 것이었다. 1964년 여름 미시시피는 폭발직전이었다. 곳곳에서 폭발과 방화가 일어나고 린치와 살인협박이 횡행했다. 세 민권운동가들의 실종은 사실 그런 미시시피 상황에서 일어날 일이 일어난 것처럼 보였다.

도대체 그해 여름 미시시피에서는, 아니 미국에서는 무슨 일이 벌어지고 있었던 것일까? 민주주의의 수호자를 자처하던 미국은 어쩌다가 이런 지경에까지 내몰렸던 것일까?

불완전한 해방

미시시피 자유여름 운동이 벌어진 1964년은 대통령 선거가 있는 해였다. 사실 미시시피 자유여름 운동은 이 대통령 선거와 매우 밀접한 관계를 가지고 있다. 민주당 후보로는 케네디의 암살로 대통령직을 승계한 린든 B 존슨이 나섰고 공화당 후보로는 '미스터 보수'라는 별명을 가지고 있던 베리 골드워터가 출마했다. 60년대 미국이 격동의 시기였던 만큼 대통령 선거도 뜨겁게 달아올랐다.[170] 미국 전역에 선거 열기가 가득했다. 하지만 이렇게 뜨거운 선거열기에도 불구하고 대통령 선거에서 투표를 할 수 없는 사람들이 있었다. 바로 남부의 흑인들이었다. 1964년 당시까지 미국 남부의 흑인들은 투표권조차 행사할 수 없는 신세였기 때문이다.

그런데 뭔가 이상하지 않은가? 1964년 미국 남부의 흑인들에게 투표

---

170 1960년대 미국사회는 혼란과 파란의 시기로 특징지어질 수 있다. 젊은이들이 도덕적 가치를 재창조하고 정의로운 사회를 건설하고자 했던 이상주의의 시기이면서 동시에 암살, 폭력시위, 시위진압 경찰과 군의 잔혹행위들이 난무하기도 했다.

| 린든 B 존슨 | 베리 골드워터

권이 없었다고? 그럼 링컨 대통령이 남북전쟁 당시에 노예 해방만 선언하고 투표권은 주지 않았단 말인가?

물론 그럴 리는 없다. 남북전쟁 이후 입법화된 흑인에 대한 시민권은 결코 제한적인 것이 아니었다. 하지만 그 후에 벌어진 일이 상황을 매우 복잡하게 만든 것이다. 좀 돌아가는 감이 있지만 미국사회에서 흑인들의 문제를 정확하게 이해하기 위해 100년의 시간을 거슬러 올라가 보자.

링컨이 노예 해방을 선언한 것은 1863년 1월 1일로 남북전쟁이 한창이던 시점이었다. 이때는 아직 전쟁 중이었고 선언의 내용도 정확하게는 '연방정부에 대해 반란상태에 있는 남부 주들의 노예를 전면적으로 해방 한다'는 일종의 긴급조치였다. 반란에 가담하지 않은 주들 즉 델라웨어, 켄터키, 메릴랜드, 미주리의 경계 4주 및 테네시, 버지니아, 루이지애나 등 북군이 점령한 여러 주의 노예는 대상 밖이었다. 당시로서는 어디까지나 임시조처였던 것이다. 따라서 전면적인 노예해방과 시민권 부여를 위해서는 헌법의 수정이 필요했다.

헌법수정은 1865년에서 1870년 사이에 이루어졌다. 1865년 12월 6일 수정헌법 13조[171], 1866년 7월 9일에는 수정헌법 14조[172], 그리고 1870년 2월 3일에는 수정헌법 15조[173]가 비준되면서 흑인들에게도 완전한 시민권이 부여되었다. 당연히 투표권도 주어졌다.

투표권이 주어지자 흑인들도 자신의 이익을 대변하는 대표들을 의회에 보내기 시작했다. 또 자신이 직접 공직에 진출하는 흑인들도 나왔다. 흑인 연방 상원의원까지 등장할 정도였다. 1870년 바로 그 미시시피 주에서 하이럼 로즈 레블스Hiram Rhodes Revels가 흑인 최초로 연방 상원의원으로 선출되었다. 같은 해, 역시 흑인인 죠셉 레이나는 사우스캐롤라이나 주에서 연방하원의원으로 당선되었다. 그해에 남부의 흑인들은 2명의 상원의원과 15명의 하원의원을 연방정부에 보낼 수 있었다. 심지어 루이지애나 주에서는 1872년에 흑인 주지사가 탄생하기

---

171 13조의 세부내용은 다음과 같다.
제1절: 어떠한 노예 제도도, 비자발적인 예속도 미국 내와 그 법이 미치는 어떠한 장소에서도 하지 않는다. 그러나 범죄자로서 관련자가 정당하다고 인정한 경우 형벌로 할 때는 예외로 한다.
제2절: 의회는 적절한 입법을 통해 이 조항을 강제할 권한을 가진다.
172 14조의 내용은 다음과 같다.
제1절: 미국에서 태어나거나, 귀화한 자 및 그 사법권에 속하게 된 사람 모두가 미국 시민이며 사는 주 시민이다. 어떤 주도 미국 시민의 특권 또는 면제 권한을 제한하는 법을 만들거나 강제해서는 안된다. 또한 어떤 주에도 법의 적정 절차없이 개인의 생명, 자유 또는 재산을 빼앗아서는 안된다. 게다가 그 사법권 범위에서 개인에 대한 법의 동등한 보호를 부정해서는 안된다.
173 투표권과 관련해서는 이 15조가 가장 중요한데 내용은 다음과 같다.
제1절: 미국 시민의 투표권은 인종, 피부색 또는 이전 예속상태를 이유로, 미합중국 또는 어떤 주에 의해도 부정 또는 제한되어서는 안된다.
제2절: 미국 의회는 이 조항을 합당한 법으로 강제하는 권한을 가진다.

하이럼 로즈 레블스

도 했다.

남북전쟁 이후 이렇게 눈부신 흑인들의 정치적 진출을 따라가 다 보면 아마 점점 더 미궁에 빠지는 기분이 들 것이다. 미시시피에서 연방 상원의원이 나올 정도였는데 왜 100년 후인 1964년 대통령 선거에서는 흑인들이 투표조차 할 수 없게 되었단 말인가? 이 미스터리를 이해하기 위해서는 이런

인물들이 활동하던 시기가 '재건기'라는 특수한 시대였다는 걸 먼저 알아야 한다. 남북전쟁이 끝난 후 1877년에 연방군이 남부에서 완전히 철수할 때까지를 '재건기'라고 부른다.

주지하다시피 남북전쟁은 내전이다. 내전이니까 당연히 반란군이 있다. 당시 미국 연방정부의 기준으로는 남부 연합군이 반란군이다. 따라서 남부가 항복한 것은 반란이 진압된 것이다. 반란이 진압되었으니 진압군인 연방군이 남부를 군사적으로 장악했다. 남부의 자치권은 박탈당하고 연방정부에 의한 직접 통치가 시작된 것이다. 따라서 당시 연방정부(특히 다수파였던 공화당 급진파)는 남부 각주에 대해 연방정부의 정책을 강제할 수 있었다. 전쟁 직후 KKK단이 활동을 시작했지만 이들도 연방군에 의해 강제진압당할 정도였다.

문제는 재건기가 끝나면서 시작되었다. 1870년대 중반부터 남부의 백인들은 주정부에서 공화당 급진파를 지지하던 해방노예와 스캘러

왜그^{Scalawag}^{174}, 카펫배거^{Carpetbagger}^{175}들을 몰아내기 시작했다. KKK단의 활동도 본격화되었고, 특히 북부의 지배를 싫어하던 남부인들이 선거에서 대대적으로 보수적인 백인 민주당^{176}에 투표하면서 이런 경향은 더욱 심화되었다. 결국 1873년 이후로는 대부분의 남부 주에서 공화당 급진파가 물러나고 백인 보수파들이 주정부를 장악하게 된다. 최종적으로 1877년 일종의 정치적 타협에 의해 연방군이 철수하자 남부흑인들이 누렸던 정치적 권리는 다시 짓밟히기 시작했다.

연방군의 철수와 동시에 남부 주들은 즉각 흑인들의 투표권을 제한하는 법률을 통과시키기 시작한 것이다. 남부의 이런 법률들은 통칭 '짐 크로우 법'이라고 불렸다. 이 '짐 크로우 법'이야말로 1960년대 민권운동이 시작될 때까지 남부에서 흑인들을 효과적으로 제압하는 강력한 수단이었다.

"남북전쟁$^{Civil\ War}$ 이후의 상황을 생각해봐야 합니다. 미시시피주는 수정헌법 14조 승인을 거부했습니다. 수정헌법 14조는 누가 미국 시민인가에 관한 수정 조항입니다. 해방된 노예 전체를 미국 시민으로 환영한다는 조항입니다. 미시시피는 승인을 거부했고, 그랜트^{Grant} 대통령은 주를 점령하기 위해 미시시피에 군대를 파견했습니다.

---

174 남부의 재편입을 지지한 남부 백인
175 남북 전쟁 후 남부에 온 북부 사람
176 딕시크랫(Dixiecrat)이라고 불린다. 남부의 노예 소유주들은 동시에 지방분권주의자들이었으므로 지방자치를 주장하는 민주당에 입당했고 당내에서 강한 영향력을 행사하면서 민주당내 보수파를 형성했다. 남북전쟁 이후에도 남부에선 공화당에 대한 반발 심리가 남아있었기에 이들은 계속 민주당에 남아있었다. 그러나 루즈벨트 대통령 이후 진보적으로 변화하는 민주당 주류파와 불협화음을 유발, 1940년대부터 독자 출마를 감행하는 등 민주당으로부터 이탈하기 시작했다.

1870년 모든 남성 시민에게 투표할 권리를 부여하는 수정헌법 15조가 통과되었습니다. 당시 미시시피 주에는 그랜트 대통령의 행정관 아델버트 에임스Adelbert Ames가 있었습니다. 연방군Union Army 장군을 지낸 사람이죠. 그가 미시시피를 포함한 지역을 담당하고 있었습니다. 수정헌법 15조에 따라 해방된 노예에게 투표권이 주어지고 에임스가 미시시피 주지사로 선출되었습니다. 당시 미시시피에서 선거권을 가진 인구의 다수는 흑인이었습니다. 미시시피에 주둔한 군대 때문에 흑인들이 투표할 수 있었습니다. 백인 우월주의자들이 이에 맞서 조직을 만들었습니다. 1875년 백인 동맹White League을 조직했습니다. 이들은 흑인과 백인 공화당원, 그리고 공화당 행정부에서 일하는 사람들을 위협했습니다. 그리고 1875년 미시시피 주의회를 장악했습니다.

알렉산더 퍼시Alexander Percy라는 사람이 있었습니다. 알렉산더 퍼시는 그린빌Greenville의 농장주였습니다. 남부군Confederate Army 장교로 일했죠. 그는 이 백색테러[177]로 백인들 사이에서 인정받는 인물이었습니다. 그가 의회를 장악하고 입법부 수장이 됩니다. 아델버트 에임스에 대한 고소문을 지휘합니다. 그는 특정한 정책에 관심을 가졌습니다. 해방된 노예의 교육에 사용될 적립금에 관심을 가졌죠. 당장 자금을 중지하고 델타지역the Delta 철도를 위한 사회기반시설을 짓는 데 사용할 것을 주장했습니다. 델타의 면화 경제cotton economy를 위해 필요하기 때문이죠. 짐 크로우Jim Crow라 부르는 절차가 시작됩니다. 노예의 또 다른 이름이었습니다."[178]

---

177 정치적 목적 달성을 위하여 암살·파괴 등을 수단으로 하는 테러의 일종으로서 그 행위 주체가 극우 내지 우파인 경우다. 기원은 프랑스 혁명당시 왕당파가 혁명파를 공격하면서 부르봉 왕가의 상징인 백색을 사용한데서 비롯되었다.

178 밥 모제스(미시시피 자유여름운동 지도자, 민권운동가) 인터뷰 중에서

짐 크로우의 시대

그런데 왜 하필 '짐 크로우'라는 이름이 붙게 되었을까? 짐 크로우라는 이름은 1830년대 백인 코미디언 토머스 D. 라이스의 쇼에서 비롯되었다. 그는 관객들에게 조롱거리를 제공하기 위해 바보 캐릭터를 하나 창조했다. 누더기 옷을 걸치고 검게 분장을 한 후 무대에 올라 바보짓을 함으로써 백인 관객들을 웃겼다. 이 어리석고 욕심 많고 더러운 절름발이 흑인 노예의 이름이 바로 짐 크로우^{Jim Crow}였다.

"당시 '민스트럴 쇼^{minstrel show}'가 있었습니다. 백인 음악가나 연기자가 흑인 배우를 흉내 내는 공연이었습니다. 흑인 분장을 하고 춤을 추며, 흰 장갑을 끼고 두꺼운 입술을 그렸죠. 흑인 흉내를 냈습니다. 이런 공연을 '민스트럴 쇼'라고 불렀습니다. 여기에 등장하는 인물이 짐 크로우였습니다. 흑인을 흉내 내는 인물이죠.

마치 흑인을 농담의 대상처럼 이용했습니다. 흑인이 얼마나 멍청하고 어리석은지 보면서 말이죠. 미국에서만 벌어지는 일은 아니었습니다. 지배 집단과 하위 집단이 있을 때, 하위 집단은 생존에 필요한 방

| 민스트럴 쇼

법을 찾아냅니다. 많이 웃을 수도 있고 그렇지 않을 수도 있습니다. 힘
있는 사람들의 분노를 피하기 위한 행동을 할 수도 있습니다. 이것이
일종의 패러디 코미디가 되었습니다. 농담과 유머의 대상이 되었습니
다. 다수 지배 집단은 이런 사람들이 우습다고 생각합니다. 사실 이들
은 자신의 지배력을 축하하고 있는 셈입니다. 미국만 그런 것은 아니
지만, 흑인 공동체의 사례는 매우 확실합니다. 오랜 세월 미국영화에
등장한 멕시코인을 보세요. 멕시코인은 항상 게으르고 큰 모자를 쓰고
긴 콧수염을 기르고 있습니다. 가시 돋힌 선인장에 몸을 기대죠. 웃음
을 만드는 데 사용한 일종의 인종적 캐리커처입니다. 우리가 얼마나
우월하고 저들이 얼마나 어리석고 멍청한지 깨닫게 해주죠. 슬픈 일입
니다. 하지만... 짐 크로우는 이런 전통적 관행에서 유래했습니다."[179]

179 마샬 간즈(하버드 대학교 케네디 스쿨 교수, 자유여름운동 참가자) 인터뷰 중에서

짐 크로우라는 이름이 흑인에 대한 차별을 정당화하는 상징으로 사용된 것이다. 이후 유색인종을 차별하는 각종 제도는 짐 크로우법이라는 별명을 얻게 되었다. 특히 흑인의 투표권을 제한하기 위한 노력이 집요하게 이루어졌다.

다양한 방법이 구사되었는데 그중 가장 효과적인 방법은 이른바 문맹 시험이었다. 이 방법을 최초로 고안하고 실행한 곳은 미시시피 주였다. "글자도 못 읽을 정도라면 투표에서 올바른 결정을 할 수 없다"는 명분하에 헌법을 읽고 해석해야만 투표권이 주어졌다. 노예상태를 겨우 벗어난 남부의 흑인들은 대체로 가난했고 교육의 기회에서도 심각한 차별을 겪고 있었기 때문에 문맹률이 매우 높았다. 더군다나 문맹 시험은 붙이는 것이 아니라 떨어뜨리는 것이 목적이었기 때문에 우스꽝스러울 정도로 어려웠다.

예를 들어보자. 1964년 루이지애나 주에서 실제로 사용된 문맹여부 조사지를 보면 이런 문제들을 발견할 수 있다.

'아래 빈 공간에, 단어 "noise"를 뒤에서부터 쓰고, 올바르게 썼을 때의 두 번째 철자 위에 d를 쓰시오.'

"vote"를 위아래가 뒤집히게 쓰는데, 순서는 올바르게 쓰시오.

문맹 시험이라기보다는 수수께끼 시험인 것 같은 이런 문제들이 버젓이 문맹시험이라는 이름으로 출제되었다. 이 정도는 오히려 양반이었다. 이보다 더한 문제들도 수두룩했다.

The State of Louisiana

Literacy Test (This test is to be given to anyone who cannot prove a fifth grade education.)

Do what you are told to do in each statement, nothing more, nothing less. Be careful as one wrong answer denotes failure of the test. You have 10 minutes to complete the test.

1. Draw a line around the number or letter of this sentence.

2. Draw a line under the last word in this line.

3. Cross out the longest word in this line.

4. Draw a line around the shortest word in this line.

5. Circle the first, first letter of the alphabet in this line.

6. In the space below draw three circles, one inside (engulfed by) the other.

7. Above the letter X make a small cross.

8. Draw a line through the letter below that comes earliest in the alphabet.

Z V S B D M K I T P H C

9. Draw a line through the two letters below that come last in the alphabet.

Z V B D M K T P H S Y C

10. In the first circle below write the last letter of the first word beginning with "L".

11. Cross out the number necessary, when making the number below one million.

10000000000

12. Draw a line from circle 2 to circle 5 that will pass below circle 2 and above circle 4.

13. In the line below cross out each number that is more than 20 but less than 30.

31 16 48 29 53 47 22 37 98 26 20 25

| 1964년 **루이지애나 주에서 실제로 사용된 문맹여부 조사지** 마치 수학 시험지처럼 느껴진다.

"이를 문맹시험Litercacy test라고 했습니다. 비누 한 개에서 거품이 몇 개나 나올 수 있는지를 묻는 바보 같은 질문을 했습니다. 아무도 답을 모르죠. 그렇게 (흑인들은) 시험에서 떨어졌습니다."[180]

시험관의 재량이 매우 컸기 때문에 흑인이 오면 도저히 납득할 수 없는 문제들이 출제되곤 했다. 심지어는 라틴어로 시험을 보기도 했고 몽테스키외의 ≪법의 정신≫ 내용에 대한 문제도 나왔다. 대부분의 흑인들은 문맹 시험을 통과할 수 없었다.

이 방법이 효과를 보이자 다른 남부 주들도 문맹 시험을 도입했다. 사우스캐롤라이나, 루이지애나, 앨라배마, 버지니아, 텍사스 주 등 남부 전역에서 흑인의 선거권이 광범위하게 박탈당하기 시작했다. 하지만 이렇게 엄격한 문맹 시험에는 흑인뿐 아니라 백인들도 떨어질 수밖에 없었다. 특히 가난한 백인들은 흑인들에 비해 교육 수준이 높은 것도 아니었기 때문에 무더기로 탈락하기 일쑤였다. 백인들의 입장에서는 대책이 필요했다. 그 대책이 '할아버지 조항'이다. 1865년 이전에 선거권을 가지고 있던 사람의 후손들은 문맹이거나 세금을 납부하지 않아도 투표권을 인정한다는 것인데 의도는 너무나 뻔했다. 남부에서 1865년 이전에 투표권을 가지고 있던 흑인은 없었기 때문이다. 더불어 시험관의 재량권을 인정하여 백인들에게는 시험 자체를 너그럽게 내는 방법도 광범위하게 사용되었다. 1960년대 초 루이지애나에 사는 한 백인 수험자가 문자를 아는 것으로 판정이 났는데, '표현의 자유'를 뜻하는 헌법에 대한 질문에 그는 이렇게 답했다고 한다.

---

180   윌리 블루(미시시피 현지 흑인 활동가) 인터뷰 중에서

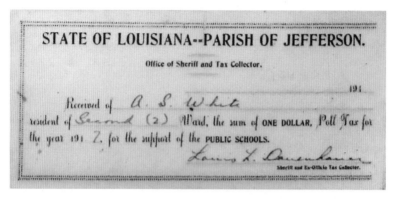

| **인두세** 성(性)·신분·소득 등에 관계 없이 성인이 된 사람에게 부과된 일률동액(一律同額)의 조세(租稅). 납세자의 급부(給付) 능력을 무시한 점에서 효과가 단순하며 역사상 일찍부터 채용되었다.

"FRDUM FOOF SPETGH"

구태여 올바른 철자를 보여줄 필요도 없겠지만 표현의 자유를 뜻하는 '프리덤 오브 스피치'의 올바른 철자는 "FREEDOM OF SPEECH"이다.

흑인의 투표권을 박탈하기 위한 두 번째 방법은 인두세였다. 인두세를 내고 그 영수증을 가져와야만 투표권을 부여한 것이다. 겨우 노예상태를 벗어난 흑인들은 인두세를 낼만한 형편이 아니었다.

이러한 흑인 투표권 제한 조치로 1890년대 들어서 남부 흑인들의 정치 참여는 급격하게 위축되었다. 루이지애나 주의 경우 1896년 이전에는 흑인들의 유권자 등록률[181]이 95.6%였는데 1904년에는 1.1%까지

---

181 유권자 등록이라는 용어는 앞으로 자주 나올 것이므로 설명이 필요할 것 같다. 미국의 선거제도에서는 시민권자라고 해서 투표일에 자동으로 투표를 할 수 있는 것은 아니다. 선거일 이전에 자신이 선거에 참여하겠다는 의사표시로 유권자 등록을 해야 한다. 즉 유권자로 미리 등록하지 않으면 선거 당일에 투표에 참여할 수 없는 것이다.

줄어들었다. 앨라배마 주의 경우 1900년에는 흑인들의 유권자 등록자 수가 18만 명이었는데 1903년에는 3천 명에 불과했다. 미시시피주의 경우는 정말 극적일 정도인데 아래의 표를 보면 그 놀라운 변화를 짐작할 수 있을 것이다.

1868~1964년 미시시피 인종별 투표연령인구와 등록유권자[182]

연도	흑인		백인	
	유권자수	등록률	유권자수	등록률
1868	86,973	96.7	68,587	80.9
1892	8,922	5.9	69,641	57.7
1896	16,234	8.2	108,998	72.4
1899	18,170	9.1	122,724	81.5
1955	21,502	4.3	423,456	59.6
1964	28,500	6.7	525,000	70.2

투표를 할 수 없게 된 것은 단지 투표를 못하는 것으로 끝나지 않았다. 투표권이 없어지자 흑인의 다른 권리들도 합법적으로 짓밟히기 시작했다. 다시 노예제에 준하는 노동계약이 강제된 것이다. 재건기 이후 남부에서는 자기 몸 하나밖에는 아무재산이 없는 흑인들을 옭아매기 위해 연간계약이라는 방식이 도입되었다. 1년치 연봉을 선불로 지급하고 1년간 무제한의 노동을 강제하는 것이다. 그리고 중간에 너무 힘들어서 도망을 가면 처음부터 사기의사가 있었던 것으로 간주하고 사기죄를 적용하여 가혹하게 처벌하였다. 이건 사실상의 노예상태가 계속

---

182 김인선 《1964년 미시시피 자유여름: 인종, 성, 계급의 갈등과 소통》에서 인용

되었다는 뜻으로 노예제가 폐지된 것은 말뿐이었던 셈이다. 19세기말의 대표적인 흑인 인권운동가 프레더릭 더글러스는 "과거의 주인 계급이 오늘날 다시 승리하였다. 새로 해방된 계층은 전쟁 전의 그들의 지위보다 나을 것이 없는 상황이 되었다"라고 개탄했다.

"계약 노예 상태의 일꾼이었으며 남북전쟁 이후 흑인 인구를 이류 시민으로 유지하는 방법이었습니다. 흑인은 더 이상 헌법에 따른 소유물 constitutional property은 아니었습니다. 1787년 미국 제헌의회부터 남북전쟁까지를 생각해보면 헌법이 보장하는 사람constitutional people과 헌법이 보장하는 소유물constitutional property, 두 종류의 인간이 있었습니다. 그리고 남북 전쟁이 이를 바꿔놓았습니다. 전쟁 후 미국은 헌법이 보장한 소유물이라는 개념을 없앴습니다. 노예를 해방했습니다. 노예와 이 후손들은 더 이상 사고팔 수 있는 헌법이 보장하는 소유물이 아닙니다. 하지만 이들은 완전히 헌법이 보장하는 사람들도 아니었습니다. 헌법이 보장하는 사람으로서 완전한 권리를 갖지 못했습니다. 이런 상황이 약 75년간 지속되었습니다. 거의 75년간 노예의 또 다른 이름인 짐 크로우를 마주하고 있었던 겁니다."[183]

"1920년대 KKK단은 남부뿐 아니라 미국의 주요세력이었습니다. 이민자와 천주교인, 흑인 그리고 유대인에 반대하는 거대한 조직이었습니다. KKK단은 1920년대 아주 강력한 세력이 됩니다. 물론 남부에서는 흑인에 초점을 맞추고 있었습니다. 이들이 사용한 전략이 바로 린치입니다. 흑인이 특히 백인 여성에게 어떤 말을 했다거나 무례한 행

---

183 밥 모제스(미시시피 자유여름운동 지도자, 민권운동가) 인터뷰 중에서

동을 했다는 신고를 받으면 한밤중에 찾아와 집을 불태웠습니다. 흑인을 끌어내 나무에 매달고 불을 질렀습니다. 1920년대 남부 전역에서 이런 일이 벌어졌습니다.

1930년대 반린치법anti lynching law에 대한 대대적인 캠페인이 벌어졌습니다. 하지만 남부 정치인들이 강력했기 때문에 법안이 통과되지 못했습니다.

흑인 블루스 가수 빌리 홀리데이Billie Holiday의 유명한 노래가 있습니다.

> 남부의 나무에는 이상한 과일이 열리지.
> 이파리엔 피가, 뿌리에도 피가 잔뜩.
> 검은 몸이 남부의 산들바람에 흔들리고.
> 포플라 나무에서 목련꽃 향기가 나네.

| 이상한 열매 출처: www.bartcop.com

노래 제목은 이상한 열매strange fruit입니다. 남부의 나무에 열린 이상한 과일에 관한 노래입니다. 죽음의 열매죠. 이것이 미국의 미시시피와 앨라배마, 조지아에서 흑인의 의미였습니다."[184]

노예계약이나 직접적인 린치 외에 더욱 교묘한 차별도 존재했다. 남아프리카 공화국의 악명 높은 인종차별 정책을 '아파르트헤이트'라고 부른다. 단어 자체로는 차별을 의미하지는 않는다. 번역하자면 '분리정책' 정도로 바꿀 수 있다. 그러니까 인종에 따라 분리해서 산다는 말이다. 남자와 여자가 화장실을 따로 쓰는 것처럼 인종 간에 사용하는 것을 분리한다는 건데, 기분은 좀 나쁘지만 간단하게 차별이라고 부르기엔 애매한 부분이 있다. 그렇다 하더라도 분리한다는 것은 이미 차별을 의미하는 경우가 많다. 더 큰 문제는 분리만으로 끝나는 것이 아니라는 점이다. 대체로 백인의 것은 좋고 쾌적하지만 흑인의 것은 열악하고 불편하다. 이런 상태를 만들어 놓고 백인의 것에 손대려고 하면 위법행위로 처벌했다. 이 아파르트헤이트 상태의 남아프리카공화국과 동일한 규칙이 60년대 미국에서도 적용되고 있었다. 흑인들은 백인들과 같은 학교를 다닐 수도 없었고, 같은 식당에서 밥을 먹을 수도 없었으며, 버스에서도 백인들의 자리를 넘볼 수 없었다.

"고등학생을 예로 들어보자면, 설사 그 학생의 성적이 아주 훌륭하다 하더라도 조지아 대학교, 미시시피 대학교, 앨라배마 대학교 등에 입학할 수 없었습니다. 부유하더라도 옷 가게에선 이들에게 옷을 팔기를

---

184 마샬 간즈(하버드 대학교 케네디 스쿨 교수, 자유여름운동 참가자) 인터뷰 중에서

거부했지요. 또한 뉴욕에서 미시시피를 가는 길에 조지아에서 식사를 하고자 할 때 식당 내에서는 먹을 수 없었습니다. 테이크아웃 하여 길거리 같은 다른 곳에서 먹어야 했지요. 이러한 일들을 미국에 사는 흑인들이 겪어야 했습니다. 또한 만약 흑인 남성이 백인 여성과 함께 차를 타고 있는 경우 흑인 남성은 살해를 당했습니다. 미시시피나 남부지방에서 흑인들에게는 이러한 차별이 가해졌습니다."[185]

결국 1960년이 되어서도 남부의 흑인들은 노예제 사회와 다를 바 없는 세상에서 살고 있었던 셈이다. 고질적인 저임금, 아동노동 등 극단적인 착취 속에 남부의 흑인들을 힘겨운 삶을 이어나가야만 했다.

그렇다면 흑인들을 노예처럼 부리고 있던 남부의 백인들은 행복한 삶을 누릴 수 있었을까? 불행히도 현실은 그렇지 않았다. 60년대까지 미국 남부는 미국에서 가장 가난한 지역으로 낙후되어 있었다. 그리고 그 원인은 전적으로 흑인들을 노예나 다름없이 부리고 있는 남부의 전근대적인 시스템에 있었다. 통계에 따르면 1950년대 남부 주들의 평균소득은 미국 전체 평균의 절반에 불과했다. 흑인들을 극단적인 저임금으로 부릴 수 있었기 때문에 남부에서 기술혁신의 필요성은 거의 없었고 따라서 20세기가 한참 지난 상태에서도 남부의 농업은 흑인들의 노동력에 의존하는 19세기의 방식을 그대로 유지하고 있었던 것이다. 여기에 더해 사실상의 노예상태인 흑인들도 적극적으로 생산성을 높이려고 하지 않았다. 어차피 열심히 일해서 생산성을 높여봤자 굶어죽지 않을 정도의 임금만을 남기고는 모두 백인 농장주가 차지할 것이 뻔하기

185 커틀랜드 콕스(인권운동가. 비폭력학생위원회 대표) 인터뷰 중에서

때문이다. 얼핏 보면 남부의 백인들이 승리한 것으로 보이지만 그들도 인종차별로 인한 제도의 희생자들이었던 셈이다.

사실 흑인에 대한 인종차별은 그때까지 미국의 발전과정과 반대되는 것이었다. 미국의 발전과정은 종교적, 민족적 관용이 사회발전을 이끌어온 역사이었기 때문이다.

이민자들의 나라

여기서 좀 다른 질문을 해보자. 미국이 강대국이라는 사실이야 다 아는 사실이라고 하더라도 미국은 도대체 어느 정도로 강대국인 걸까? 20세기 후반 소련이 붕괴한 이후 미국은 세계 유일의 강대국이 되었다. 그래서 우리는 강대국이라는 호칭만으로는 부족한 것 같아서 초강대국이라고 부른다. 심지어 극초강대국極超强大國, hyperpower이라는 용어까지 등장했다.

우리가 지금까지 강대국에 대한 이야기를 해왔지만 자세히 따져보면 이 강대국들이 모든 면에서 상대국들을 압도했던 것은 아니다. 19세기의 패권국가인 영국이나 특히 17세기 패권국가인 네덜란드는 경쟁국을 압도할 정도의 국력을 가진 적이 한 번도 없었다. 그래서 자신이 가진 힘을 최대한 효율적으로 사용해야만 패권을 유지할 수 있었다. 정교한 정치력이 필요했다는 말이다.

그래도 몽골제국과 로마제국은 대체로 상대방을 압도하는 힘을 보여주었지만 이들도 당시의 기술적, 지리적 한계 때문에 전 지구적인 권력을 획득하지는 못했다. 이들 네 나라가 이 정도니까 그 외의 다른 강대국들은 비교할 필요조차 없을 것이다.

따라서 소련이 붕괴한 1990년대 이후 미국의 힘은 역사상 유례가 없는 것이다. 더구나 미국은 군사력만으로 세계 패권을 차지한 것이 아니다. 미국은 경제력에서도 세계 최강의 힘을 가지고 있다. 국제통화기금IMF에 따르면, 2012년 기준으로 미국의 국내총생산은 15조 7천억 달러로, 시장 환율로는 세계총생산GWP의 22%, 구매력 평가PPP 대비로는 세계총생산의 약 21%를 차지한다.[186] 이 정도의 경제력은 전성기의 대영제국도 누려보지 못한 힘이다. 심지어 문화적인 면에서도 미국은 패권 국가이다. 세계 영화의 중심이 어디이고, 세계 패션의 중심이 어디이며, 세계 최고의 대학이 어디인지를 떠올리면 쉽게 납득할 것이다. 따라서 현재 미국의 패권은 전지구적이고 전방위적이다.

미국이 가진 또 하나의 유례없는 특성은 이 나라가 순수한 이민자들의 나라라는 것이다. 다시 말해서 원주민이 없는 나라다. 아니 사실은 원주민이 있기는 했다. 하지만 북미대륙의 원주민이었던 인디언들은 불행히도 유럽인들의 힘에 밀려 주인 노릇을 하지 못했다. 그리고 숫자도 무척 적었다.[187] 더욱 불행했던 것은 미국인에게는 숫자도 얼마 되지 않았던 원주민들에게 관용을 베풀지 않고도 영토 확장에 필요한 막대한 인력을 확보할 방법이 따로 있었다는 것이다. 이 부분은 나중에 다시 설명하겠지만 결국 인디언들은 없는 존재로 배제되었다. 아무튼

---

186 IMF-World Economic Database, October 2012: 하지만 이것도 최근 중국과 브라질 등의 고도성장 때문에 많이 줄어든 것이다. 한때는 30% 이상을 차지한 적도 있었다.

187 아즈텍이나 잉카 제국이 1,000만이 넘는 인구를 가지고 있던 반면 북미대륙 전체의 원주민은 100만 정도에 불과했다. 거주지역의 넓이를 비교하면 인구밀도는 매우 희박한 편이었다.

미국으로 건너오는 이민자들은 인디언들의 나라에 이민을 온 게 아니라 자기들끼리 새로운 땅으로 이주를 한다고 생각했다. 이렇게 여러 나라에서 몰려온 이민자들의 나라라는 점은 미국에 독특한 정체성을 부여했다. 바로 다종교, 다민족, 다문화 사회라는 정체성이다. 그리고 이 정체성이야말로 미국의 성장을 이끈 원동력이 되었다.

물론 미국만이 이민자들의 나라인 것은 아니다. 미국 외에도 아메리카 대륙에 있는 나라들은 모두 이민자들을 중심으로 건설된 나라들이다. 하지만 미국과 다른 라틴 아메리카 국가들 사이에는 몇 가지 결정적인 차이가 있다. 모국의 문화나 종교적 차이도 있고 이민자들이 처음 만났던 원주민들의 문명화 정도에서도 차이가 있었다. 예전에는 보통 앞의 차이 그러니까 청교도 정신과 영국 문화가 가톨릭과 라틴 문화에 비해 우월해서 차이가 생겼다는 식의 설명이 주를 이루었다. 하지만 역사적 사실은 많이 다르다.

우선 라틴 아메리카를 보자. 다들 알다시피 라틴 아메리카에 진출한 스페인 식민자들은 어디까지나 원주민을 착취해서 일확천금을 얻는 게 주목적이었다. 당연히 본국에서 출발할 때 곡식의 씨앗이나 농기구 따위는 가져가지 않았다. 총과 칼이 그들의 이민도구였고 부의 원천이었다. 그들은 자기 손으로 일할 생각 따위는 전혀 없었던 것이다. 그리고 그들은 성공했다. 왜냐하면 그들이 도착한 땅에 제법 세련된 문화를 가진 원주민의 제국이 있었기 때문이다. 밀집된 인구와 상대적으로 높은 생산성, 그리고 귀금속을 사용하는 문화가 이미 존재하고 있었기 때문에 스페인 이민자들은 싸워서 빼앗기만 하면 되었다. 바로 그들이 원하던 상황이었던 셈이다. 그리고 이 착취적인 시스템이 라틴 아메리카에

고착되면서 빈곤과 억압의 악순환이 시작되었다.

그렇다면 미국은 어떠했을까? 미국으로 이민 온 영국 출신의 청교도들은 노동의 소중함을 알고, 근면을 사랑했을까? 그리고 씨앗과 농기구를 가지고 자기 손으로 일해서 먹고 살기 위해 왔을까? 실제로는 전혀 그렇지 않았다. 그들도 처음에는 스페인 이민자들과 똑같이 싸워서 빼앗기 위해 이민을 왔다. 당연히 씨앗이나 농기구 따위는 가져오지 않았다. 문제는 이들이 도착한 땅에는 잉카나 아즈텍처럼 세련된 문명이 존재하지 않았다는 점이다. 미국에 이민 온 이민자들은 매우 희박한 인구밀도를 가진 미개발지에 도착한 것이다. 그나마 적은 수의 인디언들도 유럽인들이 탐낼만한 것은 가진 게 거의 없었다. 한마디로 빼앗아먹을 게 없는 땅이었다. 당연히 최초의 이민자들은 모두 굶어 죽었다.[188] 총과 칼을 먹을 수는 없기 때문이다. 그렇게 몇 차례의 이민자들이 몰살당한 후에야 청교도 이민자들은 이 땅에선 일해야만 먹고살 수 있다는 것을 배웠다. 그리고 씨앗과 농기구를 가진 이민자들이 들어오기 시작했다.

이민자들이 새로 개척해야 하는 땅이었으므로 다행히 착취적인 시스템이 구축될 여지가 없었다. 라틴 아메리카의 경우에는 이미 조직화된 국가기구가 존재하고 있었기 때문에 그 국가기구 위에 빨대를 꼽고 빨아먹기만 하면 되는 상태였다. 하지만 북미는 이런 빨대를 꼽을 만

---

[188] 1587년 노스캐롤라이나 로아녹 섬에 110명의 영국인이 이주했으나 전원이 아사했다. 1607년에는 버지니아 주 제임스타운에 최초의 정착민촌이 건설되었지만 역시 식량이나 농기구 따위를 제대로 가져오지 않았기 때문에 이듬해 1월에 보급품을 실은 배가 도착했을 때 60%는 이미 굶어죽은 다음이었다. 이들이 살아남은 것은 유명한 포카혼타스와 결혼한 존 랄프가 담배농사를 시작해서 수입을 얻을 수 있었기 때문이다.

한 곳이 전무했다. 더군다나 땅은 어처구니없을 정도로 넓은데 비해 인구밀도가 매우 희박했기 때문에 유럽 각지로부터 이민자들이 몰려들었고 이 이민자들은 노동력이 부족한 북미 대륙에서 대체로 환영받을 수밖에 없었다. 다양한 종교적 배경을 가진 이민자들이 몰려들고, 이들을 받아들이기로 결정한 이상 종교성 순수성 따위를 지키는 것은 애초에 불가능한 일이었다. 따라서 미국은 이미 독립 이전부터 종교적으로 구대륙의 어떠한 나라에 비해서도 관용적인 곳이었다. 그리고 1789년의 독립국가 건설은 이러한 종교적 관용을 국가의 원칙으로 만들었다.

1787년 제헌의회에서 마련된 미국헌법은 당시로서는 매우 급진적이었다.[189] 특히 종교적인 부분에 대해서는 유례가 없을 정도의 진보

| 1776년 4월 대륙회의에서 독립선언서를 제창하는 위원들(토마스 제퍼슨, 벤자민 프랭클린 등)
미국 독립과 함께 종교의 자유가 인정되었다.

189   당시는 아직 프랑스 혁명도 일어나지 않은 때였다.

독립 선언문 1776.7.4

적 내용을 담고 있었다. 헌법은 종교가 공직 취임의 전제조건이 되어서는 안 된다고 선언했다. 더불어 1791년에 비준된 수정헌법 1조[190]는 의회가 국교를 채택하는 것을 공식적으로 금하기까지 했다. 1799년에는 "미국은 기독교라는 기초 위에 세워진 나라가 아니며 이슬람교 그 자체나 그 법률에 대해 적의를 품지 않는다"라고 선언하기도 했다.

지금 시점에서 보면 너무 당연한 내용이지만 18세기 말이라는 시대를 기준으로는 매우 파격적인 행보였다. 스페인에서는 아직도 종교재판이 열리고 있었고 당시 가장 관용적인 나라였던 영국도 국교회라는 '국교'를 가지고 있었다. 따라서 당시 미국은 헌법이 종교의 자유를 보장하는 거의 유일한 나라였다. 당연히 유럽각국의 종교적 핍박을 피해 청교도, 유대인 등 종교적 소수자들이 미국으로 몰려들었다.

그렇다고 종교적 관용이 인종적 관용으로까지 나갔다고 생각하는 것은 오해이다. 노예제도에 대한 입장은 역시 아직 모호했다. 미국헌법에 "노예제도"라는 용어는 나타나지 않지만, 그 제도는 간접적으로 허가되었다. 독립을 위해 13개주 대표가 대륙회의에 모였을 때 주 대표들

---

[190] "의회는 종교를 만들거나, 자유로운 종교 활동을 금지하거나, 발언의 자유를 저해하거나, 출판의 자유, 평화로운 집회의 권리, 그리고 정부에 탄원할 수 있는 권리를 제한하는 어떠한 법률도 만들 수 없다."

은 인구수에 비례하여 각 주에 배정되는 연방 하원의원 수를 결정했는데 이때 자유민의 총수에 "그 밖의 총인원수"(흑인 노예수를 의미한다)의 5분의 3을 가산하여 의원 수를 결정한다고 규정했다. 그리고 미국헌법은 주 경계선을 넘어서 도주한 노예들을 그들의 소유주들에게 돌려주기를 요구하고 있었다.

물론 제헌회의에서도 노예제의 도덕성 문제가 몇 차례 격렬하게 제기되기도 했다. 펜실베니아 주대표 구버뇌르 모리스는 노예제도를 "극악한 제도, 즉 그 제도가 널리 시행되고 있는 주들에게 하늘이 내린 저주"라고 비난했다. 그는 노예제도가 없는 자유지역들의 번영과 인간의 존엄성을, 노예주들의 "비참한 상태 및 빈곤"과 대비하곤 했다. 버지니아 주의 조지 메이슨도 "노예제도는 인간의 풍습에 가장 유해한 효과를 초래합니다. 노예의 주인은 누구나 타고난 소폭군입니다... 노예제도는 예술과 생산 활동을 방해합니다. 가난한 사람들은 노예들이 노동을 하고 있는 것을 볼 때에 노동을 멸시합니다... 합중국 정부가 노예제도의 만연을 막을 수 있는 권한을 가져야 하는 것은... 절대 필요하다고 생각합니다"라고 노예제도를 격렬하게 비판했다. 하지만 그의 주장이 받아들여지기 위해서는 사실상 150년을 기다려야 했다.

이런 제약이 있긴 했지만 그래도 다른 종교와 다른 문화에 대한 미국의 관용은 당시 기준으로는 파격적이었다. 우리가 관용에 대해 이야기 할 때 조심해야 할 부분이 있는데 현재의 기준으로 그 시대의 관용 정도를 평가해서는 안 된다는 점이다. 동 시대의 다른 국가들에 비해서 더 관용적이었는가 아닌가를 보아야 한다. 몽골도 영국도 네덜란드도 지금의 기준으로는 부족했을지 몰라도 당시 기준으로는 매우 파격적일 정도로 관용적인 나라들이었다. 18세기와 19세기의 미국도 그런 기준에서 보아야 한다. 그런 기준에서 볼 때 미국은 당시 세계에서 가장 관용적인 나라였다.

그리고 종교적 자유가 네덜란드에 번영의 기반을 만들어 준 것처럼 미국에서도 종교적 관용이 미국의 발전에 원동력이 되었다. 유럽 각지에서 최신 기술을 가진 숙련 노동자들이 미국으로 몰려들었다. 물론 유럽 각국도 가만히 앉아서 두뇌 유출을 지켜보기만 한 것은 아니었다. 최신 기술을 가진 노동자들의 해외 이주를 막는 법안들이 속속 만들어졌고 심하면 반역죄로까지 다스렸다. 하지만 금지법안만으로는 인력 유출을 막을 도리가 없었다. 미국은 유럽보다 인력이 부족했기 때문에 임금이 훨씬 높았고 신개척지라 기회가 풍부했으며 무엇보다 (백인에게 국한해서) 종교나 민족 따위를 따지지 않았다. 이민자들에 대한 입국 제한 따위는 애초에 존재하지도 않았다. 국경선은 말 그대로 '누구든지 들어오세요'라며 그냥 열려 있었다.

19세기 초반에만 250만 명이 자국의 법을 어기면서까지 미국으로 몰려들었고 미국의 인구는 순식간에 2~3배로 늘어났다. 하지만 여전히 인구는 부족했고 특히 19세기 중반 이후 서부 개척이 본격화되자 인력 부족은 더 심각해졌다. 아니 이민을 통한 폭발적인 인구증가 없이는 서부개척 자체가 불가능했다. 따라서 19세기 중반 이후에는 숙련 노동자가 아니라 단순 노동자들도 대거 미국으로 몰려들었다. 그리고 그들은 다음 세대가 아니라 이미 당대에 미국사회의 주류에 편입해서 성공신화를 쓸 수 있었다. 1847년에 스코틀랜드에서 맨손으로 이민 온 열두 살 소년 앤드류 카네기도 그들 중에 하나였다.

| 엘리스 아일랜드 이민자들의 창구역할을 한 엘리스 아일랜드로 입국하는 이민자들

이 때 미국으로 들어온 사람의 흔적은 지금도 뉴욕 맨헤튼의 남쪽에 있는 엘리스 아일랜드에서 확인할 수 있다. 뉴욕을 상징하는 자유의 여신상 옆에 작은 섬이 떠 있는데 이곳이 바로 19세기말 엄청나게 몰려든 이민자들의 창구역할을 한 엘리스 아일랜드다. 영화 〈대부〉를 보면 9살의 비토 꼴레오네가 벙어리 흉내를 내면서 미국에 입국해서 뉴욕의 밤을 바라보는 장면이 있는데 그가 입국한 곳이 바로 이곳이다. 미국은 미숙련 노동자들에게도 문호를 대폭 개방하면서 1890년대에 이 섬에 연방이민관리소를 만들었다. 연방이민관리소는 1892년 1월 2일 문을

| **이민자들의 모습**

열었는데, 최초의 이민 등록자는 아일랜드에서 가족들과 함께 이민 온
15세 소녀 애니 무어였다고 한다. 이후 60여 년간 이곳 이민관리소를
통과한 이민자는 1,200만 명을 넘었고 어떤 날은 하루에만 5,000여 명
이 입국허가를 받기 위해 줄을 섰다. 현재 미국에 거주하고 있는 미국
국민의 절반 이상이 이곳 이민관리소를 통해 미국에 입국한 이민자의
후손인 것으로 알려져 있다.[191] 다만 이렇게 엄청난 인력이 안정적으로

---

[191]　그렇다고 미국의 이민자 숫자가 최근에 줄어든 것도 아니다. 통계에 따르면 2000년부터
2010년 사이에만도 1,400만 명이 미국으로 이민을 왔다. 2013년 기준으로 미국에 거주하고 있는
이민 1세대, 그러니까 당대에 미국으로 이민온 사람의 숫자는 4,040만 명인데 이는 미국 전체 인
구의 13%이다. 미국은 현재도 세계 최대의 이민자 유입국이다.

유입되는 현상은 북미 대륙의 원주민인 인디언들에게는 매우 큰 불행이었다. 원주민의 인력에 의존하지 않고도 국가의 성장과 발전에 아무 문제가 없었기 때문이다. 결국 인디언들은 미국이라는 국가의 형성과정에서 배제되었다. 쫓겨나고 학살당하는 것이 그들을 기다리고 있는 운명이었다. 이것이 어쩌면 상대적 관용이 지닌 잔인한 면일 것이다.

비록 인디언들을 배제하긴 했지만 엄청난 이민자들의 유입은 미국을 건국 100년만인 19세기 말에 세계에서 손꼽히는 농업국이자 산업국으로 만들어 주었다. 그런데 폭발적인 인구증가는 미국사회에 또 다른 문제를 안겨주었다. 19세기 말이라는 기간에 집중적으로 미국에 들어온 아일랜드인들을 대상으로 이민자들에 대한 혐오와 폭력이 나타나기 시작한 것이다. 이른바 니나NINA, No Irish Need Apply 운동이었다.

아일랜드인이 배척받았던 중요한 이유는 첫 번째로 그들이 기술력을 가진 숙련 노동자들이 아니라 미숙련 단순 노동자들이었다는 것이고, 두 번째로 미국 주류사회와 달리 가톨릭을 믿고 있었다는 점이다. 하지만 아일랜드인들에 대한 인종주의적인 박해도 그리 오래가지 못했다. 무엇보다 그들에게는 표가 있었고 미국은 (비록 부패하긴 했어도) 민주주의 국가였다. 미국은 이민자들을 그냥 받아들이기만 한 것이 아니라 곧바로 투표권도 주었다. 이 점이 이민자들의 입장을 강화하는데 엄청난 힘을 발휘했다. 투표권이 있으면 당연히 정치적 발언권도 생기기 때문이다. 애초에 아일랜드 이민자들에게 적대적이었던 정치인들조차 이민자들이 계속 들어오고 그들의 표를 무시할 수 없게 되자 소신을 바꾸어 아일랜드인에게 유리한 법안을 만들어 내기 시작했다. 결국 이 투표권 때문에 아일랜드인들에 대한 박해는 그리 오래가지 못했고 한세대가 지나기 전에 미국사회에 순조롭게 자리 잡을 수 있었다.

"어떤 이는 미국에는 혁명 대신 이민이 있다고 말했습니다. 왜냐하면 이민 물결은 미국에서 중요한 변화의 동력이기 때문입니다. 새 이민자 무리가 오면, 이들은 자기들의 권리를 위해 싸웁니다. 이들은 통합 inclusion과 접근권access을 위해 투쟁합니다. 이는 모두를 더 좋게 만듭니다. 장기적으로 이는 미국을 개방하고 더 강력하게 만듭니다. 이런 이민 역사는 미국의 크나큰 축복이었다고 생각합니다. 지금껏 그래 왔던 것처럼 많은 두려움이 존재한다고 봅니다. 아일랜드 사람들이 이곳 보스턴에 왔을 때 뭐라고 했는지 읽어보세요. 아일랜드 사람들에게 했던 말을 가장 최근의 이민자 누구에게나 지금도 똑같이 적용할 수 있습니다. 항상 갈등이 존재했지만, 이는 중요하고 긍정적인 갈등이었습니다. 미국을 더 강력하게 만들었습니다. 하지만 쉬운 일은 아니었죠. 그래서 이민의 결과로 나타난 현재 인구 분포의 변화가 미국을 위한 큰 희망의 근원이라고 생각하는 겁니다. 상황을 바꾸기 때문입니다."[192]

---

192 마샬 간즈(하버드 대학교 케네디 스쿨 교수, 자유여름운동 참가자) 인터뷰 중에서

민권운동의 시대

전 세계의 모든 인종들이 몰려드는 기회의 나라 미국!

하지만 그 미국에도 사회에서 배제된 사람들이 있었다. 앞서 이야기한 인디언들과 노예로 미국 땅을 밟은 흑인이다. 그리고 이 둘은 숫자가 너무 적거나, 실질적으로 투표권이 없었기 때문에 어떠한 정치적 영향력도 발휘할 수 없다는 공통점을 가지고 있었다.

그런데 20세기가 되자 미국도 더 이상 흑인들의 분노를 억누를 수 없게 된다. 민권운동^{Civil Rights Movement}의 시대가 시작된 것이다. 이야기가 나온 김에 민권운동의 상징이 된 대표적인 사건 몇 개만 살펴보도록 하겠다.

미국 민권운동의 본격적인 시작을 알린 첫 번째 사건은 앨라배마 주 몽고메리에 살던 로자 파크스라는 흑인 여성에서 비롯되었다. 1955년 12월 1일, 로자 파크스는 여느 날과 다름없이 퇴근길에 버스에 올랐다. 그녀는 흑인에게 허용된 좌석들 중 가장 첫 줄의 빈자리에 앉았다. 버스가 정거장을 거치는 동안 앞에 있는 백인 전용 좌석들이 점차 차게 되었고 엠파이어 극장 앞의 세 번째 정거장에서 몇 명의 백인들이 버스에 탔다. 버스 운전사는 두세 명의 백인 승객들이 서 있게 되자 중간에 앉은 네 명의 흑인들에게 일어나라고 요구했다. 세 명의 흑인들은 일어났지만 로자 파크스는 일어서지 않았다. 운전사가 일어서지 않으면 경찰에게 신고하겠다고 하자, 그녀는 이렇게 대답했다.

"그렇게 하세요."

백인 승객에게 자리를 양보하라는 버스 운전사의 지시를 거부한 로자 파크스는 바로 경찰에 체포되었다. 그리고 이 사건은 이후 382일 동안 계속된 몽고메리 버스 보이콧 운동으로 이어졌다. 보이콧 운동이 시작된 첫날 저녁, 보이콧을 계속할 지에 대해 의견이 분분한 상황에서 마무리 집회가 열리고 있었다. 이 자리에서 26살의 젊은 흑인 목사가 왜 보이콧을 계속해야 하는가에 대한 감동적인 연설을 시작했다. 그리고 그는 이 운동의 실질적인 리더가 된다. 그의 이름은 '마틴 루터 킹'이었다. 이렇게 몽고메리 버스 보이콧 운동은 몽고메리 시당국의 굴복이라는 승리의 경험과 마틴 루터 킹이라는 걸출한 리더를 탄생시키면서 민권운동의 도화선 역할을 했다.

1960년 노스캐롤라이나 주 그린스보로에서는 또 다른 사건이 기다리고 있었다. 2월 1일, 그린스보로의 '울워스'라는 대형마트 내부 간이식당에 흑인청년 네 명이 들어섰다. 식당직원들은 당황한 표정으로 그들을 바라보았다. 왜냐하면 이곳은 백인전용 식당이었기 때문이다. 자

| **로자 파크스** 로자 파크스(Rosa Lee Louise McCauley Parks, 1913
~2005)는 아프리카계 미국인 시민권운동가이다.

리에 앉은 네 사람은 정중하게 음식을 주문했다. 하지만 식당점원들은 나가 줄 것을 요구했다. 청년들은 다시 정중하게 음식을 주문했지만 돌아온 것은 욕설이었고 곧 경찰이 들이닥쳤다. 하지만 사건은 이것으로 끝나지 않았다. 언론이 즉각 이들의 사진을 보도했고 동료 흑인 학생들의 조직적인 항의가 이어졌다.

'싯인' 운동은 이렇게 시작되었다. 청년들은 묵묵히 주문을 하고 욕설과 폭력을 고스란히 받아내고는 감옥으로 갔다. 그리고 감옥에 끌려간 사람들이 앉았던 자리에는 새로운 흑인 청년들이 들어와 자리를 채웠다. 그린스보로 시는 결국 굴복했다. 식당에서의 흑백차별이 금지되고 흑인들도 백인전용좌석을 이용할 수 있게 된 것이다.

1961년에는 프리덤 라이더스라 불리는 자유여행단의 활동도 이어졌다. 이 운동의 요체는 간단히 말해서 백인 학생들과 흑인 학생들이 같

| **싯인(sit-in) 운동** 그린스보로의 백인식당에 앉아서 항의중인 흑인 대학생들

은 버스를 타고 같은 정류장에서 함께 휴식을 취하면서 남부를 여행해서 미시시피 잭슨까지 가는 것이었다. 그냥 평범한 버스여행 같아 보이지만 흑백 분리를 철저히 강요하고 있던 남부에서 백인들이 흑인들과 함께 버스를 타고 휴게소의 시설을 함께 이용하는 것은 목숨을 걸어야하는 위험한 일이었다.

앨라배마 주의 애니스턴 버스터미널에서는 기다리고 있던 인종주의자들에 의해 버스가 피습되는 사건이 발생해서 버스가 불타버리기도했고, 버밍엄에서는 KKK단이 버스에 탑승해서 참가자들에게 집단 린치를 가했다. 그리고 마지막 목적지인 미시시피 잭슨에서는 도착하자마자 경찰이 이들을 연행해서 감옥으로 보냈다. 흑백 분리라는 주의 법률을 위반했다는 것이 그 이유였다. 하지만 이 운동도 결국 승리로 끝났다. 그해 9월 22일 "모든 고속버스, 기차간 등 주 경계를 넘어서는 교통수단 및 시설에서의 인종차별은 금한다"는 규정이 마련 된 것이다.

| **프리덤 라이더스** 인종주의자들에 의해 버스가 피습당하여 불타버리고 있는 장면

하지만 진짜 승리는 이런 세세한 법조항의 문제가 아니었는지도 모른다. 남부에서 벌어지는 엄청난 폭력과 인종적 불관용은 TV 뉴스를 타고 전국에 방송되었고 인종문제에 대한 전국적인 관심을 불러 일으켰다. 이것이야말로 이 운동들의 진정한 성과였다. 그리고 수많은 젊은이들이 민권운동에 투신하기 시작했다.

"민권운동에 참여하겠다고 결심을 했을 때, 특히 프리덤 라이더스에 참여하던 사람들에게 공감을 가졌습니다. 당시 거주하고 있던 이곳 워싱턴 D.C.의 상황을 보고 차별을 없애야겠다고 결정하였고, 우리가 직면한 여러 차별행위를 종식시키기 위한 노력을 했습니다. 물론 두려움도 있었으나, 두려움에 잠식당하고 싶진 않았습니다. 만약 지금 제 나이였다면 운동에 참여하지 않았을 것입니다. 하지만 당시에는 제가 18살이었기에 가능했지요."[193]

"뉴욕 타임즈 표지에서 남부 학생들의 연좌농성 사진을 처음 봤습니다. 이들의 행동이 제 가슴 속에 불타는 무언가에 영향을 준 게 분명했습니다. 자라면서 저는 미국의 백인 세계에 살았습니다. 스타이브센트 고등학교, 해밀턴 대학, 하버드 대학에 다녔습니다.[194] 이런 모든 기관에서 흑인들에게 어떤 일이 벌어지는지 볼 수 있었습니다. 문제는 무엇을 할 것인가입니다.

여기 몇몇 젊은이들이 뭔가를 하고 있습니다. '여기서 멈춰라', '더는 참지 못한다'고 말하고 있었습니다. 그래서 이들과 함께 하려고 남

---

193 커틀랜드 콕스(인권운동가, 비폭력학생위원회 대표) 인터뷰 중에서
194 밥 모제스가 다니던 이 학교들은 모두 백인 엘리트들만 다니던 명문학교였다. 50년대에 그는 이 학교들의 거의 유일한 흑인 학생이었다.

부로 내려갔습니다."[195]

"제가 운동에 참여한 것은 인종차별에 도전하는 청년들의 운동이었기 때문입니다. 그들의 용기에 큰 존경심을 갖고 있었습니다. 만약 제가 같은 생각을 가졌고 그들은 행동하고 있다면 저 자신에게 물어야 합니다. 분명 내가 할 수 있는 일이 있는데 어떻게 참여하지 않을 수 있는가?"[196]

미국사회를 송두리째 흔들기 시작한 민권운동의 열기는 1963년에 절정에 이른다. 워싱턴 행진이 시작된 것이다. 1963년 8월 킹 목사가 워싱턴 행진을 제안했을 때 케네디는 때가 좋지 않다며 미뤄줄 것을 요구했다. 하지만 킹 목사의 대답은 단호했다.

"솔직히, 우리가 나선 민권운동 중에 사람들이 때가 되었다고 여긴 적

| **1963년 워싱턴 행진**

195 밥 모제스(미시시피 자유여름운동 지도자, 민권운동가) 인터뷰 중에서
196 마샬 간즈(하버드 대학교 케네디 스쿨 교수, 자유여름운동 참가자) 인터뷰 중에서

은 한 번도 없었습니다."

미국 전역에서 25만 명의 참가자가 몰려들었다. 특히 그동안의 성과를 반영하듯 수많은 흑인들뿐 아니라 주류사회의 백인들도 대거 행진에 참여했다. 인종 차별이라는 문제가 미국이 해결해야 할 가장 큰 문제로 재조명되는 순간이었다. 그리고 역사를 바꾼 마틴 루터 킹의 연설이 시작되었다.

"어떤 의미에서 우리는, 국가로부터 받은 수표를 현금으로 바꿔야 할 시기에 온 것입니다. 미국을 건국한 사람들은, 헌법과 독립선언에 훌륭한 표현들을 써 넣었습니다. 그들은, 모든 미국인들이 상속하게 되어 있는 약속어음에 사인을 했습니다. 그 약속어음이란, 모든 인간에게 삶과 자유, 행복 추구라는 양도할 수 없는 권리를 보장한다는 약속이었습니다. 그러나 오늘날 미국이, 시민들의 피부색에 관한 한, 이 약속어음이 보장하는 바를 제대로 이행하지 않고 있다는 것은 분명한 사실입니다. 미국은, 이 신성한 의무를 존중하지 않고, 흑인들에게 부도수표를 주었습니다. 이 부도수표는 자금이 충분하지 않다는 이유로 되돌아옵니다. 그러나 우리는 정의 은행이 파산했다고 생각하지 않습니다. 우리는 이 나라에 있는 기회의 금고에 자본이 충분치 않다는 사실을 믿지 않습니다. 그래서 우리는 이제 이 수표를 현금으로 바꿔

| **마틴 루터 킹** 미국의 인종차별에 대항하여 흑인의 인권운동을 전개한 운동가이자, 침례교 목사로 1964년 노벨평화상을 수상하였다.

야 할 때에 다다른 것입니다. 이 수표는 우리가 요구하는 바에 따라 충분한 자유와 정의에 의한 보호를 우리에게 줄 것입니다. 또한 우리는 '바로 지금'이라고 하는 이 순간의 긴박성을 미국인들에게 일깨우기 위해 이 자리에 모였습니다.......

나에게는 꿈이 있습니다. 언젠가 이 나라가 모든 인간은 평등하게 태어났다 는 것을 자명한 진실로 받아들이고, 그 진정한 의미를 신조로 살아가게 되는 날이 오리라는 꿈입니다.

언젠가는 조지아의 붉은 언덕 위에 예전에 노예였던 부모의 자식과 그 노예의 주인이었던 부모의 자식들이 형제애의 식탁에 함께 둘러앉는 날이 오리라는 꿈입니다.

언젠가는 불의와 억압의 열기에 신음하던 저 황폐한 미시시피 주가 자유와 평등의 오아시스가 될 것이라는 꿈입니다. 나의 네 자녀들이 피부색이 아니라 인격에 따라 평가받는 그런 나라에 살게 되는 날이 오리라는 꿈입니다........

이것이 우리의 희망입니다. 이것이 제가 남부로 돌아갈 때 가지고 가는 신념입니다. 이런 신념을 가지고 있으면 우리는 절망의 산을 개척하여 희망의 돌을 찾아낼 수 있을 것입니다. 이런 희망을 가지고 있으면 우리는 이 나라의 이 소란스러운 불협화음을 형제애로 가득찬 아름다운 음악으로 변화시킬 수 있을 것입니다. 이런 신념이 있으면 우리는 함께 일하고 함께 기도하며 함께 투쟁하고 함께 감옥에 가며, 함께 자유를 위해 싸울 수 있을 것입니다. 우리가 언젠가 자유로워지리라는 것을 알기 때문입니다. 그 날은 신神의 모든 자식들이 새로운 의미로 노래 부를 수 있는 날이 될 것입니다."[197]

---

[197] 마틴 루터 킹 'I have a dream(나에겐 꿈이 있습니다)' 연설 중에서

이 행진의 성과에 힘입어 인종차별을 포괄적으로 철폐하기 위한 민권법안의 추진이 힘을 받기 시작했다. 케네디는 곧바로 민권법의 제정을 요구했고 케네디가 암살된 후에는 존슨이 이 법안의 통과를 강력하게 추진했다. 결국 1964년 7월 2일. 존슨은 통칭 '1964년의 민권법'[198]으로 불린 남북전쟁 이후 가장 포괄적인 민권법안에 서명했다.

"민권법 통과 이후 고용에 대한 차별이 불법으로 변했습니다. 공공시설에서 차별하는 것도 불법입니다. 인종과 성별, 민족 혹은 종교에 근거한 차별이 금지되었습니다. 하지만 실제로는 이후에도 계속되었습니다. 집행하기 어려운 일이었습니다. 시행하는데 많은 노력이 필요했습니다. 만약 법을 집행하는 연방 정부가 없다면 많은 경우 시행되지 않았습니다."[199]

"민권법이 통과된 후 법은 민권운동의 편에 섰다고 할 수 있습니다. 그러나 법의 태도와 사람들의 태도는 다릅니다. 법은 민권운동의 편에 섰으나 여전히 사람들의 행동은 바뀌지 않았습니다. 따라서 사람들의 관행을 타파해야 했던 것입니다. 다시 말해, 법이 바뀐다는 것이 관행까지 다 바꾸지는 못했습니다."[200]

---

[198] 재건기 이후 시민권에 관련한 가장 중요한 연방법으로 간주된다. 제1장은 등록요건을 철폐하고 소수민족과 사회적 저혜택자에 불리하게 되어있는 절차를 폐지함으로써 평등투표권을 보장하고 있다. 제2장은 주간통상(州間通商)과 관련된 공공시설 이용에 있어서의 인종분리나 차별을 금지하고 있다. 제7장은 주간통상에 관련되거나 연방정부와 관계가 있는 노동조합, 학교 및 사용자에 의한 차별을 금지한다. 또한 민권법은 공립학교에서의 인종차별의 폐지를 요구하고(제4장), 민권위원회(Civil Rights Commission)의 직무를 확대하며(제5장), 연방이 지원하는 정책에 따른 기금 배분에 있어서의 차별 철폐를 보장하고 있다(제6장).

[199] 사무엘 로버츠(콜롬비아 대학교 역사학과 교수) 인터뷰 중에서

[200] 커틀랜드 콕스(인권운동가, 비폭력학생위원회 대표) 인터뷰 중에서

미시시피 자유여름

1964년의 민권법은 노련한 의회 정치가였던 린든 B 존슨 대통령이
아예 작심하고 만든 법이었다. 케네디의 암살로 인해 케네디가 남긴 유
업에 대한 우호적인 분위기가 없었다면 거의 통과되는 게 불가능할 정
도로 강력한 법이기도 했다. 따라서 연방정부가 개입할 수 있는 거의
모든 영역에서 인종차별과 흑백분리를 뿌리 뽑을 수 있는 장치들이 곳
곳에 마련되어 있었다.

하지만 이런 민권법이 통과되었음에도 불구하고 남부 주들은 저항
하고 있었다. 특히 1964년이 대통령 선거의 해였기 때문에 흑인의 투
표권을 제한하려는 노력은 더욱 집요해졌다. 남부의 백인들이 다른 무
엇보다 흑인들의 투표권을 제한하려고 집요하게 노력한 이유는 분명했
다. 민주주의 국가에서 투표권이야말로 가장 강력한 무기이기 때문이
다. 앞서 아일랜드인들에 대한 차별이 어떻게 사라졌는지를 상기해보
라. 그들에게 투표권이 있었기 때문에 정치적 발언이 가능했고 차별도
사라질 수 있었다. 아일랜드인들에게 투표권이 없었다면 최초의 아일

랜드계 대통령인 케네디도 없었을 것이다.

그런데 오랜 기간 중앙집권화된 국가에서 살아온 우리로서는 좀 이해가 안가는 부분이 있을 것이다. 헌법이 흑인의 투표권을 보장하고 있고, 중앙정부인 연방정부가 투표권을 보장하라고 강력한 법 규정까지 만들었는데, 남부에서 어떻게 흑인의 투표권을 합법적으로 제한할 수 있는가 하는 점 말이다. 이 부분을 이해하기 위해서는 미국이 기본적으로 연방국가라는 사실을 명심해야 한다. 사실 연방국가라는 말을 아무리 강조해도 그런 나라에서 살아보지 않은 우리로서는 그게 무슨 의미인지 잘 모른다. 우선 사전적인 의미는 다음과 같다.

> "각기 독립된 국가나 서로 다른 형태를 가진 정체政體들을 하나의 포괄적인 정치체제로 통합하되, 각 구성체가 본래의 기본적인 정치형태를 유지할 수 있도록 허용하는 정치제도."[201]

그러니까 사전적 의미로는 미국을 구성하는 각주가 일종의 독립된 정치적 단위라는 말이 되는 것이다. 영국으로부터 독립할 당시 미국이 하나의 국가로 독립했기 때문에 13개주가 하나의 국가를 이룬 것이 너무 당연하다고 생각하지만 사실 13개주가 미합중국이라는 하나의 나라로 탄생한 것은 13개주 대표들의 정치적 결단에 따른 결정이었지 당연한 게 결코 아니었다. 사실 독립 이전 13개주는 각각의 독립적 단위로 본국인 영국정부와 일대일로 연결되어 있었지 13개주가 하나의 식민지 정부를 통해 영국과 연결된 게 아니었다. 따라서 13개주가 각각의 국가

---

201 브리태니커 백과사전

로 독립해도 전혀 이상하지 않았다. 다만 현실적으로 영국이라는 강력한 적을 개별 주들의 힘으로 상대할 수 없었기 때문에 연방제 국가를 건설한 것이었다. 따라서 각 주는 상당한 정도의 자치권을 가지고 있었고 주정부와 연방정부의 권한이 매우 명확하게 나뉘어졌다. 이러한 전통은 20세기에도 그대로 유지되었다. 아무리 연방정부라 할지라도 각 주의 자치권이라고 결정된 부분에 대해서는 절대로 손댈 수 없었다. 만약 함부로 손댔다가는 당장 위헌판결을 받을 게 뻔했다.

투표권의 문제가 바로 그랬다. 헌법과 연방법에서는 흑인의 투표권이 보장되어 있지만 어떻게 보장할 것인가에 대한 세세한 규정은 어디까지나 주정부 혹은 더 작은 단위인 '카운티' 정부의 몫이었다. 연방정부가 이래라저래라 할 수 없는 것이다. 따라서 외관상 차별문제가 잘 드러나지 않는 교묘한 규정들, 그러니까 문맹 시험 같은 방법을 사용해서 흑인의 투표권을 제한하는 것은 완전히 합법적인 것이었다.

또 투표권을 주정부가 제한하기 이전에 지역사회에서 암묵적인 분위기로 흑인들의 투표권을 제한할 수도 있었다. 흑인들이 투표를 하겠다고 유권자 등록이라도 하면 당장 직장에서 해고되고 생계를 잃어야 했다. 린치도 공공연하게 가해졌다. 이 비공식적인 규제 역시 엄청난 위력을 발휘하고 있었다. 따라서 아무리 연방정부가 흑인의 투표권을 보장한다 하더라도 이 두 가지 문제를 해결하기 전에 흑인의 투표권을 실질적으로 보장하는 것은 불가능했다.

하지만 오히려 그렇기 때문에라도 흑인의 투표권을 확보하는 것은 무엇보다 중요했다. 투표권만 확보된다면 흑인들에게도 합법적으로 싸울 공간이 생기기 때문이었다. 과격한 폭력주의자로 알려진 말콤 엑스

| **말콤 엑스** 미국 흑인 해방운동
의 급진파 지도자(1925~1965).

도 이런 사실 때문에 1964년이 되면 투표권에 주목하였다.

"왜 미국이 무혈의 혁명을 성공시킬 수 있는 위치에 있는가? 이 나라의
흑인들이 힘의 균형을 취하게 되고, 흑인들이 헌법에 보장된 권리를 갖
는다면 흑인들의 증가된 힘은 이 나라에서 인종주의자들과 분리주의
자들을 공직에서 몰아낼 것이기 때문이다. 그것은 미국의 정치적인 구
조 전체를 바꿀 것이다. 그것은 미국의 국내정책뿐만 아니라 대외 정
책을 좌지우지하는 남부의 분리주의자를 쓸어버릴 것이다. 피를 흘리
지 않고 이것을 성공시키는 유일한 방법은 50개 주 모두 흑인에게 투
표권을 부여하는 것이다. 그러나 어느 흑인이 투표권을 가지지 못한
다면 당신들은 투표권 대신 총알을 사용하기 시작할 다른 사람을 상대
하게 될 것이다"²⁰²

백인 국가의 폭력적인 전복을 추구하던 말콤 엑스가 이 정도였으니

---

202 정상환 지음 《검은 혁명》에서 재인용. 말콤 엑스는 이 연설에서 발음이 비슷한 ballot
(투표권)과 bullet(총알)을 효과적으로 대비하고 있다.

다른 민권운동가들도 투표권에 주목한 것은 당연했다.

"우리에게 투표권을 주시오. 그리하여 우리는 더 이상 연방정부를 향해 린치금지법을 통과시켜달라고 탄원하지 않을 것입니다. 우리는 투표권을 행사함으로써 남부 각 주의 법령집에 법을 써 넣을 것이고 가면을 쓴 폭력범들의 비열한 행동들을 종식시킬 것입니다. 우리에게 투표권을 주십시오. 그리하면 우리는 선의를 가진 사람들로 주 의회 의사당들을 채우게 될 것이고, 신성한 미 의회의 의사당에는 정의의 선언에 헌신하기 위하여 남부의 선언에는 서명하지 않을 사람들을 보내게 될 것입니다…."[203]

그렇다. 목표는 결정된 것이다. 1964년 민권운동의 목표는 투표권의 실질적 행사에 맞춰졌다. 특히 가장 악명 높았던 딥 사우스 '미시시피'가 운동의 목표가 되었다. 같은 남부라도 민권운동이 시작된 이후에 조지아 44%, 사우스캐롤라이나 39%, 루이지애나 32%, 앨라배마 23%로 흑인 유권자 등록률이 상승하고 있었지만 미시시피는 1964년에도 등록률이 겨우 6.7%에 불과할 정도였기 때문이다.[204] '미시시피 자유여름 운동'은 이렇게 시작되었다.

운동의 기본 계획은 다음과 같았다. 우선 전국에서 미시시피 흑인들의 유권자 등록을 도와줄 자원봉사자들을 모집했다. 주로 북부나 동부의 백인 대학생들이었던 이들은 여름방학을 이용해 미시시피에 내려가

---

203 마틴 루터 킹 "우리에게 투표권을 주시오" 연설 중에서
204 Anthony Lewis and the New York Times, Portrait of a Decade: the Second American Revolution(New York: Random House, 1964),-김인선 ≪1964년 미시시피 자유여름: 인종, 성, 계급의 갈등과 소통≫에서 재인용

| 미시시피 자유여름운동 전단지

흑인들과 함께 생활하면서, 그들이 유권자 등록을 할 수 있도록 도울 계획이었다. 이들의 활동은 단지 유권자 등록만은 아니었다. 낙후된 환경에서 방치되어 있는 흑인 아이들을 위해 자유학교를 운영하는 등 흑인 공동체를 위한 다양한 활동도 벌였다. 하지만 핵심은 역시 투표권을 확보하기 위한 유권자 등록이었다. 그리고 백인 학생들이 미시시피로 내려가 운동에 참여하는 데는 다른 이유도 있었다.

"(1961년에 미시시피에서 유권자운동을 하던) 허버트 리가 살해당했습니다. 그리고 (그 사건에 대해 용감하게 증언했던) 루이스 알렌이 살해당했습니다. 하지만 아무도 몰랐습니다. 그 누구도 신경 쓰지 않았습니다. (남부의 가난한 흑인이었던 이들은) 눈에 띄는 사람들이 아니었습니다. 메드가 에버스도 마찬가지였습니다. 물론 국가 지도층의 권력을 가진 이들은 알고 있었습니다. 하지만 일반인들은 이에 관해 알지 못했습니다. 그들은 일반대중에게 알려진 인물이 아니었습니다.

하지만 자녀와 같은 학교에 다니는 젊은 백인들은 다릅니다. 이들이 남부에 와서 폭력의 위험에 처합니다. 이것이 전국을 강타합니다. 갑자기 예전에는 몰랐던 일에 전국의 시선이 모였습니다."[205]

"북부 학생들의 방문에는 이득이 있었죠. 북부 학생들을 염려하는 부모들이 있었습니다. 그리고 언론이 따라와 언론의 관심이 집중됩니다. 협박과 위협을 당하는 상황을 아무도 몰랐지만 이제 사람들이 알게 될 것입니다. 북부 학생 대부분은 추가적 재정지원을 받았습니다. 영향력이 있었습니다. 여름 프로젝트 동안 제 어머니는 다른 북부 학생 어머니들과 함께 지역구 국회의원을 찾아갔습니다. 우리 자녀들을 보호해달라고 말했죠. 다른 말로 하면 미시시피에 사는 사람들을 보호해 달라는 뜻입니다. 그 당시 저는 뉴욕에 살았습니다. 그는 비교적 진보적인 지역의 국회의원이었습니다. 하지만 보호하자는 의견에 동의하지 않았습니다. 그는 우리가 문제를 일으키기 때문이라고 말했습니다. 눈에 띄게 만들고 정치적 압력을 이용할 필요가 있었습니다."[206]

미시시피에서는 감히 투표를 하려고 나서는 흑인들에게 무시무시

---

205 마샬 간즈(하버드 대학교 케네디 스쿨 교수, 자유여름운동 참가자) 인터뷰 중에서
206 헤더 부스(민권운동가, 자유여름운동 참가자) 인터뷰 중에서

한 폭력이 행사되었다. 린치나 폭행은 다반사였고 목숨을 잃는 일도 부지기수였다. 비폭력학생위원회^{SNCC}의 미시시피 담당자였던 밥 모제스도 그와 함께 활동하던 현지 흑인 활동가들이 살해당하는 경험을 했다. 하지만 그들은 남부의 가난한 흑인이었기 때문에 언론의 관심을 끌지 못했고 법의 보호를 받을 수 없었다. 따라서 효과적인 유권자 등록 운동을 위해 법의 보호를 받는 사람들(백인 대학생들)을 남부로 데려와 법의 보호를 받지 못하는 사람들(미시시피의 흑인들)과 함께 일하게 한 것이다.

1964년 6월초 자유여름을 앞두고 먼저 오하이오 주 옥스퍼드에서 지원자들을 대상으로 오리엔테이션이 진행되었다. 오리엔테이션에서

| 미시시피 자유여름운동 오리엔테이션 장면

는 미시시피에서 목도하게 될 폭력에 어떻게 대응할지, 현지의 흑인들과 함께 지낼 때는 어떻게 지내야하는지 등을 자세히 교육했다. 그리고 6월 20일, 선발대가 미시시피를 향해 출발했다. 하지만 그들은 미시시피에서는 백인들에 대한 법의 보호라는 것도 그들이 흑인과 어울리는 순간 사라진다는 것을 알게 되었다. 선발대로 내려간 백인 민권운동가 두 사람이 함께 활동하던 흑인 청년과 함께 행방불명된 것이다. 이들의 이름은 앞서 이야기한 것처럼 마이클 슈워너와 앤드류 굿맨 그리고 제임스 체니였다.

"1963년 마이클 슈워너Michael Schwerner가 남부로 내려왔습니다. 미키(마이클)는 뉴욕의 CORE²⁰⁷에서 일했습니다. 협의에 따라 CORE는 미시시피 주의 한 지역을 담당하고 있었습니다. 동서를 가로지르는 메르디안Meridian부터 잭슨까지 지역이었죠.

전국 본부에서 미키와 그의 아내 리타(Rita)를 뽑아 남부에 파견했습니다. 이들은 1963년 가을부터 메르디안에서 일하기 시작했습니다. 그리고 제임스 체니는 십대 흑인 청년이었습니다. 메르디안에 살았고 미키와 함께 일하기 시작했습니다. 이들은 그해 겨울 동안 메르디안에서 활동했습니다.

(자유여름 운동이 시작되자) 저희는 옥스포드Oxford에서 오리엔테이션을 하고 있었습니다. 제임스 체니와 미키 슈워너도 거기 있었습니다. 첫 번째 자원봉사자들이 모였습니다. 앤드류 굿맨Andrew Goodman도 자원봉사자 무리에 있었습니다. 하지만 앤드류는 미시시피에 가본적이 없었죠. 다음 날 모두 남부로 내려갈 계획이었습니다. 누군가 미

207 Congress of Racial Equality-인종평등회의

키에게 이야기했습니다. 네쇼바 카운티^{Neshoba County}에 이들이 사용하기로 한 교회에 불이 났다고 말이죠. 미키는 가서 살펴보기로 합니다. 그리고 함께 앤드류를 데려갔습니다. 앤디가 뉴욕 출신이기 때문에 친밀감이 있었기 때문이라고 생각합니다. 이렇게 셋이 남부로 내려갔습니다. 사실 가장 위험한 순간에 남부에 간 셈이죠.

침입자가 온다며 미시시피는 굉장히 흥분해 있었습니다. 침입자들이 내려오는 것을 지켜봤습니다. 수백 명이 내려오는 대신 3명이 찾아왔습니다. 그들은 이미 미키를 알고 있었죠. 그래서 덫을 놓았습니다. 이들을 체포하고 익명으로 감옥에 집어넣었습니다. 사람들이 물으면 그들이 감옥에 있다는 것을 부정했죠. 그리고 (밤늦은 시간에) 풀어줬습니다."²⁰⁸

세 사람이 지역의 흑인 운동가였다면 아무도 관심을 가지지 않았겠지만 동부 명문대 출신의 백인 학생들이었기에 곧 언론의 관심이 집중되었다. FBI까지 나서서 대대적인 수색이 벌어졌다. 하지만 40일이 다되도록 이들의 흔적조차 찾을 수 없었다. 후발대가 대기하고 있던 옥스퍼드는 충격에 휩싸였다.

"(마이클의 부인이었던) 리타는 직접 호소하기 위해 워싱턴으로 떠났습니다. 그녀가 떠나고 저는 학생들에게 이야기하기로 결정했습니다. 왜냐하면 저희는 그들이 죽었다는 걸 알았기 때문입니다. 그들이 설명한 상황을 고려해 보면 말입니다. 체포되고 감옥에 갔혔습니다. 감옥에서 풀려나자 갑자기 실종되었습니다. 저희는 그들이 살아있을 수 없다

---

208   밥 모제스(미시시피 자유여름운동 지도자. 민권운동가) 인터뷰 중에서

| 미시시피 버닝 사건의 실종자들 마이클 슈워너, 제임스 체니, 앤드류 굿맨

는 것을 알았습니다. 만약 누군가 납치하지 않았다면 말이죠. 하지만 납치는 그들의 전략이 아니었습니다. 그들의 전략은 살인이었습니다.

누군가를 살해하면 지역 사건이 되기 때문입니다(재판의 관할권이 지방 정부에 있기 때문에). 연방정부는 살인을 처벌할 수 없습니다. 저는 모든 학생에게 이들이 죽었다고 말했습니다. 미시시피에 가야 하는지 재고해야 한다고 말했습니다. 그들이 동의하지 않는 한 남부에 오는 것을 원치 않았습니다. 처음 자유여름 운동에 등록할 때 그들은 살인에 직면할 것에 동의하지는 않았습니다. 이제 살인이 그들 앞에 놓여 있습니다. 이런 일에 정말 관여하고 싶은지 다시 생각해야만 했습니다."[209]

"저는 두 번째 그룹이었습니다. 교육을 받는 동안 이들의 실종 소식이 전해졌습니다. 수백 명이 한곳에 모였습니다. 밥 모제스Bob Moses가 정

---

209 밥 모제스(미시시피 자유여름 지도자, 민권운동가) 인터뷰 중에서

의를 위한 투쟁에 따르는 희생에 관해 이야기했습니다. 그는 그만두고 싶은 이들이 나갈 수 있는 공간을 만들어 주려 노력했습니다. 하지만 저는 더 큰 확신을 하게 되었습니다. 민주주의와 존엄을 위해 사람들이 죽어간다면, 이를 멈추기 위해 무엇이든 해야만 했습니다."[210]

"밥이 모두를 불러 모았습니다. 마이클과 제임스, 앤디의 실종 소식을 알려줬습니다. 우리는 이게 어떤 의미인지 알고 있었습니다. 그는 모두 집으로 돌아가라고 말할 수 있었으면 좋겠다고 했습니다. 하지만 그럴 수 없다고 했죠. 만약 우리가 (미시시피에) 간다면 이런 체제를 없앨 가능성이 늘어나니까요. 하지만 우리가 가지 않는다고 해도 이해한다고 말했습니다. 꼭 가지 않아도 된다고 말했습니다. 하지만 우리가 어떤 상황에 부딪히게 될지 알 권리가 있다고 말했습니다.

모두 침묵을 지키고 앉아 있었습니다. 분명히... 누가 알겠어요... 몇 분밖에 안될 테지만 마치 한 시간 같았습니다. 거기 앉아서 어떤 상황인지 생각했죠.

그때 흑인 여학생인 진 윌러Jean Wheeler가 뒤편에 서서 노래를 부르기 시작했습니다.

자유는 끊임없는 투쟁이라고 합니다.
자유는 끊임없는 투쟁이라고 합니다.
오! 주여, 너무 오랫동안 싸워왔습니다, 이제 자유로워야 합니다.
자유는 끊임없는 죽음이라고 합니다.
너무 오랫동안 죽었습니다.
이제 자유로워야 합니다.

---

210 헤더 부스(민권운동가, 자유여름운동 참가자) 인터뷰 중에서

이제 자유로워야 합니다.

　모두 그 노래를 따라 부르며 그 방을 나왔습니다. 다음날 우리는 모
두 미시시피에 갔습니다."[211]

　후발대를 포함해서 모두 천 명의 자원봉사자들이 미시시피로 출발
했다. 자원봉사자들이 미시시피로 향하자 미시시피 주정부는 자신들
의 권리에 대한 도전이라며 전쟁을 선포했다. 그리곤 말 그대로 전투
태세를 갖추었다.

　경찰당국은 신형 총기 200자루를 구입하고 경찰력을 390명에서
450명으로 증강했다. 장갑차까지 동원했다. 미시시피의 주도主都였던
잭슨시 시장의 이름을 따서 "톰슨 탱크"라는 이름도 붙였다. 더불어 대
중시위를 요구하는 전단배포를 불법으로 규정하고, 공공건물에서 피켓
시위를 금지하며, 자유학교운영을 막는 등 자유여름 프로젝트를 방해
하기 위한 법안들도 20개가 넘게 의회를 통과했다.

　"그해 여름에는 폭력이 난무했습니다(세 사람의 활동가가 실종되었을 때
　도). 이슬린 상원의원은 공산당의 음모라고 말했습니다. 그들이 살해
　되지 않았으며 공산주의자라는 선동에 맞서야 했습니다. 저는 공산주
　의자라는 비난을 받았습니다. 함께 일하던 브레이든 부부는 선동죄로
　재판을 받았습니다. 칼 브레이든은 실제로 아틀란타의 반미활동위원
　회House Un-American Activities Committee, HUAC의 호출을 받았습니다. 그
　가 미시시피를 둘러보러 방문했을 때 사람들은 일면에 사진을 게재하

211　마샬 간즈(하버드 대학교 케네디 스쿨 교수, 자유여름운동 참가자) 인터뷰 중에서

고 칼과 제가 공산주의자라고 했습니다. 모든 것을 공산주의라고 비난했습니다.

이런 사안에 대해 제대로 알지 못하는 미시시피 백인들이 취하는 방법이었습니다. 적군이 가진 이질적인 요소라고 이해했습니다. 이들은 시장의 이름을 따서 톰슨의 탱크Thompson's tank를 조직했습니다. 그들은 무장했습니다. 정말 침공을 당하는 것처럼, 큰 교전이 있을 것처럼 말입니다. 어떻게 보면 심리전을 다루고 있었습니다.

하지만 그 이면에는 살인에 대한 진짜 공포가 자리 잡고 있었습니다. 대량 살육이 아닌 개별적 살인이었죠. 여러 차례 폭발이 있었고 교회가 불탔습니다. 흑인 공동체의 모든 모임은 기본적으로 교회에서 이뤄졌기 때문입니다."[212]

"오하이오에서의 일주일 훈련을 마친 후 대략 500명이 되는 사람들이 미시시피 곳곳으로 가는 버스에 올랐습니다. 저는 차를 타고 갔는데, 저 외에 3명의 백인 여성과 백인 남성 한 명이 같은 차에 동행하였습니다. 그 당시에는 분리정책Segregation이 있었기 때문에 저와 같은 흑인이 백인 여성과 함께 차를 타서는 안됐습니다. 따라서 오하이오 주를 벗어난 이후에는 누가 우리를 본다면 차에는 백인들밖에 보이지 않게 낮 시간에 저는 차 뒤쪽에 누운 상태로 몸을 숨기고 있었습니다.

미시시피에 도착했을 때는 해가 뜨고 있었습니다. 제가 차에서 내릴 때는 대낮이었는데, 차 뒷좌석에서 하도 오랫동안 쪼그리고 앉아 있었기 때문에 바로 일어서기가 힘들었습니다. 제가 미시시피에서 여름을 보낼 집의 가족을 소개받고 그분들이 제가 잘 곳으로 안내해 주었는데

---

212 밥 모제스(미시시피 자유여름운동 지도자, 민권운동가) 인터뷰 중에서

그 자리에서 저는 바로 곯아떨어졌습니다. 다음날 아침 더그 스미스 사무차장Doug Smith, Assistant director이 저를 사무실에 데려다 주기 위해 찾아왔습니다. 그가 제가 탔었던 차가 우리가 도착한 날 저녁 공격을 당했으며, 지원자 중 한 명이 총에 맞았다고 말해 주었습니다. 이것이 제 미시시피 경험의 시작이었습니다."[213]

자원 봉사자들은 북부의 침입자, 공산주의자들의 공격, 소련의 간첩들이라는 비난에 시달려야 했고 백인 거주 지역으로 갈 때는 위험을 각오해야 했다. 특히 남부의 인종주의자들은 주민들을 자극하기 위해 북부에서 온 백인 여학생들이 성性을 미끼로 순진한 흑인 청년들을 꼬드기고 있다는 마타도어를 뿌리기도 했다.

그리고....

8월 12일, 실종되었던 세 사람이 인근 댐에서 싸늘한 주검으로 발견되었다.

"이 사건 때문에 존 도어가 연락을 했습니다. 잭슨의 한 모임에 가보라고 했습니다. 잭슨의 모임에는 전 CIA 수장이었던 앨런 덜레스Allen Dulles가 있었습니다. 여론의 압력이 거세지자 시신을 찾기 위해 마침내 존슨 대통령이 해군을 파견했습니다. 몇 주간 시신을 찾으면서 다른 시체들을 발견했습니다.[214] 미시시피 동서부에서 살해된 젊은 흑인 학생들이었습니다.

결국 그들은 현상금을 걸었습니다. 시신이 어디에 있는지 정보가 들

---

213 허버트 랜달(미시시피 자유여름 참가자, 사진작가) 인터뷰 중에서
214 이 시체들은 미시시피에서 실종된 흑인들의 시신이었다. 하지만 아무도 그들의 죽음에 관심을 가지지 않았기 때문에 이 수색 작업에서야 발견된 것이다.

어왔습니다. 댐 같은 구조물을 짓는 누군가의 농장에 묻혀있었습니다. 새로 옮겨진 흙이 많았습니다. 댐 아래 이들을 묻었습니다. 시신을 찾기 전에 먼저 자동차를 발견했습니다. 지역의 인디언 부족이 차에 관한 정보를 알려 줬습니다. 그리고 마침내 시신을 찾아냈죠. 마이클의 부모는 제임스 체니와 마이클을 함께 묻어주고 싶어 했지만 허락되지 않았습니다. 미시시피는 흑인과 백인이 같은 공동묘지에 묻히는 것을 허용하지 않았습니다."[215]

희생자는 이 세 사람으로 끝나지 않았다. 민권운동의 고조에 위기감을 느끼고 있었던 만큼 인종주의자들의 공격도 집요하고 절박했다.

"특히 백인을 유다라고 생각했습니다. 배신자라고 생각했죠. 어떤 면에서 미시시피 백인 사회는 흑인들을 이해할 수 있었습니다. 하지만 우리들 백인은 공산주의자이자 악당이었습니다. 우리를 이해하지 못했기 때문입니다. 여러 가지 면에서 우리는 엄청난 증오의 대상이었습니다. 특히 우리 중에는 유대인, 천주교인이 있어서 상황이 더 심각해졌죠. 어려운 상황이었습니다. 저는 미시시피 주 맥콤에서 활동했습니다. 맥콤에 대화의 필요성을 느끼는 백인 가정이 있었습니다. 그들은 자원봉사자 백인들을 초대했습니다. 함께 활동하던 천주교 신부와 개신교 목회자들도 우리와 함께 가서 저녁을 먹으며 이야기를 나눴습니다. 다음날 집 앞마당 가득히 쓰레기 더미가 널려 있었습니다. 보험 사업을 하던 집주인은 이틀 동안 의뢰인 절반을 잃었습니다. 백인 사회 내부의 이탈을 막고자 사람들을 동원했습니다."[216]

---

215 밥 모제스(미시시피 자유여름운동 지도자, 민권운동가) 인터뷰 중에서
216 마샬 간즈(하버드 대학교 케네디 스쿨 교수, 자유여름운동 참가자) 인터뷰 중에서

잔혹한 공포가 미시시피를 지배하고 있었지만 자유여름 운동은 계속되었다. 학생들은 가난한 흑인지역에서 함께 생활하면서 유권자 등록운동을 계속했고, 교육의 혜택을 받지 못하는 아이들에게 교육의 기회를 주었다. 백인들이 분노와 공포로 이들을 맞이했다면 흑인들은 우정과 친절함으로 이들을 대했다.

"64년 여름 백인 학생들이 내려왔습니다. 자유학교freedom class에서 미국 헌법을 가르쳤습니다. 흑인 학교에서는 배운 적이 없었습니다. 제가 6살 때 처음 받은 책은 백인 학교에서 보낸 책이었습니다. 뒷면도 없고 책이 찢어져 있었죠. 여기저기 낙서가 많았습니다. 선생님은 그렇다고 울지 말라며 남아 있는 부분으로 공부하라고 하셨죠. 낡고 찢어진 중고책이었습니다. 백인 학교에서 쓰다가 낡아 빠진 모든 것은 우리 차지였습니다"[217]

"흑인 공동체는 대단히 환영했습니다. 흑인 공동체에게는 놀랄만한 일이었습니다. 평생 자신의 집에 백인을 들인 적이 없었습니다. 혹은 동네를 함께 걸어본 적이 없었습니다. 하지만 자원봉사자들은 매우 환영받았습니다. 지금까지 많은 이들이 가족들끼리 서로 연락하고 지냅니다. 흑인 공동체는 백인 자원봉사자를 환영했습니다."[218]

"우리는 서로의 문화를 배웠습니다. 지역 주민들은 우리 문화를 배웠어요. 우리는 그들의 문화를 배웠죠. 용감하고 친절하며, 배려심 많고 현명한 사람들이라는 걸 알게 됐습니다. 미시시피 사람들은 자신의 자유

---

217 윌리 블루(미시시피 현지 흑인 활동가) 인터뷰 중에서
218 밥 모제스(미시시피 자유여름운동 지도자. 민권운동가) 인터뷰 중에서

투쟁을 위해 필요한 일을 하고자 했습니다. 경제적으로 어려웠음에도 매우 친절했습니다. 호킨스 가족은 4명의 자원봉사자를 받았습니다. 저희에게 침대를 내주고 그들은 소파에서 잠을 잤습니다. 저희에게 큰 친절을 베풀었죠."[219]

자유여름운동의 결과 그해 여름에 모두 17,000명의 흑인들이 생애 처음으로 유권자 등록을 하기 위해 법원으로 갔다. 하지만 결과는 실망스러웠다. 유권자 등록을 시도한 17,000명 중 오직 1,600명만이 등록에 성공했기 때문이다. 이유는 물론 악명 높은 문맹시험과 같은 방해가 있었기 때문이었다. 그렇다면 운동은 실패한 것일까? 결코 그렇지 않았다. 당시 미시시피에서 흑인이 유권자 등록을 하러 법원으로 간다는 사실 자체가 엄청난 용기를 필요로 하는 것이었다. 만약 유권자 등록을 시도한 사실이 알려지면 그 흑인은 린치의 대상이 되거나 직장을 잃을 각오를 해야 했다. 심지어 지역 신문들은 흑인들을 위협하기 위해 유권자 등록을 한 사람의 명단을 지면에 싣기도 했다. 이 명단은 미래의 해고자 명단이나 마찬가지 였다.

그럼에도 불구하고 17,000명이나 되는 흑인들이 나선 것이다. 그들은 태어나서 처음으로 자신의 삶을 걸고 투표권을 요구하고 나섰다. 이들의 각성이야말로 남부, 아니 미국 사회의 변화를 위한 밑거름이 되었다.

성과는 유권자 등록을 시도한 사람들만이 아니었다. 흑인 아이들에게 처음으로 미국의 헌법과 권리를 가르친 자유학교의 시도도 그들을 자유의지에 눈뜨게 했다. 아마 구구절절한 설명보다 자유학교에 다

---

219 헤더 부스(민권운동가, 자유여름운동 참가자) 인터뷰 중에서

| 투표권 요구 운동

니던 15세 소년 조이스 브라운의 시가 더 많은 것을 설명해줄 것이다.

"폭탄이 터진 학교에서 수업을 해야 한다.
모두 삶의 가르침에 따라 산다고 믿기 때문이다.
폭탄이 터진 장소를 와서 보아야 한다.
폭탄에 대한 두려움 탓에
그리고 두려움이 영혼을 잠식하도록 방치한 탓에
폭탄이 터진 집에서 이 마음을 다잡고자 한다.
부모들이 위축되어 저항을 거부했을 때
아이들이 떨쳐 일어나 인간임을 말하라고 가르치려 한다."[220]

비록 1,600명의 흑인들만이 유권자로 등록하는데 그쳤지만 자유여

---

220 Joyce Brown, "The House of Liberty", Freedom's Journal(July 24, 1964), SNCC Papers Series XV - 김인선 ≪1964년 미시시피 자유여름: 인종, 성, 계급의 갈등과 소통≫에서 재인용

름운동은 미시시피 흑인들이 인종 차별의 현실에 순응하는데서 벗어나 긍지, 자신감, 존엄을 되찾을 수 있도록 도와준 것이다. 자유여름운동 이후의 미시시피는 더 이상 예전의 미시시피로 돌아갈 수 없었다.

"(유권자 등록을 위해 흑인들을 만날 때) 분명 그들은 두려워했습니다. 하지만 적극적 궐기를 통해 무엇을 얻을 수 있는지에 관한 질문이 남습니다. 자기 자신과 자녀를 위해 그리고 손자를 위해 투표해야 합니다. 실제로 이들이 궐기했기 때문에, 이들이 조직했기 때문에 지금 미시시피는 전국에서 흑인 국회의원 수가 가장 많은 지역입니다. (제가 있었던) 쇼 마을에 포장도로가 생겼고 실내 화장실이 설치되었습니다. 사람들이 일어섰기 때문입니다."[221]

"미시시피는 투표권에 관한 다양한 활동이 펼쳐지는 무대였습니다. (자유여름운동을 통해) 투표권법 조항의 집행이 필요하다고 여기게 됩니다. 그저 법안을 통과시킬 뿐 아니라 (법이 실제로 작동할 수 있도록) 법 조항을 집행해야 한다는 걸 보여줬습니다. 기본적으로 주에서 연방 관할로 이관할 필요가 있다고 생각하게 했습니다.

함께 일하는 소작농과 함께 얻어냈습니다. 유권자 등록을 하려고 왜 생명을 걸어야만 할까요? 하지만 우리는 쓰러질 때마다 다시 일어서면서 결국 이뤄냈습니다. 사람들이 우리를 쓰러뜨리면 우리는 다시 일어섰습니다.

마침내 함께 일하던 소작농들은 그저 말이 아니라 실제로 뭔가 일어나고 있다는 것을 이해했습니다. 그들은 우리를 의지할 수 있게 되

---

221 헤더 부스(민권운동가, 자유여름운동 참가자) 인터뷰 중에서

었습니다. 우리가 이를 얻어냈습니다. 고통을 통해 이를 얻어냈습니다. 사람들에게 고통 받을 것을 요구했습니다. 우리는 생명을 걸었습니다. 그래서 우리와 함께 다른 이들의 생명을 걸자고 요구할 권리를 얻어냈습니다."[222]

위의 밥 모제스의 인터뷰에서 언급한 것처럼 미시시피 자유여름운동의 중요한 성과 중 하나는 대대적인 대학생들의 참여로 전국의 관심이 미시시피로 모인 가운데 투표권법을 실제로 집행하기 위해서는 연방정부의 개입이 필요하다는 것을 보여주었다는 것이다. 이제 흑인의 투표권을 지키기 위해 연방정부가 적극적으로 개입하라는 여론이 형성되기 시작했다. 그리고 이듬해인 1965년에 그 여론에 기름을 붓는 사건이 벌어졌다.

222 밥 모제스(미시시피 자유여름운동 지도자, 민권운동가) 인터뷰 중에서

셀마 투쟁과 1965년의 투표권법

앨라배마 주는 미시시피 못지않게 인종주의가 팽배한 주였다. 그리고 셀마의 보안관 짐 클라크는 악명 높은 인종주의자로 흑인들의 유권자 등록을 원천 봉쇄하기 위해 공포와 억압이라는 수단을 효과적으로 사용하고 있었다. 이 때문에 셀마 인근 지역의 흑인 유권자 수는 1만 5천 명이었지만 1964년 선거에 등록한 흑인 유권자는 350명에 불과했다. 이러한 억압 조치들이 계속되던 1965년 2월 18일, 한 백인 경찰관이 인권 시위 도중 어머니를 보호하려 했던 지미 리 잭슨이라는 흑인 청년에게 총을 쏘는 사건이 벌어졌다. 8일 후, 지미 리 잭슨은 사망했다. 결국 셀마의 민권운동가들은 킹 목사와 SCLC[223]에게 지원을 요청했다.

킹 목사는 투표권 제한에 항의하기 위해 셀마에서 몽고메리까지 행진을 벌이기로 결정했다. 행진에 참여한 600명의 시위대는 셀마를 출

---

223 The Southern Christian Leadership Conference - 남부 기독교 연합회의. 1957년 마틴 루터 킹 목사를 중심으로 결성된 민권운동단체

발해 80번 고속도로를 따라 몽고메리로 행진했다. 시위대는 2월 18일의 사건과 함께 행진을 통해서 그들의 권리에 대한 탄압이 이루어지고 있다는 사실을 몽고메리에 위치한 주의회에 보여줄 계획이었다. 행진 과정 또한 어디까지나 비폭력을 지향했다. 몽고메리로 들어가기 위해서는 에드먼드 페터스 다리를 건너야 했는데, 다리 건너에는 이미 백인 경찰대가 다리를 봉쇄하고 있었다.

시위대는 경찰의 저지선 앞에서 잠시 멈추었다. 잠시 후 예상치 못한 사태가 발생했다. 백인들로 구성된 주 경찰이 평화적으로 도로를 행진하던 시위대에 무차별적인 폭력을 휘두르기 시작한 것이다. 경찰들은 시위대를 무자비하게 공격했다. 곤봉, 쇠사슬, 최루가스 등 각종 무기로 시위대를 때렸고 말발굽으로 사람을 공격하기까지 했다. 다리 위는 순식간에 비명으로 가득 찼다. 결국 시위대는 몽고메리로는 진입조차 못한 채 해산할 수밖에 없었다.

하지만 상황은 이것으로 끝나지 않았다. 비참하게 진압당하는 시위대의 모습이 TV로 미국 전역에 생중계되자 여론이 들끓기 시작했다. 이 사건은 '피의 일요일' 사건이라고 불리게 되었고 남부 인종주의자들의 잔혹함과 흑인 시위대의 선량함을 대비시키는 상징이 되었다.

"흑인들의 투표권을 확대시키기 위한 일환으로 우리는 셀마에서 몽고메리까지 행진을 계획하였습니다. 따라서 조지 월러스는 주경찰관과 보안관을 투입하여 셀마-몽고메리 행진에 참여한 사람들을 최루탄을 이용하여 진압하려 했습니다. 이런 장면들이 실제로 텔레비전을 통해 방영되었고, 이것은 미국 내 흑인의 투표권 문제에 큰 진전을 가져왔습니다. 텔레비전을 통해 알라바마 주 정부와 시민들이 어느 정도까지 잔인해질 수 있는 지가 있는 그대로 드러났고, 이를 시청하던 사람들은, 미국 내에서 이런 일이 벌어져선 안된다는 생각을 하게 되었기 때문입니다."[224]

"민권운동이 성공적이었던 이유는 텔레비전 때문입니다. 많은 사람이 이 점을 이해하지 못합니다. 비폭력은 카메라가 촬영할 때만 가치 있는 전략입니다. 끔찍한 공격을 당했는데 증인이 아무도 없다고 생각해보세요. 모든 게 허사입니다. 누군가 증인이 있을 때 비폭력이 중요해집니다. CBS나 ABC 방송국 카메라가 촬영해 전 세계에 보도된다면 더 좋겠죠. 효과를 거둘 수 있는 유일한 방법입니다. 아무도 보지 않는다면 그뿐입니다."[225]

이 사건이 TV 전파를 타고 전국으로 중계된 것이 결국 여론을 결정지었다. 남부 흑인들의 투표권 문제를 해결하기 위해 연방정부가 적극적으로 개입해야 한다는 여론이 전국적으로 달아올랐다. 행진 참가자들에 대한 지지의 표시로 흑인, 백인 등 많은 미국인들이 동조 행진들을 개최했다. 또 수많은 지지자들이 셀마로 달려와서 몽고메리까지 계속해서 행진했다. 이틀 후에는 2천 명의 행렬이 다리를 건넜고 3월 21일에는 3천 200명의 행렬이 셀마를 떠나 몽고메리로 향했다. 닷새 뒤인 3월말에는 2만 5천 명 이상의 참가자들이 행진에 합류했다. 지독한 인종주의자인 짐 클라크 보안관이나 조지 월러스 주지사도 손을 들 수

---

224 커틀랜드 콕스(인권운동가, 비폭력학생위원회 대표) 인터뷰 중에서
225 사무엘 로버츠(콜롬비아 대학교 역사학과 교수) 인터뷰 중에서

| **1965년 셀마 운동**

밖에 없었다.

그리고 들끓는 여론을 등에 업고 연방정부가 적극적으로 개입하기 시작했다. 존슨 대통령은 인종차별의 의심이 있는 지방정부의 선거 관리를 연방정부가 감시하도록 하는 강력한 투표권법을 들고 나왔다. 1965년 3월 15일, 이 강력한 투표권법을 통과시켜줄 것을 의회에 호소하면서 존슨 대통령은 유명한 '미국의 약속'이라는 연설을 했다. 마치 1963년 킹 목사의 '나에겐 꿈이 있습니다' 연설에 대한 미국 정부의 대답처럼 느껴지는 이 연설이야말로 강대국 미국을 만든 진정한 힘이 무엇인가에 대한 미국 대통령의 통찰일 것이다.

"우리 시대에 우리는 커다란 위기의 순간을 맞으며 살고 있습니다. 우리의 삶은 전쟁과 평화의 이슈, 번영과 침체의 이슈 등 중대한 이슈에 대한 토론으로 점철되어 왔습니다. 그러나 어떠한 이슈가 미국 자신의 감춰진 마음을 적나라하게 드러낸 경우는 드뭅니다. 또 성장이나 풍요, 복지나 안보가 아니라, 사랑하는 조국의 가치와 목적과 의미에 대한 도전을 받는 것도 드문 일입니다. 미국의 흑인들에게 평등한 권리를 줄 것인가 하는 문제가 바로 그러한 문제입니다. 우리가 모든 적을 무찌르고, 부를 두 배로 늘리고, 별을 정복하더라도, 이 문제에 대

린든 B 존슨 린든 B 존슨(1908~1973)은 미국의 36번째 대통령이다.

해 평등하지 못하다면, 우리는 국민으로서 또 국가로서 실패한 것입니다.…… 흑인의 문제란 없습니다. 남부의 문제도 없습니다. 북부의 문제도 없습니다. 오로지 미국의 문제가 있을 뿐입니다. 오늘 밤 우리는 민주당원이나 공화당원으로서가 아니라 미국 국민으로서 이 자리에 모였으며, 이 문제를 해결할 미국 국민으로서 이 자리에 모였습니다.……

다른 잣대를 들이대는 것, 즉 피부색이나 인종, 종교나 출생지 때문에 사람의 희망을 부정하는 것은 정의롭지 못할 뿐 아니라 미국을 부정하는 것이며 미국의 자유를 위해 목숨을 바친 고인들을 욕되게 하는 일입니다.

우리의 아버지들은 인간의 권리에 대한 이러한 숭고한 시각이 번성하려면 민주주의가 뿌리를 내려야 한다고 믿었습니다.…… 헌법은 인종이나 피부색 때문에 투표할 수 없어서는 안 된다고 규정하고 있습니다. 우리 모두는 주님 앞에서 이 헌법을 지지하고 수호하겠다는 맹세를 했습니다. 이 맹세에 따라 이제 행동해야 합니다.

나는 투표할 권리를 막는 불법적 장벽을 제거하기 위한 법안을 수요일에 의회에 상정할 것입니다. 이 법안은 흑인들에게 투표권을 부인하는 데 이용되어 온 투표권 제한 규정을 연방, 각 주, 각 시군 등 모든 수준의 선거에서 폐지할 것입니다. 이 법안은 아무리 교묘하게 시도하더라도 헌법을 속이는 데 사용할 수 없는 단순하고 동일한 기준을 세울 것입니다. 이 법안은 주 관리가 유권자 등록을 거부하는 경우 미합중국 정부 관리가 유권자를 등록할 수 있는 근거를 마련할 것입니다. 이 법안은 투표권의 행사 가능 시점을 지연시키는 지루하고 불필요한 소송을 제거할 것입니다. 마지막으로, 이 법안은 적절하게 등록된 유권자에게 투표가 금지되는 일이 없도록 할 것입니다.……

그러나 설사 우리가 이 법안을 통과시킨다 하더라도, 싸움이 끝난 것은 아닙니다. 셀마에서 일어난 일은 미국의 모든 지역과 모든 주에 미치는 훨씬 더 큰 운동의 일부분이었습니다. 이는 미국의 흑인들이 미국 국민으로서의 삶의 모든 축복을 누리기 위해 펼친 노력이었습니다.

그들의 명분이 바로 우리의 명분이 되어야 합니다. 해로운 편협과 불의의 유산을 극복해야 하는 사람은 흑인 뿐 아니라 우리 모두이기도 합니다.

우리는 함께 승리할 것입니다."[226]

1964년 선거 승리로 다수당이 된 민주당 진보파의 지원 속에 1965년 8월 6일 존슨 대통령은 역사적인 투표권법에 서명했다. 이에 따라 지방정부가 문맹시험이니 자격 심사니 하면서 흑인의 투표권을 제한하는 것은 불가능해졌다. 링컨의 노예 해방선언 이후 실로 100년 만에 흑인들은 완전한 시민권을 획득한 것이다.

"1870년 수정헌법 15조가 만들어집니다. 백 년 뒤에도 수정헌법 15조는 여전히 미국 남성들에게 투표권을 제공했습니다. 후에 여성으로 확장되어 여성도 투표권을 갖게 되었습니다. 하지만 여전히 남부의 흑인 남성, 흑인 여성에게 투표가 허용되지 않았습니다. 누가 투표하고 투표할 수 없는지를 주가 정하기 때문입니다. 수정헌법 15조의 약속을 현실화할 수 있는 다른 법이 필요했습니다. 투표권법의 집행 조항이 이를 현실로 만들었습니다. 법안은 투표권을 보장할 뿐 아니라 연방 정부가 투표권을 집행할 권한이 있다고 규정합니다. 그래서 투표권법 이

---

226   린든 B 존슨 "미국의 약속" 연설 중에서

| 존슨 대통령의 투표권법 서명

후 투표가 가능해집니다. 연방정부가 집행관과 요원을 파견해 흑인이
투표할 수 있게 했습니다. 모든 것이 변했습니다."[227]

"1965년 투표권법이 통과되었습니다. 셀마와 몽고메리 행진 이후였죠.
미시시피와 앨라배마, 조지아에서 연방정부가 유권자 등록과정을 직
접 관할할 수 있었습니다. 그때 저는 미시시피주 에이미트 카운티에
서 활동하고 있었습니다. 연방정부가 법원을 직접 관할하는 등록 담
당자를 파견했습니다. 흑인 유권자를 위해 등록창구를 개방했습니다.
　　그 전날 밤 모임을 가졌습니다. 누가 (역사적인) 첫 유권자로 등록하
는 흑인이 될 것인가를 결정하는 자리였죠. 1961년 유권자 운동을 하

227　밥 모제스(미시시피 자유여름운동 지도자, 민권운동가) 인터뷰 중에서

다가 부친이 살해당한 청년이 나섰습니다. 또 노예로 태어나 104세라고 소개한 노인 벤 파우스가 있었습니다. 그는 죽기 전에 꼭 유권자 등록을 하고 싶다고 했습니다. 누가 먼저 가야 하는지 토론이 벌어졌죠. 104세의 벤 파우스가 먼저 가야 한다고 결정했습니다.

다음 날 아침 법원으로 갔습니다. 등을 잔뜩 구부린 노인이 최초로 유권자로 등록한 흑인이 되었습니다. 그는 평생의 꿈을 이뤘습니다."[228]

투표권 법의 시행결과 1965년부터 흑인의 투표율이 극적으로 상승하기 시작했다. 법안 통과 후 넉 달 동안 17만 5천 명 이상의 남부 흑인들이 선거인 명부에 등록할 수 있었고 1970년에는 남부 흑인의 3분의 2가 투표할 수 있게 되었다. 흑인들도 이제 미국사회의 시민으로 받아들여지고 민주적인 절차를 통해 합법적으로 자신들의 의사를 정부에 전달할 수 있게 된 것이다.

[228] 마샬 간즈(하버드 대학교 케네디 스쿨 교수, 자유여름운동 참가자) 인터뷰 중에서

투표권법 이후

　흑인의 투표율이 높아짐에 따라, 선출직 공직자 가운데에서 흑인이 차지하는 비율도 당연히 높아졌다. 로스앤젤레스, 애틀랜타, 디트로이트, 뉴욕 같은 대도시에서 흑인 시장市長이 나오게 되었고 흑인 엘리트들이 증가하기 시작했다. 1965년 투표권법 제정 이전에 흑인 엘리트란 말은 사실상 무의미한 말이었지만 지금은 보수적인 공화당에서조차 곤돌리자 라이스나 콜린 파웰 같은 흑인들이 활동하고 있다. 1960년대까지 흑인들이 미국의 체제 밖에 존재했었다면 이제는 체제 내에서 미국을 수호하는 사람이 된 것이다.

　하지만 민권법을 위해 치러야 하는 대가도 있었다. 민권법안에 서명한 린든 B 존슨 대통령은 '민주당은 이 법안의 서명을 통해 한 세대 동안 남부를 잃을 것'이라는 불길한 예언을 했다. 존슨은 남부 출신 정치인이었기 때문에 민권법에 반대하는 남부의 정서를 너무나 잘 알고 있었던 것이다. 그리고 불행하게도 이것은 적중했다.

　요즘의 미국 선거를 보면 이해하기 어려울지 모르지만 남부는 원래 민주당의 텃밭이었다. 남북 전쟁이래 남부인들은 언제나 민주당에 몰표를 던져왔다. 그런데 1964년과 1965년의 민권법이 모든 상황을 바꾸었다. 남부인들은 이제 더 이상 민권법안을 주도한 민주당을 자기들의 당이라고 생각하지 않게 되었다. 대신 보수화한 공화당이 남부에 침투해 들어왔다. 그리고 한 세대가 아니라 두 세대가 지난 지금도 남부는 공화당의 아성으로 남아있다. 비록 실행과정에서 타협적인 모습을 보여주기도 했지만, 민주당은 결정적인 선택의 순간에 자기당의 진보적 정체성을 지키기 위해 남부라는 텃밭을 포기하는 선택을 한 것이다. 그리고 이 선택은 비록 남부의 상실이라는 대가를 치르기는 했지만 결국 보답받았다. 민권법 이후 민주당은 소수민족의 확실한 지지를 받는 정당으로 변모했다. 남부를 잃은 대신 흑인, 히스패닉, 아시아 인등 소수 민족이라는 새로운 지지자들을 얻은 셈이다. 그리고 갈수록 이민자들이 증가할 수밖에 없는 미국의 현실[229]에서 소수 민족의 압도적 지지는 민주당의 더할 나위 없는 자산이 되고 있다. 무엇보다 1965년의 투표권 법이 없었다면 민주당 출신 현직 대통령인 버락 오바마는 없었을 것이다.

"2004년 오바마 연설을 들었을 때 미국의 더 나은 부분과 의사소통하는 능력면에서 매우 유망한 사람이라고 생각했습니다. 그가 대통령 출마를 발표했을 때 당연히 (그가) 나서야 한다고 생각하는 사람은 없었습니다. 일종의 다음 단계였습니다. 함께하게 되어 기뻤습니다.
킹 목사가 암살된지 40년이 흘렀습니다. 민권운동은 마치 기독교

---

229 앞서 언급한 것처럼 현재 미국인의 13%가 당대에 이민온 사람들이다.

| **버락 오바마** 인권변호사 출신으로 일리노이주 상원의원(3선)을 거쳐 연방 상원의원을 지냈으며,
2008년 민주당 대통령 후보로 출마하여 공화당의 존 매케인 후보에 압승하고 제44대 미국 대통령에
당선됨으로써 미국 최초의 흑인(정확하게는 혼혈 흑인) 대통령이 되었다.

의 출애굽 이야기 같습니다. 노예들이 자유를 찾아 떠나는 여정입니다. 이집트와 약속의 땅 사이에서 이들은 40년간 사막을 떠돌아다닙니다. 1960년에 시작해 40년 동안 우리는 사막을 헤맸습니다. 이제는 약속의 땅에 입성할 시기가 왔습니다. 오바마 선거운동은 우리에게 매우 중요한 의미를 갖는 일이었습니다. 민권운동이 없었다면 오바마는 상상도 할 수 없었을 겁니다. 절대 이런 일이 일어나지 않았을 겁니다. 결코 일어날 수 없는 일이었죠."230

230 미샬 간즈(하버드 대학교 케네디 스쿨 교수, 자유여름운동 참가자) 인터뷰 중에서. 간즈의
말을 이해하기 위해서는 좀 더 설명이 필요한데 미시시피 자유여름운동의 참가자이기도 했던 간
즈는 2008년 오바마의 자원봉사자 조직인 '캠프 오바마'를 운영한 총 책임자로 선거운동방식의
혁명을 일으킨 장본인이기도 하다. 오바마 대통령을 만든 1등 공신이지만 선거 이후 학교로 돌아
와 현재는 학생들을 가르치고 있다.

"2~3일 전에 미시시피를 다녀왔는데 공항의 이름이 메드가 에버스Medgar Evers라는 미시시피에서 사살당한 흑인의 이름에서 따온 것이었습니다. 미시시피 잭슨의 시장은 흑인이며, 또한 많은 선출 공무원들이 흑인입니다. 주정부의 공무원이 아니라 지역사회의 공직자들이지요. 즉, 미시시피 내에서 흑인의 투표나 선거 참여가 높아졌다는 것을 의미합니다. 그리고 흑인 보안관도 생겨났기 때문에 흑인들은 과거와는 달리 두려움에 떨지 않아도 되었습니다. 경찰 당국에 인종 다양성이 생겼지요.

물론 남부 주들이 모두 버락 오바마를 지지했던 것은 아니었지만, 흑인이 미국의 대통령이 될 수도 있다는 인식이 형성되었습니다. 버락 오바마 대통령이 나오기 이전에 흑인과 백인을 막론하고 대통령은 백인 남성이어야 한다는 선입견이 팽배했습니다. 그러나 이제 대통령은 흑인이며, 이는 백인 여성도 대통령이 될 수 있다는 것을 의미합니다. 각 계층이 직면해야 했던 장벽이 무너진 것입니다. 이제는 백인 여성, 흑인, 히스패닉계 모두 대통령이 될 수 있다는 인식이 생겼습니다. 2008년 이전까지만 하더라도 상상조차 하기 힘든 일입니다. 이제 모든 가능성이 열렸습니다. 국회의원 역시 마찬가지입니다. 백인 남성이 아니더라도 모든 계층에게 길이 열린 것입니다. 눈에 보이진 않지만 큰 변화가 찾아왔습니다. 이제는 백인 여성을 포함한 수많은 사람들에게 정치적 참여 기회가 주어졌습니다."[231]

민권운동의 성과와 관련해서 또 한 가지 주목해야 할 부분이 있다. 남부 백인들의 삶이다. 남부 흑인들의 권리가 보장되자 역설적으로 남부 백인들의 삶도 나아졌다. 흑인들에게 교육기회가 주어지고, 취업의

231 커틀랜드 콕스(인권운동가, 비폭력학생위원회 대표) 인터뷰 중에서

자유가 확대되자 그들이 남부의 경제발전에 기여하기 시작한 것이다. 또 더 이상의 착취적인 계약관계가 불가능해졌기 때문에 남부에도 기술 혁신의 가능성이 열렸다. 이 뿐만이 아니다. 인종 차별에 대한 두려움이 사라졌기 때문에 남부 지역에 대한 투자도 활발해졌다. 60년대 같은 인종 차별이 남아 있었다면 과연 한국회사인 현대 기아차가 앨라배마에 쉽게 공장을 세울 수 있었을까? 결국 차별철폐 이전에 남부의 1인당 소득은 전국 평균의 절반에 불과했지만 현재 그런 격차는 거의 사라졌다. 이는 남부뿐 아니라 미국 전체의 발전에도 큰 기여를 하고 있다.

"민권운동을 통해 미국은 시간과 자원을 사람들을 규제하는데 쏟아 붓는 것에서 벗어날 수 있었습니다. 많은 사람들이 지적 재산을 이용하며, 유색인종의 아이디어를 활용할 수 있게 되었습니다. 민권운동은 단지 흑인을 자유롭게 해줬을 뿐만 아니라, 백인 여성, 히스패닉, 동성애자 등 다양한 계층을 각종 제약으로부터 해방시켜 주었습니다. 민권운동을 통해 미국을 가로막던 장애물이 사라지게 되었지요. 민권운동은 현 경제에 있어 미국에 더 큰 힘을 실어 주었습니다. 한 국가가 공권력을 이용하여 특정 집단을 탄압하는 경우 그 국가는 큰 발전을 이룰 수 없습니다. 사람들이 최고의 목표를 향해 최선을 다할 때, 그들의 에너지가 경제를 이끌어주는 힘이 됩니다. 이 세상을 살아가는 구성원으로서 여러분도 그 차이를 잘 아실 겁니다. 소수의 집단이 권력을 유지하기 위하여 다수의 권리를 박탈하는 것과 그와 정반대 상황이 가져오는 차이점은 여러분이 살고 있는 곳에서도 깨달을 수 있을 것이라 생각합니다."[232]

232 커틀랜드 콕스(인권운동가. 비폭력학생위원회 대표) 인터뷰 중에서

"자의적 차별에 근거한 어떤 사회도 생산적이지 않습니다. 궁극적으로 모두에게 있어서 말이죠. 궁극적으로 사람들의 신념과 이상적인 공정한 행동을 이끌게 됩니다. 민주주의와 자유시장 혹은 노동력을 보유할 수 없습니다. 사람들은 공정한 경쟁의 장이 없다고 생각하게 됩니다. 사람들이 이를 알아차리기 시작하면 얼마나 열심히 노력하고 현명한지는 중요하지 않습니다. 규정을 준수하는지는 중요하지 않습니다. 이런 점이 중요하지 않다는 것을 알게 됩니다. 자의적인 피부색이나 성적 취향 혹은 종교가 더 중요합니다. 그러면 아무도 공정한 경쟁을 믿지 않게 됩니다. 사람들은 서로 차별하며 조작된 경쟁이라고 말할 겁니다. 열심히 일하지 않는 사람들이 이득을 봅니다. 경쟁이 자기에게 유리하게 조작돼 있다는 것을 알기 때문이죠. 모두에게 좋지 않은 일입니다. 이런 식으로 좋은 제도를 만들 수 없습니다. 적자를 만들려고 애쓰는 셈입니다."[233]

물론 아직도 미국에서의 인종 차별은 끝나지 않았다. 흑인들의 경제적 처지는 아직도 열악하며 일반적인 백인들의 마음속에는 아직도 흑인들에 대한 부정적인 이미지들이 남아 있다. 2009년에 일어났던 하버드 대학교수 헨리 루이스 게이츠의 가택침입 체포 사건[234]은 아직도 미

---

233 사무엘 로버츠(콜롬비아 대학교 역사학과 교수) 인터뷰 중에서
234 사건의 경위는 이렇다. 저명한 학자인 게이츠 박사는 중국을 방문한 후 20시간 비행기를 타고 집에 도착했으나 문이 열리지 않자 뒷문을 통해 들어가 흑인인 택시 운전사 도움을 받아 앞문을 열었다. 이때 이웃인 백인 여성이 이를 목격하고 두 명의 흑인이 주택을 침입한 것으로 보인다며 경찰에 신고했다. 경찰이 도착해서 신분증을 요구하자 게이츠 교수는 불쾌감을 표시하며 "보여주지 않겠다"며 반발했고 "이것이 미국에 있는 흑인들에게 일어나는 일"이라며 경찰이 인종차별을 하는 것이라고 고함을 질렀다. 결국 게이츠 교수는 '무질서한 행동'이라는 죄목으로 체포되었다.

국에서 인종문제가 매우 미묘하고 해결하기 어려운 문제임을 실감나게 했다. 하지만 다른 인종을 아예 받아들이지도 않아서 인종 문제라는 게 생길 여지 자체가 없는 나라들에 비한다면 미국의 인종적, 문화적 관용이 타의 추종을 불허한다는 것을 분명 인정해야 할 것이다. 톨레랑스의 나라 프랑스에서도 과연 흑인 대통령의 탄생을 기대할 수 있을 것인가에 대해 생각해보면 미국의 관용은 더더욱 분명해지지 않을까?

하지만 그런 미국일지라도 관용을 잃는다면 미래를 장담할 수는 없을 것이다. 앞선 제국들이 그러했듯이 관용을 잃은 제국에게 남아 있는 것은 쇠락뿐이기 때문이다. 그런 의미에서 모든 인종이 함께 자유로운 날을 꿈 꾼 마틴 루터 킹의 희망을 지키는 것은 초강대국 미국의 미래를 지키는 일이기도 할 것이다.

"나의 조국은 자유의 땅, 나의 부모가 살다 죽은 땅, 개척자들의 자부심이 있는 땅, 모든 산에서 자유가 노래하게 하라.

미국이 위대한 국가가 되려면, 이것은 반드시 실현되어야 합니다. 그래서 자유가 뉴햄프셔의 거대한 언덕에서 울려 퍼지게 합시다. 자유가 뉴욕의 큰 산에서 울려 퍼지게 합시다. 자유가 펜실베이니아의 앨러게니 산맥에서 울려 퍼지게 합시다.

콜로라도의 눈 덮인 로키 산맥에서도 자유가 울려 퍼지게 합시다. 캘리포니아의 굽이진 산에서도 자유가 울려 퍼지게

┃ **마틴 루터 킹 기념동상**

합시다. 뿐만 아니라, 조지아의 스톤 산에서도 자유가 울려 퍼지게 합시다. 테네시의 룩아웃 산에서도 자유가 울려 퍼지게 합시다. 미시시피의 모든 언덕에서도 자유가 울려 퍼지게 합시다. 모든 산으로부터 자유가 울려 퍼지게 합시다. 자유가 울려 퍼지게 할 때, 모든 마을, 모든 부락, 모든 주와 도시에서 자유가 울려 퍼지게 할 때, 우리는 더 빨리 그 날을 향해 갈 수 있을 것입니 다. 신의 모든 자손들, 흑인과 백인, 유대인과 이교도들, 개신교도와 가톨릭교도들이 손에 손을 잡고, 옛 흑인 영가를 함께 부르는 그 날이 말입니다.

드디어 자유, 드디어 자유, 전능하신 신이여, 저희는 마침내 자유가 되었습니다."[235]

---

235   마틴 루터 킹 'I have a dream(나에겐 꿈이 있습니다)' 연설 중에서

맺는 말

최치원, 고선지, 흑치상지
이 세 사람의 공통점은 뭘까?

결론적으로 말하자면, 각각 신라, 고구려, 백제 출신으로 당나라에 가서 높은 벼슬에 오르고 성공했다는 것이다. 머나먼 이국 땅에까지 가서 성공했기에 우리는 이들을 우리 민족의 우수성을 입증한 사례로 자랑스럽게 기억하고 있다.

그런데 재미있는 사실은 당나라때 중국에 가서 성공한 선조의 이름을 자랑스럽게 기억하고 있는 나라가 우리나라만이 아니라는 것이다. 당나라와 비교적 교류가 적었던 일본에도 그런 사람이 있는데 '아베노 나카마로阿倍仲麻呂'라는 사람이다. 그는 일본에서 당나라로 유학해서 공부했는데 학문이 뛰어나 당나라 현종의 황자와도 교분이 두터웠고 당나라 문인들과도 폭넓게 교제했다. 한 일화에 의하면 그가 오랜 유학생활을 마치고 귀국하려고 했을 때 배가 난파되었는데 이 소식을 듣고 당나라의 대시인 이백이 '아베를 곡한다'는 시를 지었다고 한다. 아마 이

백과도 상당한 교분이 있었던 듯하다. 다행히 아베는 살아남아 당나라로 귀환하여 '조형晁衡'이라는 이름으로 당 조정에서 '비서감秘書監'이라는 고위벼슬에 오르고 장관까지 지냈다. 물론 일본인들도 이 사람을 자랑스럽게 생각한다.

우리나라와 일본만이 아니다. 토번(지금의 티벳)이나 거란, 돌궐, 심지어 중앙아시아나 이란에도 당나라에서 출세한 사람들이 있다. 이쯤 되면 정말 대단한 것은 신라가 아니라 당나라였다는 것을 인정할 수밖에 없다. 이렇게 다양한 출신지를 가진 인재들이 모두 당나라를 위해 일했으니 말이다.

남의 나라에 가서 성공한 자랑스러운 우리 민족의 신화는 요즘도 사그러들줄 모른다. 미국에서 세계은행 총재로 취임한 김용 총재[236]도 한때 대단한 화제가 되었고, 올랑드 대통령이 임명한 프랑스의 플뢰르 펠르랭(한국명 김종숙) 문화부 장관도 남의 나라에서 성공한 자랑스러운 한민족의 DNA로 화제를 모았다. 그런데 이 두 케이스에서 정말 대단한 것이 우리 민족일까? 그 우수한 인재들이 누구를 위해 일하고 있는가를 생각해보면 대답은 자명하다. 정말 대단한 것은 사실 그 우수한 인재들을 자기 나라에서 성공하게 만든 미국과 프랑스인 것이다.

이 책은 내내 관용의 현실적인 힘과 개방성의 효과에 대해 이야기했다. 하지만 그 관용과 개방성을 어떻게 한국사회에 적용할 것인가에 대한 질문에 이르면 사실 대답이 쉽지 않다. 무엇보다도 우리는 남의 나

236　세계 양대 금융 기관인 IMF와 세계은행 총재는 관례상 유럽출신 인사와 미국출신 인사가 나누어 맡게 되어있다. 따라서 김용 총재는 한국인이 아니라 미국인으로서 세계은행 총재가 된 것이다.

라에 가서 성공한 우리 민족 출신자를 자랑스러워 하는 전통은 가지고 있지만, 남의 나라 사람이 우리나라에서 성공하는 것을 대견스러워하는 전통은 가지고 있지 못하기 때문이다. 5천 년의 유구한 역사를 가진 단군 할아버지의 자손이라는 우리의 전통은 너무 쉽게 우리와 남의 경계를 가르고 타자를 배척하는 힘을 발휘하곤 한다.

하지만 그 순혈주의 속에 계속 젖어 사는 것이 과연 우리의 미래를 위해 좋은 일일까? 거듭 이야기하지만 도덕적인 사해동포주의를 이야기 하는 것이 아니다. 이런 순혈주의의 전통으로 우리가 과연 경쟁력을 유지할 수 있을 것인가 하는 현실적인 문제를 이야기하는 것이다. 보통 경쟁력에 대해 이야기할 때 항상 등장하는 정답이 이른바 '혁신'이라는 것인데 3부의 대영제국 편이나 4부의 네덜란드 편에서 살펴본 것처럼 '혁신'도 관용이나 개방성이 없이는 발을 붙이지 못하는 법이다. 낯선 것을 두려워 하지 않고 다양한 사고방식과 문화를 뒤섞어야만 진정한 '혁신'이 가능하기 때문이다. 그래서 네덜란드와 영국은 승리했고 스페인은 몰락한 것이다. 그런 점에서 우리 안에 이미 들어오고 있는 다문화의 문제를 어떻게 처리하는가는 단지 도덕적인 문제에서 끝나는 것이 아니라 현실적인 생존의 문제이기도 한 것이다.

마지막으로 예일 대학의 폴 케네디 교수가 인터뷰 도중 일본의 불관용성이 가진 문제점을 지적한 부분을 소개하면서 이 이야기를 마치고자 한다. 이 인터뷰에서 일본이라는 단어를 한국으로 바꾸어도 전혀 어색하지 않다는 것은 아마 누구나 느낄 수 있을 것이다.

"일본은 관용의 중요성을 이해하지 못하고 있습니다. 이민 정책을 개방하면 어떻게 될지 모르고 있습니다. 만약 많은 컴퓨터 기술자와 상인, 은행가를 일본에 받아들인다고 합시다. 일본 시민권을 주거나 원한다면 일본 여권을 발급해줍니다. 이것이 일본을 위한 현명한 일입니다. 하지만 일본은 아니라며 단일한 일본 민족, 일본 문화를 원한다고 말합니다. 그래서 이민자를 원하지 않습니다.

영국과 비교해 볼까요? 일본과 영국은 모두 비슷한 크기의 섬나라입니다. 영국에는 일본을 뛰어넘는 제조업이 없을 수도 있습니다. 하지만 영국은 열린 사회입니다. 많은 인도의 인재들이 영국에 있습니다. 영국 병원에서 의사로 일합니다. 또 대부분의 전문 간호사들이 인도나 동아프리카 케냐 출신입니다. 이들은 매우 뛰어난 의료 교육을 거쳐 어려운 시험을 통과했습니다. 영국에서 최고 수준의 의사와 간호사들은 뱅골이나 케냐 출신입니다.

영국은 현명한가요? 당연합니다. 많은 전문 의료진을 갖출 수 있기 때문입니다. 영국은 또 러시아의 금융 전문가들을 영국으로 데려왔습니다. 컴퓨터 기술과 수학 기술을 가진 러시아 전문가들도 데려왔습니다. 러시아의 수학자들이 뛰어나기 때문입니다. (일본과 달리) 영국의 현명한 이민 정책이 영국을 강하게 만들 뛰어난 전문가들을 불러 모으고 있습니다."[237]

지금까지 살펴본 2,500년의 역사는 말하고 있다. 강대국을 만든 리더십의 실체는 힘이 아니다. 관용과 개방을 통한 포용이다. "제국은 말 위에서 건설되었지만, 말 위에서 다스릴 수는 없다."는 몽골 제국의 오랜 경구는 묻는다. 당신은 진정한 '강자의 조건'을 가졌는가?

---

[237] 폴 케네디(예일대학교 국제관계사 교수) 인터뷰 중에서

참고문헌

● **도서**

강대국의 흥망, 폴 케네디 저, 이일주 역, 한국경제신문사, 1997

국가는 왜 실패하는가, 대런 애스모글루 외 저, 최완규 역, 시공사, 2012

소프트파워, 조지프 나이 저, 홍수원 역, 세종연구원, 2004

제국의 미래, 에이미 추아 저, 이순희 역, 비아북, 2008

제국의 탄생, 피터 터친 저, 윤길순 역, 웅진지식하우스, 2011

총, 균, 쇠, 제레드 다이아몬드 저, 김진준 역, 문학사상사, 2005

● **인터뷰**

제인 버뱅크Jane Burbank(뉴욕대 역사학과 교수)

조지프 나이Joseph S. Nye Jr.(하버드대 석좌교수)

폴 케네디Paul Kennedy(예일대 역사학과 교수)

피터 터친Peter Turchin(코네티컷대학교 생태학 교수)

1부 로마 시민권

● **도서**

고대 그리스의 영광과 몰락, 김진경 저, 안티쿠스, 2009

로마 공화국과 이탈리아 도시, 김창성 저, 메이데이, 2010

로마는 어떻게 강대국이 되었는가, 정기문 저, 민음인, 2010

로마사 논고, 니콜로 마키아벨리, 강정인 외 역, 한길사, 2003

로마인 이야기2-한니발 전쟁, 시오노 나나미 저, 김석희 역, 한길사, 1995

로마전쟁, 케이트 길리버 외 저, 김홍래 역, 플래닛미디어, 2010

로마전쟁영웅사, 에이드리언 골즈워디 저, 강유리 역, 말글빛냄, 2005

아테네의 변명, 베터니 휴즈 저, 강경이 역, 옥당, 2012

제국의 탄생, 피터 터친 저, 윤길순 역, 웅진지식하우스, 2011

펠로폰네소스 전쟁사, 도널드 케이건 저, 허승일 외 역, 까치, 2006

● 논문

고대 아테네 신분사회의 불명확성 및 중첩성(서양고대사연구 13집), 최자영, 한
　국서양고대역사문화학회, 2003

공화주의적 시민성에 대한 연구: 아테네적 전통과 로마적 전통의 차이를 중심으
　로 (윤리연구 80호), 조일수, 한국윤리학회, 2011

기원전 451, 0년 페리클레스의 시민권법 제정 동기(서양고대사연구 4집), 신선희,
　한국서양고대역사문화학회, 1996

도시국가 로마의 성립(백제연구 46집), 차전환, 충남대학교 백제연구소, 2007

로마제국과 영 제국의 제국주의 비교: 영토 팽창과 식민지 통치를 중심으로(역사
　학연구 38집), 김효진, 호남사학회, 2010

로마 동맹국 전쟁과 내전시기 신시민의 투표권(서양고대사연구 17집), 강성길, 한
　국서양고대역사문화학회, 2005

로마는 어떻게 제국이 되었는가: 로마인들의 인식을 중심으로(역사문화연구 29
　집), 정기문, 한국외국어대학교역사문화연구소, 2008

로마제국과 다문화주의(역사와 문화7호), 김경현, 문화사학회, 2003

사도바울과 그의 시민권(학문과 기독교 세계관 4권), 유동기, 글로벌기독교세계
　관학회, 2011

스파르타의 토지제도-비판적 검토(서양고대사연구 9집), 송문현, 한국서양고대
　역사문화학회, 2001

이탈리아 자치도시민 지위의 다양성과 로마의 통합정책(서양고전학연구 24집),
　　김창성, 한국서양고전학회, 2005

● 인터뷰

데이비드 포터David Potter(미시건 대학교 그리스로마역사 교수)

아드리안 골드워시Adrian Goldworthy(고대 로마 전투, 군사 연구)

조나단 프레그Jonathan Prag(옥스퍼드 대학교 고고학, 고대역사 교수)

칼 갈린스키Karl Galinsky(텍사스 오스틴 대학교 고전학과 교수)

2부 세계제국 몽골

● 도서

마음을 잡는 자 세상을 잡는다, 서정록 저, 학고재, 2012

몽골병법, 티모시 메이 저, 신우철 역, 코리아닷컴, 2009

몽골제국과 세계사의 탄생, 김호동 저, 돌베개, 2010

부족지, 라시드 앗딘 저, 김호동 역, 사계절, 2002

유라시아 유목제국사, 르네 그루세, 김호동 역, 사계절, 1998

전쟁으로 보는 중국사, 크리스 피어스 저, 황보종우 역, 수막새, 2005

제국으로 가는 긴 여정, 박한제 저, 사계절, 2003

칭기스칸, 잠든 유럽을 깨우다, 잭 웨더포드 저, 정영목 역, 사계절출판사, 2005

칭기스칸기, 라시드 앗딘 저, 김호동 역, 사계절, 2003

칸의 후예들, 라시드 앗딘 저, 김호동 역, 사계절, 2005

● 논문

대몽골제국의 국교 Möngke Tenggeri에 대하여: 샤마니즘의 세계종교화(몽골학
　　30호), 박원길, 한국몽골학회, 2011

몽골제국시대 몽골군의 유목 전법(몽골학28호), 윤은숙, 한국몽골학회, 2010

『집사』「칭기스 칸 열조기」역주(중앙아시아연구6권), 김호동, 중앙아시아학회,
　　2001

칭기스칸의 경영전략에 관한 연구(몽골학22호), 이효선, 한국몽골학회, 2007

● 인터뷰

가람어치르Garameochireu(몽골 역사학자)

나강보Nagangbo(몽골 칭기즈칸 연구소장)

잭 웨더포드Jack Weatherford(전 매칼레스터 대학 인류학 교수)

조지 레인George Lane(런던대학교 중동,중앙아시아역사 교수)

찰스 멜빌Charles Melville(캠브리지대학교 동양사학과 교수)

티모시 메이Timothy May(노스조지아 대학교 역사학과 교수)

프란시스 우드Francis Wood(대영도서관 중국사 큐레이터)

3부 대영제국의 탄생

● 도서

대포 범선 제국, 카플로 치폴라 저, 최파일 역, 미지북스, 2010

무기의 역사, 찰스 바우텔 저, 박광순 역, 가람기획, 2002

세계 4대 해전, 윤지강 저, 느낌이있는책, 2007

아르마다, 개럿 매팅리 저, 박상이 역, 가지않은길, 1997

영국 해군 지배력의 역사, 폴 케네디 저, 김주식 역, 한국해양전략연구소, 2010

전쟁의 역사, 버나드 로 몽고메리, 승영조 역, 책세상, 2004

MADE IN WAR(전쟁, 테크놀로지 그리고 역사의 진로, 전쟁이 만든 신세계), 맥스 부트 저, 송대범 외 역, 플래닛미디어, 2007

Ship: 5000 years of Maritime Adventure, Lavery, Brian, DK, 2005

The Armada Campaign(The Great Enterprise Against England), Angus Konstam, Greenwood Pub Group, 2005

The Spanish Galleon 1530-1690, Angus Konstam, Tony Bryan(ILT), Osprey Publishing(UK), 2004

Tudor England(The Pitkin History of Britain), Peter Brimacombe, Jarrold Publishing, 2001

Tudor Warship(What Happened Here), Elizabeth Newbery, A & C Black, 1996

● 논문

Tudor Sea Power: The Foundation of Greatness(The International Journal of Nautical
   Archaeology Vol. 39), David Childs, Nautical Archaeology Society, 2010

● 인터뷰

니콜라스 로저Nicholas Rodgers(옥스포드대학교 해군역사 교수)

로버트 라이스Robert Rice(미국 군사대학 교수)

앤드류 램버트Andrew Lambert(킹스 컬리지 런던 해군역사 교수)

앤드류 베인Andrew Bain(영국해군박물관 연구원)

존 리피엣John Lippiett(해군제독, 매리로즈 박물관장)

4부 가장 작은 제국 네덜란드

● 도서

경제 강대국 흥망사 1500~1990, 찰스 P. 킨들버거 저, 주경철 역, 까치, 2005

네덜란드사, 김영중 외 저, 대한교과서주식회사, 1994

부의 도시 베네치아, 로저 크롤리 저, 우태영 역, 다른세상, 2012

부의 역사, 권홍우 저, 인물과사상사, 2008

부의 탄생, 윌리엄 번스타인 저, 김현구 역, 시아출판사, 2008

유대인 이야기, 홍익희, 행성: B잎새, 2013

The dutch east india company, Femme S. Gaastra, Walburg Pers; First English
   Language Edition edition, 2003

The Dutch Republic: Its Rise, Greatness, and Fall 1477~1806, Jonathan Israel,
   Oxford University Press, 1998

● 논문

17세기 이단자, 스피노자(율곡사상연구21권), 김호경, 율곡연구원, 2010

세계해양지배력을 둘러싼 한판 승부-영국과 네덜란드의 전쟁(해양한국 2005. 9
   월호), 최재수, 한국해사문제연구소, 2005

칼뱅교와 네덜란드 사회(국제지역정보 9권), 장붕익, 한국외국어대학교 국제지
역연구센터, 2005

- **인터뷰**

다비드 베르트하임David J Wertheim(므나쎄 벤 이스라엘 연구소 대표)

레슬리 슈왈츠Leslie Schwartz(렘브란트 박물관 네덜란드 예술사학자)

로날드 발더Ronald Balder(암스테르담 해양박물관 해양사 큐레이터)

로버트 타마라Robert Tamara(암스테르담 다이아몬드 박물관장)

루이스 식킹Louis Sicking(라이덴대학교 사학과 교수)

마이클 알퍼트Michael Alpert(웨스트민스터대학 스페인사)

벤자민 카플란Benjamin Kaplan(유니버시티 컬리지 런던 네덜란드 역사 교수)

스티븐 핀쿠스Steven Pincus(예일대 영국, 네덜란드사 교수)

오스카 겔더블롬Oscar Gelderblom(위트레흐트 대학 경제사 교수)

케스 잔트블리트Kees Zandvliet(암스테르담 박물관 골든에이지 큐레이터)

폴 프리드먼Paul Freedman(예일대 스페인사 교수)

헤티 베르그Hetty Berg(암스테르담 유대인 역사 박물관 매니저)

5부 1964년 미국, 미시시피 자유여름

- **도서**

검은 혁명, 정상환 저, 지식의숲, 2010

국가는 왜 실패하는가, 대런 애스모글루 외 저, 최완규 역, 시공사, 2012

미국사 산책, 강준만 저, 인물과사상사, 2010

미국의 운명을 결정한 여섯가지 이야기, 케네스 C. 데이비스 저, 김은숙 역, 휴
머니스트, 2010

Face of Freedom Summer, Bobs M. Tusa, Herbert Randall, University Ala-
bama Press; 1st Edition edition, 2001

Free at Last: A History of the Civil Rights Movement and Those Who Died in
the Struggle, Sara Bullard, Oxford University Press, 1994

Letters From Mississippi, Elizabeth Sutherland Martínez, ZephyrPress(MA), 2002

The American Revolution, Stuart A.P. Murray, HarperCollins, 2007

The Constitution, Gerry Souter, Janet Souter, Thunder Bay Press; Nov edition, 2013

The founding of the united states, Gerry Souter, Janet Souter, Ballantine Books, 2007

Without Sanctuary: Lynching Photography in America, Leon F. Litwak, Hilton Als, James Allen(EDT), Jon Lewis, Twin Palms Publishers, 2000

● 논문

1964년 미시시피 자유여름에 대한 새로운 고찰(역사와 경계 75집), 김인선, 경남사학회, 2010

1964년 미시시피 '자유여름': 인종,성,계급의 갈등과 소통, 김인선, 부산대학교, 2011

마틴 루터 킹과 말콤 엑스: 그들은 영원한 라이벌인가? (미국사연구14집), 황혜성, 한국미국사학회, 2001

미국 민권운동의 어제와 오늘: 미국의 민주주의: 어제와 오늘(기억과 전망 2004), 서현진, 민주화운동기념사업회, 2004

미국 흑백 인종주의의 특성과 변천: 노예제도부터 민권운동까지(서양사론70호), 김형인, 한국서양사학회, 2001

미국의 다문화주의-민권운동과 1965년 이민개혁법의 조우, 그리고 예견치 못했던 결과-(이화사학연구35권), 황혜성, 이화여자대학교 이화사학연구소, 2007

'시민권'의 의미와 親奴隷制的 법문화: Dred Scott 사건을 중심으로(미국사연구11집), 조지형, 한국미국사학회, 2000

● 인터뷰

마샬간즈Marshall Ganz(케네디 스쿨 공공정책 교수)

밥 모제스Bob Moses(대수학 프로젝트 대표, 1961~1965년 학생비폭력조정위원회

미시시피 대표)

사무엘 로버츠Samuel Roberts(콜럼비아대 역사학과 교수)

윌리 블루Willy Blue(미시시피 현지 민권운동가)

코틀랜드 콕스Courtland Cox(민권운동가)

허버트 랜달Herbert Randall(사진작가, Faces of freedom summer 저자)

헤더 토비스 부스Heather Tobis Booth(민권운동가)